GUIDE

DU

VOYAGEUR EN ALGÉRIE.

Cet ouvrage se trouve :

A LYON ET A MARSEILLE,
Chez tous les libraires;

A ALGER,

Chez Dubos frères et Marest, libraires, rue *Bab-Azoun*, seuls dépositaires, pour l'Algérie, du *Comptoir central de la librairie de Paris*, des papiers de la fabrique de *Lacroix frères*, *d'Angoulême*, des crayons et plumes métalliques de *Cuthbert*, et des couleurs pour les arts et le bâtiment, de la manufacture de *Lefranc frères*.

Librairie bien assortie en nouveautés françaises de tout genre, surtout en ouvrages sur l'Algérie, livres français-arabes, cartes routières, itinéraires de Richard, voyages, etc.

Papeterie de luxe, fournitures de bureau, instruments de précision, etc.

Maison à Paris et à Alger.

GUIDE DU VOYAGEUR
EN ALGÉRIE

ITINÉRAIRE
DU SAVANT, DE L'ARTISTE, DE L'HOMME DU MONDE ET DU COLON

INDIQUANT :

1º Les diverses voies de communication entre Paris et l'Algérie. — 2º Le service général des bateaux à vapeur, le jour de départ et d'arrivée, ainsi que le prix des places. — 3º Le tableau des monnaies et des poids et mesures de l'Algérie comparés à ceux de France. — 4º L'histoire de cette antique Mauritanie jusqu'à nos jours. — 5º La population et l'origine des peuples. — 6º Les mœurs, coutumes et usages. — 7º La situation, l'étendue et l'aspect du pays. — 8º La division politique. — 9º Les produits du sol. — 10º La description des villes et des centres de population nouvellement érigés. — 11º Un petit annuaire algérien, contenant une foule de renseignements utiles aux voyageurs et aux colons. 12º Une *bonne carte routière de l'Algérie.*

OUVRAGE ENTIÈREMENT NEUF,

Et rédigé d'après des documents authentiques et des récits communiqués par des officiers supérieurs de l'armée d'Afrique et des voyageurs modernes.

SECONDE ÉDITION

Entièrement refondue et augmentée d'un

VOCABULAIRE FRANÇAIS-ARABE

Des mots et des expressions les plus utiles aux voyageurs.

PAR QUÉTIN.

PARIS,
L. MAISON, LIBRAIRE-ÉDITEUR, 3, RUE CHRISTINE.
ALGER,
CHEZ DUBOS FRÈRES ET MAREST, RUE BAB-AZOUN.
—
1848.

PRÉFACE.

Le besoin d'un Guide en Algérie se faisait sentir depuis longtemps d'une manière impérieuse, car on a peu écrit sur cette contrée si intéressante et cependant si peu connue. Mais, depuis qu'elle est devenue la noble conquête de la France, son territoire est exploré dans tous les sens, ses profondes solitudes se changent en de riches plaines, au milieu desquelles s'élèvent de beaux et riants villages. De jeunes et luxuriantes plantations ombragent déjà un sol naguère aride et nu; les arts, l'industrie répandent partout le bien-être et la vie, et font de cette vieille terre africaine une belle contrée de l'Europe méridionale, vers laquelle se porte chaque année une masse de voyageurs et de laborieux colons.

C'est donc non-seulement à ces deux classes, mais aussi à l'homme qui, sans voyager, veut connaître ce pays si nouveau, que nous offrons notre *Guide*. Son cadre, trop resserré dans la première édition, ne nous avait pas permis de présenter un tableau aussi complet que nous l'aurions voulu de tous les éléments de richesse et d'avenir que renferme cette colonie ; l'agriculture surtout, qui doit être la base fondamentale de sa prospérité future, n'avait pas reçu tout le développement qu'elle mérite. Dans cette édition, nous nous sommes principalement étendus sur le nouveau genre de culture que notre civilisation va introduire dans ce vaste pays, dans ces pittoresques et profondes vallées dont le sol ne demande qu'à recevoir pour produire.

L'ordre suivi dans la première édition ne nous ayant point paru assez rationnel, nous l'avons modifié, afin de rendre notre Guide plus clair et d'un ensemble plus facile à saisir. Nous y avons joint un vocabulaire et une phraséologie française-arabe, qui seront d'un grand secours au touriste. Les intéressants récits que nous avons empruntés à de savants voyageurs et aux pieuses excursions de Mgr l'évêque d'Alger et de son grand vicaire, feront mieux connaître le caractère et les mœurs des nombreuses tribus qui peuplent cette immense région que de gros et laborieux volumes.

Enfin nous croyons avoir assez agrandi notre cadre pour offrir au lecteur un panorama complet de tout ce qui peut l'intéresser, soit comme savant, soit comme artiste, comme agriculteur, ou comme négociant.

La plupart des faits que nous énonçons ont été puisés aux sources authentiques; d'autres nous ont été communiqués par des personnes éminentes soit dans l'armée, soit dans l'administration civile de l'Algérie.

Pour rendre cette édition aussi commode et aussi complète que possible, et éviter surtout de nombreuses répétitions qui ne font qu'embarrasser le voyageur, nous l'avons divisée en trois sections :

1° L'*introduction*, où se trouvent les avis au voyageur, les moyens de locomotion, les poids et mesures, les monnaies, les vocabulaires;

2° L'*aperçu géographique, statistique, historique*, le *commerce*, l'*agriculture*, etc.;

3° Les *itinéraires* et la description des contrées, des villes, villages, etc.

C'est donc avec une pleine confiance que nous offrons notre *Guide* comme l'ouvrage le plus complet en ce genre qui ait été publié sur l'*Algérie* jusqu'à ce jour.

GUIDE EN ALGÉRIE.

INTRODUCTION.

L'Algérie, que nous allons parcourir, bien que située à peu près dans la même zone que la *Sicile*, la *Grèce*, la *Syrie* et la partie *sud de l'Asie-Mineure*, ne présente rien du climat de ces belles contrées; le sol n'y est plus le même, et les hommes sont aussi différents que le sol. Là, notre œil ne va plus contempler ces gigantesques débris de l'antique Egypte, ces ruines élégantes de la poétique Grèce, et ces hauts et majestueux minarets de l'Asie-Mineure. C'est donc un nouveau pays que nous allons explorer, et de nouveaux hommes que nous allons visiter ; mais ce pays et ces hommes ne sont pas sans intérêt pour nous, et chaque pas que nous ferons dans cette belle colonie nous rappellera avec orgueil que ce sont les nobles enfants de la France qui chaque jour font pénétrer partout les arts et les sciences des sociétés européennes, ayant pour cortége les progrès de l'agriculture, du commerce, et le bien-être général de l'homme.

Préparatifs du voyage. — Le voyageur, avant de partir

doit se munir d'une et même de plusieurs ceintures de flanelle, pour se préserver de l'humidité ou de la grande fraîcheur des nuits, et aussi d'un court manteau à capuchon, qui doit le garantir du froid dans les hautes régions. Il doit se rendre à *Marseille*, à *Toulon*, à *Port-Vendre*, à *Cette*, ou à *Rouen*, pour s'embarquer, dans l'un ou l'autre de ces ports, sur l'un des paquebots à vapeur qui font le service des communications entre la France et l'Algérie ; mais la route la plus prompte est par Marseille.

Mal de mer. — Le voyageur devra se tenir en garde contre les mille et un moyens qui lui seront indiqués pour se préserver du mal de mer, tous plus inefficaces les uns que les autres. Le seul préservatif que nous puissions recommander, celui qui est adopté par l'administration militaire, consiste tout simplement à se serrer fortement le ventre au moyen d'une large ceinture à boucles, et à manger peu. Cette partie du corps ainsi maintenue, les effets du roulis, seule cause du mal de mer, sont presque insensibles.

Ordonnance pour la navigation à vapeur entre la France et l'Algérie.

Voici l'ordonnance royale du 14 juillet 1842, portant règlement de ce service, d'après l'Annuaire d'Alger de 1843 :

Article 1er. Afin de faciliter des relations commerciales entre la France et les possessions d'Afrique, il sera réservé à bord de chaque bâtiment un certain nombre de places pour les particuliers voyageant à leurs frais.

Service de Toulon à Alger.

Le service comprend trois lignes distinctes :
1° La ligne de Toulon à Alger et retour ;
2° La ligne d'Alger à Bône et retour ;
3° La ligne d'Alger à Oran et retour.

Départs de Toulon.

Art. 2. Les départs des bâtiments auront lieu de Toulon trois fois par mois, le 10, le 20 et le dernier jour de chaque mois, à 8 heures du matin.

Départs d'Alger.

Ces bâtiments partiront d'Alger pour Toulon le 5, le 15 et le 25 de chaque mois, à 8 heures du matin.

NAVIGATION A VAPEUR DE L'ALGÉRIE.

Nouveau règlement sur le service de la correspondance maritime en Algérie, fait par la marine à vapeur de l'État.

Art. 1er. Les passagers et les colis ne seront reçus à bord des paquebots que lorsque les états d'embarquement auront été visités par l'autorité militaire.

Art. 2. Dans chaque localité, les passagers et les colis arrivant seront transportés à terre par les soins de la direction du port. Là, les colis seront remis à l'agent de l'administration militaire désigné à cet effet, lequel devra immédiatement en donner reçu.

Art. 3. Pour abréger autant que possible le temps de séjour des bâtiments sur chacun des points de la côte, les passagers à embarquer, avec les états de filiation qui les accompagnent, les colis, avec les factures, devront être prêts pour les heures d'arrivée indiquées dans le tableau ci-après, et conduits ensuite à bord, lorsque la mer et le vent le permettront, par les chaloupes et chalands destinés à opérer le débarquement des hommes et du matériel apportés par les navires.

Art. 4. Le temps de séjour fixé étant un maximum, toutes les fois qu'avant qu'il soit écoulé le courrier sera en mesure de continuer sa route, il appareillera aussitôt. Si le commandant supérieur d'une localité juge convenable de retenir le paquebot au delà du terme de rigueur, il en adressera la demande écrite au directeur du port, qui la fera parvenir au capitaine. Au retour, cette demande sera transmise par ce dernier à M. le contre-amiral commandant de la marine, tandis que, de son côté, M. le commandant supérieur rendra compte à M. le gouverneur général des motifs qui l'auront forcé à ordonner ce retard et à changer la règle du service établie.

TABLEAU *des heures de départ, des heures présumées d'arrivée, et des temps de séjour, dans chaque localité du littoral algérien, des paquebots à vapeur de l'État affectés au service de la correspondance latérale.*

D'ALGER A BÔNE.

NOMS des PORTS.	DÉPARTS. DATES.	HEURES.	DISTANCES en milles.	ARRIVÉES. DATES.	HEURES.	SÉJOUR (1). maximum.
Alger.	10, 20, 30 ou 31.	8 matin.	»	»	»	»
Dellys.		4 soir.	43	10, 20, 30 ou 31.	3 soir.	1 h.
Bougie.	11, 21, 1er.	8 matin.	63	11, 21, 1er.	2 matin.	1 h.
Gigelly.	—	9 soir.	33	—	8 matin.	1 h.
Philippeville.	—	11 soir.	66	—	8 soir.	3 h.
Bône.	—	»	54	12, 22, 2.	8 matin.	»

DE BÔNE A ALGER.

Bône.	4, 14, 24.	8 soir.	»	»	»	»
Philippeville.	5, 15, 25.	9 matin.	54	5, 15, 25.	6 matin.	3 h.
Gigelly.		9 soir.	66	—	3 soir.	1 h.
Bougie.	6, 16, 26.	3 matin.	33	—	2 matin.	1 h.
Dellys.		3 soir.	63	6, 16, 26.	2 soir.	1 h.
Alger.	—	»	43	—	10 soir.	»

D'ALGER A ORAN.

Alger.	Mardi.	8 soir.	»	»	»	»
Cherchell.	Mercredi.	6 matin.	48	Mercredi.	5 matin.	»
Tenès.		3 soir.	42	—	1 soir.	2 h.
Mostaganem.	Jeudi.	9 matin.	77	Jeudi.	8 matin.	4 h.
Arzew.	—	1 soir.	18	—	midi.	1 h.
Mers-el-Kebir	»	»	26		6 soir.	»

D'ORAN A ALGER.

Mers-el-Kebir	Samedi.	8 soir.	»	»	»	»
Arzew.	Dimanche.	2 matin.	26	Dimanche.	1 matin.	1 h.
Mostaganem.	—	7 matin.	18	—	5 matin.	2 h.
Tenès.	—	9 soir.	77	—	8 soir.	1 h.
Cherchell.	Lundi.	5 matin.	42	Lundi.	4 matin.	1 h.
Alger.	»	»	48	—	1 soir.	»

(1) Le temps de séjour du bâtiment se compte du moment où il a pris le corps-mort.

Ce tableau a été établi, sur la demande de l'amiral commandant en chef la marine en Algérie, pour empêcher les commandants supérieurs des villes du littoral de retenir les courriers au delà du temps nécessaire à l'échange des dépêches, des passagers et des colis.

RENSEIGNEMENTS.

Les passagers sont divisés en trois classes : la première, composée des officiers supérieurs ; la deuxième, des officiers ordinaires et des voyageurs ayant couchette ; la troisième, des sous-officiers et soldats, et des passagers civils de l'avant.

Ces passagers auront leur nourriture aux frais de l'État.

Les passagers voyageant à leurs frais devront pourvoir eux-mêmes à leur nourriture.

Prix du passage.

Le prix du passage (non compris la nourriture) à bord des bâtiments à vapeur de l'État est établi d'après le tarif ci-après :

	2ᵉ classe.	3ᵉ classe.
De Toulon à Alger, et réciproquement,	100 fr.	70 fr.
D'Alger à Bône,	56	37
D'Alger à Oran,	48	32
D'Alger à Bougie,	22	15
De Bougie à Bône,	33	22

Chaque passager sera admis à embarquer les effets à son usage, dont toutefois le poids ne devra pas excéder 100 kilogrammes.

Tout transport de marchandises, même sous forme de bagages, est formellement interdit, et les malles seront visitées par le capitaine d'armes.

La perception du prix de passage, augmenté de la rétribution allouée au pourvoyeur, sera faite avant l'embarquement par le directeur de l'administration des postes.

AUTRES COMMUNICATIONS.

Indépendamment des communications réglées, comme il vient d'être dit, entre Toulon et Alger, les communications entre Marseille et Alger ont été réglées par une convention du 31 décembre 1841, entre le département de la guerre et la maison Ch. et Aug. Bazin, de Marseille.

Cette convention est faite moyennant une subvention annuelle de 90,000 fr., dont 72,000 à la charge du département de la guerre et 18,000 à la charge du département des finances. L'entrepreneur doit transporter de Marseille à Alger, et *vice versâ*, sans aucune rétribution, 612 passagers du gouvernement aux conditions stipulées dans la convention.

Le prix des places que l'entrepreneur fournit, à la demande de l'administrateur, en sus du nombre déterminé ci-dessus, est payé à l'entrepreneur à raison de 100 fr. pour les passagers de 1re classe, 70 fr. *id.* de 2e classe, et 30 fr. *id.* de 3e classe; y compris les 5 p. 0/0 de chapeau du capitaine et tous autres frais accessoires.

Ces prix comprennent en outre les frais de nourriture des passagers à fournir par l'entrepreneur.

Chaque voyage de Marseille à Alger et d'Alger à Marseille doit être effectué en 55 heures au plus, ledit délai calculé sur l'heure de la remise des dépêches au lieu de départ.

Service des correspondances entre la France et l'Algérie.

Jours de départ et d'arrivée des correspondances de Paris à Alger et d'Alger à Paris, d'après la nouvelle organisation du service alternatif établi entre Toulon et Alger, par les bateaux à vapeur de la marine royale et par les bateaux à vapeur de la compagnie Bazin de Marseille.

De Paris sur Alger.

Les départs de Paris sur Alger ont lieu par les malles-postes, à 6 heures du soir, les 2, 6, 12, 16, 22 et 26.

Les départs de France pour Alger ont lieu de Toulon, à 8 heures du matin, les 10, 20 et 30, et de Marseille, à 5 heures du soir, les 5, 15 et 25.

Durée du trajet. — Les paquebots partant de Toulon arrivent à Alger à 5 heures du soir le lendemain, et ceux partant de Marseille à minuit aussi le surlendemain.

D'Alger sur la France.

Les départs d'Alger ont lieu, pour Toulon et Marseille, à 5 heures du soir, tous les cinq jours, les 5, 10, 15, 20, 25 et 30.

Les paquebots dirigés sur Toulon arrivent le quatrième jour de leur départ, vers 5 heures du matin, et sur Marseille le quatrième jour vers 1 heure du matin.

NOUVEAUX MOYENS DE TRANSPORT.

Aux diverses communications que nous avons déjà indiquées pour se rendre dans l'Algérie, nous ajouterons les suivantes :

De Marseille à Alger.

Par le *Pharamond* de 200 chevaux et le *Charlemagne* de 160 chevaux de force.

Départs les 5, 15, 25 de chaque mois.

Retours les 10, 20, 30 de chaque mois.
Trajet, 48 heures.

PRIX DES PLACES.—1re ch. 105 fr.—PRIX DE LA NOURRITURE.
— 2e — 80.   PAR JOUR : 6 fr. aux 1res.
— 3e — 50.   — 4 aux 2es.

Prix du transport pour chaque cheval, 105 fr.; pour une voiture, 105 fr.

Directeurs : MM. C. et A. Bazin, 33, rue Canebière, à Marseille.

Frais additionnels, 2 fr. 50 c. pour l'embarquement.

Bagages. — On accorde aux premières 60 kilog.
— aux secondes, 40
— aux troisièmes, 20

L'excédant se paye à raison de 15 fr. le cent de kilog., comme les marchandises.

De Toulon pour Alger.

Bateaux de l'État. — Départs les 1er, 10, 30 ou 31 de chaque mois.

Retours les 5, 15, 25 du mois.

Prix des places : 1res, réservées pour les officiers.
— 2es, 105 fr.
— 3es, sur le pont, 73 fr. 50 c.

Trajet en 50 à 55 heures.

Bateau d'*Alger* à *Bône*, partant à l'arrivée des bateaux de

France, et revenant pour correspondre avec le départ de ces derniers.

NOUVELLE COMMUNICATION.

La Ville-de-Bordeaux, paquebot à vapeur français, partant de Marseille pour Alger les 1er, 11 et 21 de chaque mois; traversée en 50 heures.

Places de 1re classe, 105 fr.— 60 kilog. de bagage.
— 2e id. 80 — 40 id.
— 3e id. 50 — » id.

Marchandises de poids, excédant de bagage, les 100 kilog., 15 fr.

Volume, le pied cube, 3 fr.

Voitures dites coupés, calèches, cabriolets, et chevaux, 105 fr.

La nourriture n'est pas comprise dans le prix du passage; elle se prend en commun et par classe.

Les prix de ces repas sont fixés à 6 fr. par jour pour la première classe, et 4 fr. pour la seconde.

Les enfants au-dessous de 10 ans payeront la moitié du prix des places et des repas. Il sera accordé une couchette pour deux enfants.

Les frais de patentes de santé, expéditions des passe-ports et embarquement de MM. les passagers, seront payés en sus des prix de passage ci-dessus fixés.

Depuis le premier janvier 1844, *la Ville-de-Bordeaux* est chargée des dépêches de Marseille à Alger et d'Alger à Marseille.

S'adresser à Marseille à MM. André Abeille, armateurs, place Royale, 4; à Alger, à MM. les fils cadets de J.-E. Laugier, recommandataires, rue Doria, 48.

De Cette à Alger.

Un nouveau service de *bateaux à vapeur* vient de s'établir entre *Cette* et *Alger* ; deux bâtiments sont affectés à ce service. Le trajet se fait en 40 heures à peu près.

De Paris à Rouen et Alger.

Un nouveau mode de transport s'est organisé en juin 1845. PAQUEBOTS A VOILES entre *Paris*, *Rouen* et *Alger*, partant tous les 20 jours, mais plus propres pour les marchandises que pour les voyageurs.—L'économie sur le transport des marchandises est d'environ 60 0/0. — Ce service est régulier. — S'adresser à Paris à M. A Fournier, rue des Marais-St-Martin, 50.

De Marseille à Philippeville.

Une nouvelle ligne de *steamers* du commerce s'est établie en voie directe entre ces deux villes. C'est le 11 janvier 1845 que le premier bateau à vapeur est arrivé sur la rade de *Stora*, à la grande satisfaction des habitants.

Telles sont les principales voies de communication actuellement existantes entre la France et l'Algérie. Le voyageur pourra peut-être remarquer quelques petites différences, soit dans le prix, soit dans les heures de départs, mais elles seront insignifiantes ; nos tableaux sont toujours dressés sur les derniers règlements officiels, mais nous ne pouvons prévoir les mutations futures.

HYGIÈNE.

Nous croyons devoir placer ici quelques principes d'hygiène tirés en grande partie des excellents mémoires du savant docteur Larrey et autres médecins célèbres qui ont habité l'Algérie.

Tout ce qui interrompt ou répercute la transpiration occasionne en Afrique des maladies inflammatoires, notamment des dyssenteries et des ophthalmies; c'est pourquoi les habitants du pays sont toujours chaudement vêtus, et portent même des pelisses fourrées, malgré la chaleur habituelle du climat.

Il est donc essentiel de se bien couvrir pendant la nuit, et surtout de se garantir soigneusement la tête et les yeux. Les personnes qui, après le coucher du soleil, demeurent à l'air sans vêtements, ou qui même le jour restent habituellement en chemise ou peu couvertes, s'exposent à diverses maladies. Les douleurs rhumatismales et l'inflammation des yeux n'ont presque jamais d'autres causes. Cette dernière affection, sans présenter toujours du danger, est souvent douloureuse et fort incommode. Les moindres accidents qui peuvent résulter de l'oubli de cette attention sont des fièvres éphémères qui ne se terminent en général que lorsque l'équilibre a été rétabli par le retour de la transpiration.

On ne saurait trop recommander de ne pas rester longtemps la tête nue au soleil, et d'éviter d'avaler, lorsqu'on a chaud, une quantité d'eau trop considérable. Avant de boire, il est prudent de se rincer la bouche, de s'humecter les mains, et, s'il se peut, de les tremper dans l'eau; on doit aussi faire un fréquent usage des acides. L'eau légèrement acidulée par le citron ou le vinaigre, teinte d'un peu de vin ou mélangée de quelques gouttes d'eau-de-vie, prévient un grand nombre d'indispositions. Cette précaution est nécessaire surtout lorsque les eaux sont d'une mauvaise qualité.

Il est utile de se laver fréquemment les pieds, les mains et le visage, mais préférablement avec de l'eau tiède, dans laquelle on met quelques gouttes de vinaigre ou d'eau-de-vie.

Les bains sont un des meilleurs moyens d'entretenir la santé et de se préserver des maladies inflammatoires ; cependant, pris inconsidérément, ils peuvent devenir la source de beaucoup de maux. Ils sont dangereux et même mortels au moment de la fatigue et de la chaleur, et nuisibles pendant la digestion. On doit éviter de se baigner avant le lever du soleil, et longtemps après son coucher. Il ne faut jamais se plonger dans une eau stagnante, mais choisir une eau douce courante, bien exposée à l'air et peu profonde ; l'eau de mer n'offre aucun inconvénient. L'heure la plus convenable pour se baigner est celle qui précède le repas du soir.

Les brouillards qui s'élèvent vers la fin du jour, et qui existent encore la nuit et le matin sur les terrains marécageux et dans leurs environs, peuvent devenir pernicieux ; il faut donc s'en éloigner, et se soustraire à leur action autant que possible.

En général, le régime végétal est convenable dans les pays chauds, à cause de la faiblesse des organes digestifs. On corrige ainsi l'exubérance des humeurs, et l'on diminue la trop grande excitabilité. La débilitation semble donc nécessaire pour s'acclimater ; cependant il ne faut pas la déterminer par des saignées.

L'usage modéré des boissons spiritueuses n'a rien que de très-salutaire, mais les excès en ce genre offrent de grands dangers. Les hommes intempérants sont les plus sujets à la peste, et y succombent presque toujours.

L'usage du café est sans danger.

On regarde les frictions extérieures d'huile comme un préservatif de la peste ; on a prétendu aussi que l'usage intérieur de ce liquide était un curatif, mais le premier moyen est préféré.

Nous croyons devoir rapporter à ce sujet le paragraphe suivant, extrait d'un ordre du jour de l'armée d'Orient, en date du 21 mars 1799 : « Cette maladie, qui effraye mal à propos beaucoup de monde (disaient les officiers de santé en chef), demande que l'on rétablisse la transpiration. On y parvient par des ablutions ou lavages, par l'administration d'un vomitif, surtout quand il y a disposition à vomir, et en soutenant tout de suite les moiteurs et les forces par une boisson composée de café et de quinquina, aromatisée avec le citron ou le limon. L'engorgement des glandes exige dans le principe des cataplasmes émollients, et, quand le sujet est faible, on doit promptement ouvrir les tumeurs par l'application d'un ou plusieurs boutons de feu. L'expérience a montré l'efficacité de ce traitement. L'expérience a aussi prouvé, par un nombre de faits bien observés, que la maladie n'est pas contagieuse; cependant il convient de rejeter les vêtements et le linge des Turcs, gens malpropres, souvent malades, et qui ne prennent aucun soin raisonné de leur santé. »

Les bassins d'eau douce et bourbeuse du rivage africain sont quelquefois remplis de petits insectes, parmi lesquels il existe une espèce de sangsue noirâtre de quelques millimètres seulement de longueur. Quoique cet insecte, dans son état naturel, ne soit guère plus gros qu'un crin de cheval, il est susceptible d'acquérir le volume d'une sangsue ordinaire quand il est gorgé de sang.

Lorsque, poussé par la soif, on se jette à plat ventre au bord de ces mares d'eau pour s'abreuver, on risque d'aspirer avec l'eau quelques-unes de ces sangsues, et l'on ne tarde pas en ce cas à ressentir leurs atteintes mortelles.

POIDS ET MESURES.

Les poids et mesures français ne sont pas d'un usage général en Algérie. Il est donc nécessaire que le voyageur ait une idée du rapport qui existe entre ceux des deux pays.

	Valeur en kilog.
Mitkal, poids de l'or,	kilog. 0,004,669
Rotl ou *livre fenddi*,	— 0,497,453
Rotl ou *livre attari*,	— 0,546,080

Ce poids sert pour les épiciers; il a 16 onces.

Rotl, poids pour les fruits, de 18 onces,	— 0,614,340
Rotl kebir, de 27 onces,	— 0,921,510

Il existe, en outre, autant de sortes de *gontâr* (quintal) que l'on distingue de livres, c'est-à-dire que chacune de ces diverses livres multipliée par 100 donne son *gontâr* correspondant; ainsi :

Le *gontâr attari*	égale	kilog.	54,6080
Sad, pour grains,	—	litre,	48,0000
Koullé, pour l'huile,	—	—	16,6600
Pic turc de 8 robs,	—	mètre,	0,6330
— usuel des marchands,	—	—	0,6400
— arabe, pour toile,	—	—	0,4800

Les mesures agraires et itinéraires sont peu en usage dans l'Algérie; on compte ordinairement les distances, comme dans presque tout l'Orient, par heure de marche.

TARIF DES MONNAIES DE L'ALGÉRIE COMPARÉES A CELLES DE FRANCE.

Bien que la monnaie française soit en usage dans toute l'Algérie, il se trouve cependant quelques tribus qui ne veulent recevoir que la monnaie du pays, ou bien des *douros* d'Espagne, qui passent pour 6 fr. chez ces peuples, et que le voyageur trouvera dans les maisons de commerce d'Alger pour 5 fr. 58 cent. Néanmoins nous avons pensé faire une chose tout à la fois utile et agréable au touriste en mettant sous ses yeux le tableau suivant :

MONNAIES.

DÉNOMINATION DES MONNAIES.	RAPPORT DES DIVERSES MONNAIES ENTRE ELLES.	ÉVALUATION en ARGENT de France.
Monnaie d'argent.		fr. c. mil.
Rial-boudjou, unité monétaire, pesant, terme moyen, 10 grammes.	3 pataques-chiques. Ou 4 rebiah-boudjou (pièce neuve). Ou 8 temins-boudjoux. Ou 24 mouzonnes.	1 86 »
Rebiah-boudjou (pièce neuve).	3/4 de la pataque-chique. Ou 1/4 de rial-boudjou. Ou 2 temins-boudjoux (demi-pièce neuve). Ou 6 mouzonnes.	» 46 50
Temin-boudjou (demi-pièce neuve).	3/8 de pataque-chique. Ou 1/8 de rial-boudjou. Ou 1/2 rebiah-boudjou (demi-pièce neuve). Ou 3 mouzonnes.	» 23 25
Zoud-Boudjou, ou piastre d'Alger.	2 rial-boudjoux. Ou 6 pataques-chiques. Ou 8 rebiah-boudjoux (pièce neuve). Ou 16 temins-boudjoux (demi-pièce neuve). Ou 48 mouzonnes.	3 72 »
Pataque-chique, ou piécette ancienne.	1/3 de rial-boudjou. Ou 8 mouzonnes.	» 62 »
Mouzonne, monnaie de compte.	1/8 de la pataque-chique. Ou 29 aspres-chiques.	» 7 75
Double mouzonne.	1/4 de la pataque-chique.	» 15 50
Demi-pataque-chique.	1/6 du rial-boudjou. Ou 4 mouzonnes.	» » 31
Billon. (Quaroub).	1/2 mouzonne.	» 3 87 1/2
Pièce de 1 fr vaut	12 mouzonnes 22 aspres. Ou 1 pataque-chique.	
Pièce de 2 fr.	1 boudjou 1 mouzonne 28 aspres. Ou 3 pataques-chiques 1 mouzonne 28 aspres. Ou 25 mouzonnes 28 aspres.	
Pièce de 5 fr.	2 boudjoux 16 mouzonnes 14 aspres. Ou 8 pataques-chiques 14 aspres. Ou 64 mouzonnes 14 aspres.	
Pièce de 5 cent. (1 sou).	18 aspres 7/8.	
Pièce de 10 c. (2 sous).	37 aspres 3/4.	
Piastre forte d'Espagne à colonne.	2 boudjoux 21 mouzonnes 16 aspres. Ou 8 pataques-chiques 8 mouzonnes 19 aspres. Ou 69 mouzonnes 19 aspres.	

QUARANTAINE.

La quarantaine imposée dans les ports de France aux provenances de l'Algérie fut d'abord de 30, puis de 15 jours; au commencement de 1833, elle fut réduite à 10 jours pour les bâtiments en lest ou chargés de marchandises non suspectes.

Néanmoins, comme l'autorité locale, et avec elle le ministre de la guerre, insistaient pour que le temps de cette quarantaine fût encore diminué, ou tout au moins pour qu'on en déduisît la durée de la traversée, le ministre du commerce fit observer que les relations établies entre la régence d'Alger et des pays non habituellement sains, tels que l'Égypte et la Syrie, ne permettaient pas encore cette réduction; il ajouta que les commissions sanitaires de nos possessions du nord de l'Afrique devaient au préalable adopter les mesures les plus rigoureuses contre le danger de ces communications, et que le ministre du commerce ne pouvait que maintenir le règlement sanitaire précédemment observé.

Au mois de juin 1834, le ministre du commerce informa le département de la guerre que le conseil supérieur de santé venait de réduire la quarantaine imposée aux provenances d'Afrique en patente nette de dix à *sept jours*, en y comprenant le jour de l'arrivée et celui du départ.

Au mois de juillet suivant, le conseil supérieur de santé compléta cette disposition, en décidant qu'à l'avenir il ne serait plus nécessaire de débarquer dans un lazaret les marchandises de nature suspecte.

Il résultait de cette importante décision que la quarantaine imposée aux provenances d'Afrique n'était plus désormais qu'une simple observation, et que par conséquent ces provenances en patente nette pouvaient être admises indistinctement dans tous les ports de France.

Cet exemple ne tarda pas à être imité par plusieurs gouvernements étrangers. Ainsi les provenances d'Afrique, qui avaient été jusqu'alors soumises dans les ports de Sardaigne à une quarantaine de rigueur, n'eurent plus à subir, en 1835, que celle qui était dès lors instituée à Gênes à l'égard de ces mêmes provenances.

Au mois de juillet 1836, la quarantaine de 14 jours imposée à Gibraltar aux provenances d'Alger fut réduite à 10 jours.

Nous ne pouvons mieux terminer l'introduction de notre Guide qu'en donnant au voyageur les premiers éléments d'un langage qui est aussi nouveau pour lui que les hommes qu'il vient visiter, et avec lesquels il désire communiquer ses pensées et ses besoins. Bien que notre cadre soit très-resserré, nous n'avons pas moins introduit dans notre vocabulaire et phraséalogie un assez grand nombre des mots et des expressions les plus usuels dans la conversation.

TABLE

PAR ORDRE ALPHABÉTIQUE

DES MOTS ARABES LES PLUS USUELS.

A.

Abeille (mouche),	*nahl.*
Abondance (substantif),	*zéeadeh.*
Abricots (fruits),	*méchemache.*
Accident (par),	*ghusbinânie.*
Acheter (verbe),	*ishterrii.*
Accord (d'),	*ma-alih.*
Acquisition (substantif),	*chéria.*
Adam (le premier homme),	*adem.*
Adieu,	*ebqa-âla-khir.*
Adorer (verbe),	*abed.*
Affaire (l'),	*ed-daoûa.*
Affamé (adjectif),	*gehaîne, remgan, gayan.*
Affreux,	*mebouez.*
Age,	*omr.*
Age (son),	*omrou.*
Aidez-moi (interjection),	*aouenni.*
Aiguille (l') d'une montre,	*er-raqqaz.*
Ainsi (adverbe),	*hakda.*
Air (l') (substantif),	*el-houa ou aoua.*
Alger (ville),	*El-Djezaïre.*
Alexandrie (ville),	*Skendrani.*
Allons,	*iia.*
A l'égard de,	*houlayn.*
Aloès (arbre et médecine),	*subbara.*
Alors,	*immala.*
Altéré (adjectif),	*âthchan.*
Amadou (l') (substantif),	*el-qaou.*
Amandes (fruits),	*loze, louz.*
Ambre (parfum),	*kahramâne.*
Amer (adjectif),	*moor.*

VOCABULAIRE FRANÇAIS-ARABE.   21

Ame,	*rouhh.*
Amérique,	*Yengii-Dounea.*
Ami (mon),	*ia-hhbibi.*
Amis,	*esshhab.*
A moi (le mien),	*li.*
An (l') (année),	*el-am.*
Ancien (adjectif),	*godime, antika.*
Ane (substantif),	*homar, hamiir.*
Anglais,	*Engliz.*
Angle (géométrie),	*zdou, yeh.*
Animal,	*hy-ouan.*
Animaux,	*houaïche.*
Anneau (bague),	*khatsem, brim.*
Ancre (substantif),	*helbeh, marseh.*
Après, ensuite,	*bdd ou baad.*
Apparence, } Apparent, }	*dhahar.*
Appartement,	*menzah.*
Apportez *ou* apporte (verbe),	*djib.*
Approche (verbe),	*qarreb.*
Arabe (parler),	*drbia.*
Arabes (les),	*el-arab.*
Arabe du désert,	*bed-do-ouie.*
Arabique (adjectif),	*arabie.*
Arbres (les),	*ech-chedjour.*
Arche (de pont),	*gantara.*
Arc,	*qous.*
Arc-en-ciel (l'),	*qous-en-nbi.*
Argent (monnaie),	*drahem.*
Arrhes (les),	*el-drboun.*
Armes (des),	*sill'ah.*
Artichaut (légume),	*oaaled, kharsouf.*
Assez (adverbe),	*barka.*
Assurément (adverbe),	*sigourou.*
Attends (verbe),	*essbar.*
Avant (adverbe),	*gublii.*
Aveugle,	*amicane.*
Aucun, } Aucune, } (adjectif),	*hhatta.*
Au-dessus de (préposition),	*fôk ou foke.*
Aujourd'hui (adverbe),	*el-ioum ou el-yom.*
Au secours! (interjection),	*el-ghit.*
Aune (l'),	*el-aouna.*
Auparavant (adverbe),	*qbila.*
Autrefois (adverbe),	*zman.*

B.

Bain (le),	*el-hhammam.*
Baril (un),	*burmeïl.*
Bassin,	*el-lian.*
Bassinoire (la),	*el-mangal.*
Bataille,	*harb.*
Bateau à vapeur,	*licheqaf-en-naz.*
Bateau,	*feloûkah.*
Batelier,	*marakebie.*
Bâtiment (navire),	*licheqaf.*
Battre (verbe),	*idrab.*
Beaucoup,	*bezzaf.*
Beurre (le),	*ez-zebda.*
Bien (adjectif),	*mlihh.*
Bière (la),	*el-bira.*
Bois (le),	*el-hhathab.*
Blé (le),	*el-qmahh.*
Boîte,	*sendouk.*
Bonnet blanc,	*tagëeh.*
Bonnet rouge,	*tarboursh.*
Bonheur (le),	*es-sadd.*
Bonjour (substantif),	*salamou-alaïkoum.*
Bord d'une rivière (le),	*gerf.*
Bourgeois (le),	*malake.*
Bottes,	*tsezma, tesma.*
Bouteille,	*guexas, gexas.*
Bourse (pour mettre l'arg.),	*kissa.*
Bougie,	*chemma.*
Bourg (un),	*kurié.*
Bras (d'un homme),	*drah.*
Bretelles,	*et-tiranti.*
Briquet (à battre le feu),	*znad.*
Brosse,	*chitsa.*
Brouillard (le),	*ed-dbab.*
Broussailles,	*chdeb.*
Brumeux (adjectif),	*mdhabbab.*

C.

Cachés (adjectif),	*mkhabbiin.*
Cadi (le),	*el-qadhi.*
Café (substantif),	*qahoua.*
Caille (oiseau),	*soûman.*
Calme (adjectif),	*qalma.*

VOCABULAIRE FRANÇAIS-ARABE.

Capitaine (substantif),	*raïs.*
Carrière à pierre,	*mugta-haggar.*
Cavaliers,	*fersan.*
Cela, celui-ci,	*hada.*
Cendre (de la),	*roûmâh.*
Chaise,	*korsi.*
Chaleur (la),	*es-skhana.*
Chaloupe (substantif),	*flouka.*
Chameau,	*jammal.*
Chamelle (chameau),	*naga.*
Chandelle,	*chem-ma.*
Chambre (la),	*el-bit, oda.*
Charbon,	*fahm.*
Chasse (la) (substantif),	*isiadet-el-berr.*
Chaleur,	*el-ha, es-skhana.*
Chaud (adjectif),	*skhoun.*
Chauve-souris,	*houdt-houdt.*
Cheminée,	*mdakhena.*
Chef arabe,	*sheikh-el-arab.*
Chemin (le),	*eth-thriq.*
Chez vous,	*andkoum.*
Chèvre,	*anzeh.*
Cheval (substantif),	*aoud, hoṣsân.*
Cheveux (de la tête),	*ohar.*
Chevaux,	*khil.*
Chien,	*kaleb.*
Chose (la),	*el-hhadja.*
Citerne,	*djebb.*
Clair (adjectif),	*dhaoui.*
Clef,	*mufta.*
Cloche (une),	*gelgil.*
Cœur (le),	*el-qalb.*
Colère (la),	*el-gahr, gudil.*
Combien,	*qaddache.*
Commence (verbe),	*bda.*
Comment,	*kache.*
Commerce (le) (substantif),	*es-sheb.*
Compte (le) (ce qu'on doit),	*el-hesal.*
Continent (substantif),	*berr.*
Corde (une),	*habbel.*
Corps (un),	*beddan.*
Couleur,	*loun ou lounou.*
Cousin (insecte),	*namoôs.*
Coussin (oreiller),	*el-mkhadda.*

Coton (le),	el-qthon.
Couteau,	sekeen.
Crayon,	gâlam-rosass.
Crocodile,	temsah.

D.

Danger,	khof.
Dans (préposition),	goud, fi.
Dedans,	at-fiia.
De (préposition),	men.
Demain,	ghadda, ghodoua.
Demander (verbe),	saal, essaal.
Dent (une),	sin.
Depuis que (conjonction),	melli.
Derrière (préposition),	ouarah.
Devant nous,	qod damma.
Dieu,	allah.
Dîner (le),	el-yhudda, el-acha.
Domestique (substantif),	khedim.
Don (présent),	bak-cheech.
Dos (le),	el-dahr.
Douzaine (la)	eth-thezzina.
Du tout, pas du tout (adv.),	ouasel.

E.

Ecuries (les),	el-mekhazen.
Eau chaude,	ma-skhoun.
Eau (substantif),	ma.
Eau fraîche,	môie-heloua.
Eau (de l'),	is giie.
Ecole (l'),	el-messied.
Encore,	mazalet.
Encre,	ihhbar.
Encrier (l'),	ed-douaïa.
Endroit (substantif),	moudha.
Enfant (substantif),	aulad.
Ennemi (l'),	el-âdou.
Ensemble (adverbe),	soua-soua.
En vie (vivant),	sâheh.
Epée,	sayf.
Eperon de botte,	ech-chabir.
Epingle,	dabous.

Espagnol,	*sbanioul.*
Est (vent),	*charqi.*
Etang (un),	*bourca.*
Estomac (l'),	*el-mâda.*
Etranger,	*el-graribe.*
Et (conjonction),	*ou.*
Excepté,	*illa.*

F.

Fâché (adjectif),	*mghach-cheche.*
Faim (la),	*el-djoûe.*
Facilement,	*sahla.*
Familièrement,	*ahla.*
Fange (boue),	*el-gharqa.*
Fantassins,	*ttrarsa.*
Fatigué (adjectif),	*aiian.*
Faute (substantif),	*el-faltha.*
Faveur,	*mziia.*
Femmes (les),	*ennsa.*
Femme (la),	*amraac.*
Ferme, métairie,	*haouche.*
Fenêtres (les),	*eth-thouqi.*
Feu (le),	*el-âfia, en-nar.*
Fièvre (la),	*el-hhomma.*
Figure (la),	*el-ouidj.*
Figues,	*el-karmous.*
Fils (substantif),	*oulad, ben.*
Fille,	*bint.*
Fi (mépris),	*ekh.*
Fleurs (substantif),	*nouar.*
Fleuve, rivière,	*ouad.*
Fodda (un),	*ouahed-fodda.*
Foin (le),	*el-gourth.*
Foi (la),	*el-marra.*
Fondre (verbe),	*idoub.*
Fontaine (la),	*el-aïn.*
France (la),	*el-Franssa.*
Français,	*Franssiss.*
Froid (le) (substantif),	*el-berd.*
Froid (adjectif),	*bared.*
Fruits (des),	*ghallah.*
Fumée,	*doukran.*
Fusil (substantif),	*mkohhla.*
Fusil à deux coups,	*bzoudj, djéab.*

G.

Galant,	habit.
Galoper (aller au galop),	iraba.
Garçon (célibataire),	azeb.
Gâté (adjectif),	fassed.
Gens (les),	en-nas.
Gilet,	djelicat.
Giroflées,	khili.
Glorieux (adjectif),	mensour.
Goudron (substantif),	qethran.
Gouvernail,	duf-feh.
Gouverneur (le),	el-hakem.
Grande (adjectif),	kbira, kbir.
Grain (un),	hhabba.
Grec (un),	roumie.
Gris (couleur),	rmadi.
Gros-se (adjectif),	khechin.
Guerre (substantif),	guerra.
Guide (un),	kheb-eeree.

H.

Hache (une),	bolta, balta.
Habitude,	ouaidi, plur. ouaidek.
Hameçons (pêche),	es-snanar.
Hameau,	mazraha.
Hauteur (substantif),	ertifâh.
Heure (l')	es-sad.
Hier,	barahh.
Hiver (l'),	el-chetsoua.
Homme,	radjel, benadem.
Honneur (l'),	el-ounour.
Honteux,	esthhit.
Humide (adjectif),	mneddi.

I.

Ici (adverbe),	hna.
Ile,	gazéerch.
Indigo,	neelch.
Injures (des),	el-chitimeh.
Infidèle (un),	kafer.
Impossible,	mouhha, mouhhal.
Italien,	thalien.

J.

Janissaires,	*nkechaïria.*
Jolie,	*chabba.*
Jours,	*iiam.*
Joyeux (adjectif),	*ferhhan.*
Juif,	*yahoudie, ihoudi.*

L.

Lac,	*béerkeh.*
Lait,	*lubben.*
Lampe,	*quandiil.*
Lanterne,	*fanous.*
Langue (langage),	*isan.*
Langues (les),	*el-isoun.*
Lavement,	*throumba.*
Le, la, les (articles),	*el, es.*
Lettre,	*bra, braouat.*
Lévrier (chien),	*slougui.*
Lime (outil),	*geer.*
Lièvre (substantif),	*arneb.*
Limonade,	*limounadha.*
Livre,	*ketab, librou.*
Lit (le) (substantif),	*el-kathri, el-frache, fersh.*
Logement,	*mesken.*
Lumière (la),	*edh-dhou.*
Lui (pronom), à lui,	*houa, lou.*

M.

Madame (substantif),	*lalla.*
Suivi d'un nom propre,	*madam.*
Maison (substantif),	*dar, diar, darek.*
Maison (de campagne),	*bordj.*
Maîtresse (la),	*messiké.*
Maître (substantif),	*maâllem, moula.*
Malade,	*mridh.*
Maladie,	*mardh.*
Marbre,	*ro-kham.*
Marais,	*mredj.*
Marché (où l'on vend),	*bazar.*
Marche (la) (d'un homme),	*el-méchia.*
Marié (adjectif),	*mzou-ouedj.*
Mari (le),	*gcose.*

Mars (mois), *maghres*
Matin (le), *el-ssbahh.*
Maures (les), *el-mselmin.*
Mauvais, (adjectif), *malou, douni.*
Médicament, *doua.*
Méditerranée (la), *el-bahr-el-biad.*
Médecine, *ed-doua.*
Melon d'eau, *batikh.*
Médisance, *hhsad.*
Mendiant, *shahdt.*
Mensonge, *hdeb.*
Mer (la), *el-bhhar.*
Magasins (des) *magrasen.*
Merveille (substantif), *ådjaïeb.*
Merveilleux (adjectif), *ådjib.*
Mieux (adjectif), *khir.*
Meilleur, *ah-ashan.*
Minute, *dqaïq*
Miroir (le), *el-meraia.*
Moi (pronom), *ana.*
Moi-même, *rouhhi.*
Moins, *ghir.*
Mois (substantif), *chehour.*
Mois (le), *el-chehar.*
Moitié, *noss.*
Moment (le), *el-ouaqt.*
Monsieur (substantif), *sidi.*
Messieurs, *siadi.*
Montagnes, *djebal.*
Montre (pour l'heure), *el-mochethra chi sââ.*
Mordre (verbe), *aod.*
Mouchoir, *mâ rama.*
Moustiquaire (rideau), *en-namoussia.*
Moutarde, *khardel.*
Mousse (de la bière), *traghouen.*
Mule (substantif), *zaïla, zouaïl, baghla.*
Mulet, *bagrla.*
Munitions, *alat.*

N.

Nager (verbe), *oùm.*
Natte (de lit), *hasséerch.*
Nez (le), *mono-kheir.*

Neige,	*el-teldje.*
Négociants (substantif),	*msebbebin.*
Négresse,	*khadem.*
Noir (couleur),	*ekhhal.*
Neuve (adjectif),	*djedid.*
Non (adverbe),	*la, ia.*
Nourriture (substantif),	*makla.*
Nouvelles (les),	*el-akhbar.*
Nouvelle (une),	*khbar.*
Nuageux (adjectif),	*msahh-hhab.*
Nuit (la),	*lilet.*
Numéro (substantif),	*noumrou.*

O.

Obscur,	*mhallam.*
Océan (l'),	*el-bahr, el-malch.*
Odeur (substantif),	*rihhet.*
OEillets (fleurs),	*qronfel.*
Ongles (les),	*mesmar.*
Or (l') (métal),	*ed-dheb* ou *ed-dehsb.*
Oran (ville),	*ouahran.*
Orange,	*portagan.*
Oranger (l'),	*etch-tchina.*
Orge (céréale),	*shay-eer.*
Os,	*adm.*
Où, d'où (adverbe),	*faïn, men-aïn.*
Oui (adverbe),	*nadm, ih-ia.*
Ouvrage,	*choghli.*

P.

Panier,	*mugtof.*
Papier,	*kagheth.*
Parce que (conjonction),	*deibbub.*
Paresseux (adjectif),	*maâdjaz.*
Paresse (substantif),	*ta-chouêch.*
Pas (adverbe),	*chi.*
Passagers (substantif),	*passadjir.*
Pays (substantif),	*blad.*
Péché (le),	*el-hhram.*
Pèlerin,	*hag.*
Perdrix (oiseau),	*hh. djel.*
Persan,	*dgemie.*
Personnes (substantif),	*bniadem.*

Pigeon (oiseau), haman.
Pierre à feu (la), el-hhadjra.
Pilule (médecine), hab.
Places (des), sahaate.
Pipe (substantif), sebsi, chebbouk.
— (tuyau de), chebbouk-kessays.
Plaine (une), faessah.
Plaisir, goustou.
Puits (un), el-biir.
Plomb (de chasse), chatma.
Plume (d'oiseau), richa.
Plume (à écrire), qlem, richa-qlouma.
Poissons (les), el-hhout.
Pomme de terre, qolqas-frangii.
Porcelaine (la), el-ferfouri.
Port (de mer), marsa.
Poste (la), el-bouchetta.
Poudre (à tirer), baroud, baroot.
Prêt (adjectif), ouadjed.
Prix (valeur d'une chose), hhaqq.
Promenade (la), el-tahhouissa.
Prononciation (la), el-louyha.
Promptement, gaouam.
Provisions (substantif), doula.

Q.

Quart (un), rbâ.
Quoi (pronom), ache.

R.

Raccommodage, btarqîe.
Rame (de bateau), mugdâf.
Rat (animal), far.
Ravins, haoutsat.
Réponse (une), go-uab.
Répondre (verbe), roût, roudd.
Rivières, ouidan.
Rocher (un), sagra.
Rois (les) (substantif), el-mlouk.
Rues (des), sehkac.
Ruisseau (un), saqui.
Route (la) (substantif), eth-thriq.

S.

Sac (un),	*kassis.*
Sang (le),	*ed-dem.*
Sangsues,	*âloq.*
Selle (pour cheval),	*serg.*
— (pour dromadaire),	*ghabüll.*
S'éveiller (verbe),	*sâheh.*
Servante (la),	*el-gradema.*
Si (conjonction),	*in.*
Sommeil (le),	*neds.*
Soirée (substantif),	*dchia.*
Sortir (verbe),	*nokhrodj.*
Sortant (participe),	*kharedj.*
Source (une),	*nabeer.*
Source (des),	*ioun.*
Sueur (la),	*el-araq.*
Sultan (le),	*es-solthan.*
Sur (préposition),	*dla, fouq.*

T.

Table (substantif),	*thabla.*
Tempête,	*berracheka.*
Temple,	*burbek.*
Temps (le),	*el-hhal.*
Tente,	*khaim.*
Terrasse,	*thahh.*
Toi (pronom),	*enta.*
Toujours,	*daim.*
Tout, toute, tous, toutes,	*koull, bel-hara, koulou.*
Tranquille,	*âfia.*
Tranquillité (la) (substantif),	*el-hna.*
Tribus,	*ârache.*
Tubéreuse (fleur),	*er-roumi.*
Tunisien (substantif),	*Tounsi.*

V.

Vagues (ondes),	*mouedj.*
Vallée (une),	*el ouâdii.*
Valet (le),	*il-gradem.*
Valeur (prix),	*souma.*
Vallon (un),	*il-oidy.*

Vent (le) (substantif),	*er-rihh.*
Viande,	*lahm.*
Ville,	*belled, medina.*
Village,	*dehha.*
Vinaigre (substantif),	*khall.*
Vigne (une),	*dallgé.*
Vite (adverbe),	*fissâ.*
Voici,	*hahoum, hahou.*
Voiture (la),	*el-karroussa.*
Voleur,	*hârami.*
Volontiers, (adverbe)	*ma-âlih.*
Vomissement (substantif),	*qéi.*
Voyage (le) (substantif),	*es-sfar, saffer.*

DES VÊTEMENTS ET DES OBJETS UTILES A L'HOMME.

Bagage (le),	*el-qache.*
Chapeau,	*berrith.*
Chemise,	*hmedj-djà.*
Habit,	*ghlila.*
Redingote,	*qafthan.*
Gilets,	*djelikats.*
Bretelles,	*tiranti.*
Pantalon,	*serouali.*
Pantalons,	*sraouel.*
Cravates,	*grabeth.*
Mouchoirs,	*mhharem* ou *mârama.*
Foulards,	*foular.*
Bourse (à argent),	*kissa.*
Gants,	*gouantes.*
La canne,	*el-khizrana.*
Bottes (des),	*tsezma, tesma.*
Soulier,	*ssobbati.*
Souliers,	*ssbabeth.*
Parapluie,	*ouardasol* ou *chimeiih.*
Pipe (pour fumer),	*chebbouk.*
Brosse (substantif),	*chitsa.*
Cigare,	*sigarou.*
Linge, effets,	*hhouaïdji.*
Drap (étoffe),	*melf.*
Sandales (substantif),	*qabqab.*

ÉPOQUES DU TEMPS.

Le temps,	el-hhal.
L'année,	el-senna.
Les saisons,	el-fssal.
L'hiver,	ech chetsa, chetsoua.
Le printemps,	kharif.
L'été,	ess-ssif.
L'automne,	demürch.
L'heure,	es-saa.
Le mois,	el-chehar.
La semaine,	el-joumalse.
Dimanche,	el-hadd.
Lundi,	el-ethneen.
Mardi,	el-ethelat.
Mercredi,	el-erba.
Jeudi,	el-hamées.
Vendredi,	el-goûma.
Samedi,	el-sebt.
Le lever du soleil,	télâté-chems.
La pointe du jour,	feqqer, feqr.
Le matin,	sâbah, ess-ssbah.
La matinée,	es-sobhhia.
Avant midi,	dâ-hah.
Midi (milieu du jour),	il-dôhr.
Après midi,	asser.
Soir,	il masa.
Coucher du soleil,	mâgh-reb.
La nuit,	el-lila.
Minuit,	el-lil.
Hier,	el-barahh.
Aujourd'hui,	el-ioum.
Demain,	ghodoua.
Après-demain,	

DES ÉLÉMENTS.

L'air	el-houa.
Le feu,	nar.
Le vent,	er-rihh.
La tempête,	el-berracheka
La foudre,	ess-sshhqa.
L'éclair,	el-braq.
Les nuages,	es-shhab.

La grêle, et-tebrouri.
La neige, et-teldje.
La pluie, ech-chetsa.
Le brouillard, ed-dbab.
Le tonnerre, er-reâd.
Le siroco, el-quabli.
Le soleil, ech-chems.
La lune, el-qumr.
La mer, el-bhhar.
La terre, arrede.
Les vagues, el-emouadj
L'arc-en-ciel, qous-en-nbi.
Nord, tcherche.
Est, charqi.
Ouest, gharbi.
Sud, qabli.
Sud-ouest, ibatche.
Sud-est, chelouq.
Nord-est, smaoui.
Le temps est clair, el-hhal-dhoui.
Le temps est affreux, el-hhal mebouez.
Il fait chaud, el-hhal-skhoun.
Il pleut, rahi-tssob, ech-chetu.
Il tonne, touassi-er-reâd.
Il fait beau temps, el-hhal mlihh.
Le temps est chaud aujourd'hui, el-hhal skoun. el-yon.
Le temps est froid, el hhal bared.
Le vent est froid, tcherche.
Il est nord; el-hhal oussukh.
Le temps est sale, had el-lila ssob.
Il a beaucoup neigé cette nuit, et teldj bezzaf.

LE JARDIN.   EDJ-DJENAN.

Des plantes, en-noqlat.
Des fleurs, en-nouar.
La vigne, ed-dalia.
Des roses, el-ouard.
Du jasmin (substantif), el-jasmin.
Des tubéreuses, el-mesker-roumi.
Des œillets, el-gronfel.
Des violettes (fleurs), bel-lesfendj.
Des giroflées (substantif), el-khili.

De la graine (substantif),	*el-hhabb.*
Orge (l')	*ech-cheir.*

DEGRÉS DE PARENTÉ.

Le père,	*abe.*
La mère,	*oume.*
Le fils,	*iben.*
La fille,	*binet*
La sœur,	*oroute.*
Le frère,	*arg.*
L'époux,	*geose.*
L'épouse,	*geosa.*
Enfant,	*oualade.*

MÉTIERS ET PROFESSIONS.

Un boulanger,	*grabaze.*
Un boucher,	*giazar.*
Un cabaretier,	*hanouti.*
Un marchand,	*baiarh.*
Une blanchisseuse,	*grassalé.*
Un horloger,	*sâati.*
Un orfévre,	*saigrh.*
Un tailleur de pierre,	*naate.*
Un maréchal,	*bitar.*

DE QUELQUES PARTIES DU CORPS.

La tête,	*ilrase.*
Le visage,	*ilvouihe.*
Le front,	*ilgiabahh.*
Les yeux,	*ilhioun.*
Les cheveux,	*ilchare.*
La bouche,	*ilfoum.*
Les dents,	*ilisnnan.*
La langue,	*ilessan.*
Les lèvres,	*ilcheffafe.*
La main,	*iliede.*
Le pied,	*ilregel.*
La mine,	*ilfehna.*
L'air,	*ilhoica.*
La taille,	*ilcamea.*
Le cœur,	*ilcaleb.*
La voix,	*ilsotte.*

Le soupir,   *iltenhida.*
Le sentiment,   *ilhassassé.*

LES FORTIFICATIONS.

La ville,   *ilmedina.*
La citadelle,   *ilcalaka.*
Le fort,   *ilbourge.*
La forteresse,   *ilcalaka.*
Les murailles,   *ilsour.*
Le fossé,   *ilgrandan.*
Le chemin couvert,   *ilserdab.*
Une redoute,   *meterase.*
Une mine,   *logoum.*
Une tour,   *ilbourge.*
Le château,   *ilcalaka.*
Les remparts,   *ilsour.*

MÉTAUX.

L'or,   *debab.*
L'argent,   *fèda.*
Le fer,   *hadide.*
Le plomb,   *recensse.*
Le cuivre,   *nehasse.*
L'acier,   *boulade.*

DE LA TABLE ET DES METS.

Le dîner,   *el-âcha.*
Le déjeuner,   *el-fthour.*
La table,   *eth-thabla.*
Les verres,   *el-kissan.*
Les couteaux,   *el-khdama.*
Serviette,   *foûtta, serbilithat.*
Les fourchettes,   *el-garfouiat.*
La nourriture,   *makla.*
Le pain,   *el-khobz.*
Du pain,   *radgif.*
De l'ail,   *toum.*
Pomme de terre,   *qolqas frangii.*
Des pois,   *houmosse.*
Des fèves,   *foule.*
Des oignons,   *bassale.*
Le sel,   *el-melh.*

Du poivre,	baarh.
De la soupe,	chouzaba.
Du bouillon,	marraca.
Moutarde,	khardel.
Du vinaigre,	el-khall.
Huile d'olive,	zayt-zaytoun.
Huile douce,	zayt-ty-eb-heloua.
Du bouillon,	marqa.
La viande,	el-lhhamm, lahm.
Du bœuf,	bakare.
Le dindon,	fragrah-hendié.
Des poules,	ed-dedjadje.
Une caille,	el-soûmon.
Une caille,	soumanë.
Volaille,	faroûg.
Le rôti,	el-mechoui.
Du mouton,	ganame.
Lièvre (gibier),	erneb.
De l'agneau,	graroufe.
Oie,	ouize.
Du veau,	heujeule.
Du lard,	dehoum-gransire.
Pigeon,	haman.
Canard,	ouize.
Le beurre,	ez-zebda.
Les œufs,	oulad-ed-dedjadj.
Les poissons,	el-hhout.
Poisson (substantif),	saï-ad-semmâk.
Laitue,	grasse.
La salade,	ech-cheladha.
De l'orgeat,	el-ourdjatha.
Du vin,	nibiit, charab.
De la bière (boisson),	el-bira.
Des glaces,	et-teldj.
Eau fraîche,	môie-heloua.
Du rosolio,	er-rsoli.
Le café,	el-qahoua.
Eau-de-vie,	araguie.
De la limonade,	limounadha.
Les légumes,	el-khdhar, khedhar.
Des navets,	leffete.
Des carottes,	giazare.
Artichaut (légume),	oualed, khar-souf.
Riz,	rousse.
Des raves,	figele.

Le fromage,	*edj-djben.*
Le miel,	*el-âssel.*
Des biscuits,	*el-biskotchon.*
Le lait,	*el-hhlib, lubbun.*

LES FRUITS.   EL-GHALLA.

Les confitures,	*el-nqaneq.*
Cerises (substantif),	*hhabb-el-mlouk.*
Des prunes (fruits),	*el-aïn.*
Des pêches (substantif),	*khoukh, ssiadet-el-khoukh.*
Des raisins (substantif),	*el-âneb.*
Des dattes,	*ballah.*
Des figues (substantif),	*karmous-tin.*
Des châtaignes,	*castanna.*
Des pommes (fruits),	*teffahh.*
Des poires (fruits),	*endjass.*
Des abricots,	*méchemache.*
Des Amandes (fruits),	*el-qaou.*
Grenades (fruits),	*romman.*
Citrons,	*lemoun.*
Oranges (substantif),	*tchina* ou *portagan.*

VOCABULAIRE DES VERBES ET PETITES PHRASES LES PLUS USUELLES.

ÊTRE.

Je suis.	*rani.*
Il est.	*rah.*
Tu es pressé.	*rakomghaouel.*
La mer est calme.	*el-bhhar ghallini.*
Nous sommes.	*rana.*
Il est midi.	*rahi et-tnache.*
Il est minuit.	*rahi noss-el-lil.*
Qui est là ?	*men hou ?*
Je suis honteux.	*rani esthhit.*
Je suis altéré.	*rani âthchan.*
Etes-vous le maître ?	*enta moula ?*
Etes-vous malade ?	*enta mridh ?*
Je ne suis pas affamé.	*mani chi djiân.*

Je suis très-faible.	rani dheif bez-zaf.
Je suis un peu mieux.	rani chouiia khir.
De quel pays êtes-vous?	ache men blad entaïa?
Qui êtes-vous?	ache koun?
Je suis de Paris.	men baris.
Etes-vous d'Alger ?	entina men El-Djezaïr?
Où sont les Arabes?	faïn rahoum el-arab ?
Ne sont-ils pas cachés dans la route?	ma rahoum chi mkhabiin feth-thriq?

AVOIR.

J'ai froid.	rani berdan.
As-tu ou avez-vous?	andeck.
Avez-vous un logement à louer?	andeck chi mesken lelkra?
J'ai une chambre.	andi ouahhed bit.
Je n'ai pas d'appartement.	mma ândi chi el-manzah.
Avez-vous une paire de bottes?	andeck chi tsezma ?
Des souliers?	sshabeth ?
Avez-vous soif?	rak âthchan ?
Avez-vous mal à la tête?	rasseck ioudjeek ?
Il a voyagé beaucoup.	safar bez-zaf.
Avez-vous des passagers ?	andek chi passadjir ?
J'en ai beaucoup.	andi bez-zaf.
J'ai mal aux dents.	snani ioudjeoûni.
J'ai des fleurs de tout genre.	andi en-nouar men koull thba.
Quel âge avez-vous?	qaddache men sna ândeck?
J'ai vingt-six ans.	setta ou ôcherin sna.
Vous avez raison.	el-hhaoqq maâk.
Il n'y a pas de doute.	ma fih chekk.
Y a-t-il un bon traiteur près d'ici?	khan chi ouahhed el-oukanda mlihha qrib lehna?

VERBES : TERMINAISON FRANÇAISE EN ER.

J'irai.	nemchi.
Je suis allé.	mchit.
Va (impératif).	emchi.
Allez en paix.	emchi bes-slama.
Tu es allé.	enta-mchit.
Je vais.	matchi.
Nous irons.	nemchiou.
J'irai à pied.	nrouhh âla redjli.

Où irons-nous?	*fain nrouhhou?*
Nous irons à la chasse.	*nrouhhou less-ssiada.*
Où allez-vous?	*fain rak machi?*
Donnez-moi la serviette.	*djib el-foutha.*
Donnez-moi les rasoirs et le savon.	*djib el-mouas ou ess-saboun.*
Donne-moi mes bottes.	*athini et-tezma.*
Donnez-moi mon habit,—ma redingote,—mes gants.	*athini el-ghlila el-qaftan — etch-tcheqatcher mta ieddi.*
Je donnerai.	*nathi.*
Tu donneras.	*tathi.*
Vous me donnerez quatre douros de France (1).	*athini erba dourou franssiss.*
Je lui donnerai de l'argent.	*nathih ed drahem.*
Donnez-moi du papier.	*athini chouiia kaghed.*
Parle (impératif).	*tkellem.*
Il parle bien.	*eetkellem mlihh.*
Ils parlent de guerre.	*itkellem à la el-guerra.*
Vous parlez un peu français.	*te kellem chouiia el-franssissa?*
Vous parlez fort bien.	*rak tetkellem mlihh bezzaf.*
Entrez dans ma chambre.	*edokheli si el-bit.*
Vous entrerez.	*tdokheli.*
Nous entrerons.	*ndokhlou.*
Envoyez-moi le drap,—l'argent.	*ebât-li el-melf, el-drahem.*
Commencer.	*bda.*
Le jour commence.	*en-nhar-bda.*
Acheter.	*techeri.*
J'ai acheté.	*cherit.*
Je tremble.	*rani nert-od.*
Je baise.	*nbous.*
J'oubliais *ou* j'ai oublié ma bourse.	*nsit el-kissa.*
J'ai oublié de prendre ma montre.	*nsit nakhod el-chisââ.*
J'oublierai.	*nensa.*
Vous trouverez.	*tdjebri.*
J'ai trouvé le compte juste.	*djebart el-hhsab-soua soua.*

(1) Quatre pièces de cinq francs.

VOCABULAIRE FRANÇAIS-ARABE. 41

Tu trouveras des plumes.	rak tedjbar qlouma.
Vous trouverez plusieurs tribus sur la route.	tedjbar el-arache bez-zaf âla eth-thriq.
Vous trouverez des provisions.	tedjbar el-doulâ.|
Je louerai ma maison cinq pièces de cinq francs par mois.	nekrih dari khamsa dourou franssiss fech-chechar.
Je louerai une mule.	dekrih-ouahhed el-baghla.
Je vous salue.	salamou alaikoum.
Montrez-moi votre langue, —du drap,—des souliers.	ouarri li isanek, — el-melf, ssbabeth.
Je demeure à....	neskoun....
Où demeure-t-il?	fain ieskoun?
Il demeure devant nous.	ieskon qod damna.
Je demeure rue ***, n° 10.	ana neskon fzenqet ***, noumrou achéra.
Je resterai.	nebqa.
Je ne resterai pas.]	ma nebqa chi.
Tu gagneras.	terbahh.
Nous arriverons demain.	nousslou el-ghodoua.
Nous arriverons dans deux heures.	— fi sadtséin.
Nous sommes arrivés.	rana oussalna.
Je couperai.	neqtha.
Plisser.	kemmchi.
Plissez mes chemises.	hemmchi li el-qmaidj.
Repasser.	hheddedi.
Vous repasserez mes gilets.	hheddedi li edj-djlikats.
Je demande.	nothlob.
Je vous invite, et vous payez.	neardheck, ou enta lâthi dliia.
Je me lèverai.	nquom.
Apportez.	djib.
Vous ou tu apporteras.	djeb.
Apportez la salade.	djibi ech-cheladha.
J'apporterai les confitures.	ndjib el-nqneq.
Apportez-moi des allumettes.	djib li el-ouqid.
Apportez-moi une chemise.	djib-li ouahhed el-qmedjdja.
J'apporte mes effets.	ndjib hhouaidji.
Rapportez-moi mon gilet.	djibi li djelikats.
Apportez-moi une pipe et une tasse de café.	djib sebsi ou fendjal qahoua.

Massez-moi.	*dellekni.*
Ne me massez pas.	*ma tdellekni chi.*
J'ôte mes vêtements.	*en-nahhi houaidji.*
Otez mes bottes.	*nahhi li ettezma.*
Je compte sur vous.	*rani mtekkel alik.*
Nager.	*oûm.*
Je nage comme un poisson.	*neoûm kilhhoutsa.*
Nous nagerons.	*neoûmou.*
Je vous conjure.	*qsemt âlik.*
Déjeuner.	*nefthar.*
Je déjeune.	*nefthar.*
Je déjeunerai.	*nefthar.*
Allons déjeuner.	*iallah nfothrou.*
Dîner.	*acha.*
Tu ou vous dînerez avec moi.	*tet-âch-cha mâdia.*
Le dîner est-il prêt ?	*el-âcha rahi ouadjeda ?*
Le dîner est servi ou le souper.	*el-âcha rahi ouadjeda.*
J'ai dîné.	*teâch-chit.*
Vous dînerez chez vous.	*tet-âcha fdarkoum.*
Raccommodez le linge.	*btarqie el-hhouaidj.*
Je travaille.	*nakhdem.*
J'ai travaillé dans plusieurs maisons.	*khdemt fi diar bez-zaf.*
Je mange.	*nakol.*
Tu manges.	*takol.*
Je mangerai.	*nakol.*
Nous mangerons.	*naklou.*
Mangez un peu.	*koul-Chouiia.*
Mangez des légumes.	*koul el-khedhar.*
Vous n'avez pas mangé.	*enta ma klit chi.*
Je vous le laisse à ce prix.	*nkhallih lek bhad essouma.*
Je vous le laisserai.	*nkhallih lek.*
Je vous compterai votre argent.	*nahhseb lek drâhmek.*
Pardonnez-moi.	*esmahh li.*
Souffler.	*umfooh.*

VERBES : TERMINAISON EN IR.

Je partirai pour Alger.	*nsafar El-Djezaïr.*
Partant.	*msafar.*
Vous partez?	*enta msafar ?*
Quand partez-vous ?	*achemen nhartemchi ?*

VOCABULAIRE FRANÇAIS-ARABE.

Je partirai aujourd'hui.	*irouhh el-ioum.*
Je cueillerai un bouquet.	*nlaqqath ouahhed el-méchemoum.*
Cueillez des œillets et des violettes.	*laqqath el-qronfell ou bel-lesfendj.*
Cueille des fruits.	*laqqath chouiia ghalla.*
Je deviendrai votre pratique.	*nerdja mechetsari andek.*
Il sort.	*iokherodje.*
Nous sortirons.	*nkhordjou.*
Je suis sorti.	*khrodjt.*
Je sortirai à la pointe du jour.	*nkhrodj mad theloù ech-chems.*
Choisir.	*ekh-tar.*
Choisissez ce qui vous plaira.	*ekh-tar elli-iâdjbeck.*
Je reviendrai.	*nerdjâ.*
Nous sommes venus.	*rana djina.*
Il vient.	*idji.*
Tu viendras.	*tdji.*
Venez demain.	*adji ghadda.*
Nous viendrons.	*ndjiou.*
Nous reviendrons pour déjeuner.	*nerdjeou ouaqt el-fthour.*
D'où venez-vous?	*men ain djit?*
J'ai dormi.	*rqod.*
Tu as dormi.	*rqodt.*
Dormant.	*raqed.*
Je dormirai.	*norqod.*
Dormez en paix.	*orqod bes-sla ma.*
Je dormirai bien.	*norqod mlih.*
Je ne dormirai pas.	*nbat chi.*
Je sens.	*nhhass.*
Je ne sens pas.	*ma nhhass chi.*
Tenez-vous chaudement.	*khalli rouhheck skhoum.*
Ouvrez la porte.	*hholl el-bah.*
Je lirai l'elfathha.	*nagra-el-fathha.*
Tu diras.	*tqoul.*
J'ai entendu dire.	*smadt iqoulou.*

VERBES : TERMINAISON EN OIR.

Je sais.	*araft.*
Je ne sais pas.	*ma draft chi.*
Ne savez-vous aucune nouvelle?	*ma târaf hhatta khhbar?*

Je ne sais rien.	*ma ndraf.*
Savez-vous écrire?	*târaf tekteb?*
Je sais un peu, mais en arabe.	*ndraf chouiia, oumma bel ârabia.*
Nous nous reverrons.	*net-laqaoua.*
Je verrai le drap.	*nchouf el-melf.*
Je veux.	*nhabb.*
Voulez-vous des bas de fil?	*thhabb tcheqatcher mta el-khith?*
Je veux me raser.	*nhabb nhaffel.*
Voulez-vous boire de la bière?	*thhabbou, techorbou el-bira?*
Vous ne voulez rien diminuer?	*mathhabb chi tnaqqas?*
Ne voulez-vous pas?	*mathhabb chi?*
Asseyez-vous un peu.	*oq-od chouiia.*
Je pourrai.	*nendjem.*
Je pouvais.	*nendjem.*
Il peut.	*inedjem.*
Tu peux.	*tendjem.*
Je puis.	*nendjem.*
J'ai pu.	*ndjemt.*
Vous pouvez vous en aller.	*tendjem. Trouhh.*

VERBES : TERMINAISON EN RE.

J'ai vendu.	*bôeten.*
Vous vendez.	*tôte.*
Combien vendez-vous?	*qaddach tôte?*
Prenez ou prends.	*khoud.*
Prenez la lumière.	*eddi edh-dhou. Mâak.*
Je prendrai des bas de soie.	*nakhod tcheqat. oher mtâ el hhir.*
Je prendrai du thé.	*nakhod el-atsaï.*
Je vais prendre des bas de coton.	*machi nakhod. Tcheq atcher mta. El-qthon.*
Je prendrai mon pantalon.	*nakhod ess-seroual.*
Prenez un parapluie.	*teddi mâak el-ouarda sol.*
Avez-vous pris?	*khedit?*
Je prends.	*nakhed.*
Prenons du café.	*nechorbou el-gahoua.*
Prenez une chaise.	*khoud korsi*
J'apprends.	*net-âllem.*
Tu apprends.	*tet-âllem.*
Apprends-moi.	*allemni.*

Apprenez-vous le français ?	rak tet-âllem el-franssissa?
Vous apprendrez bien.	tet-âllem mlihh.
Nous boirons.	nechorbou.
Buvez un peu de rosolio.	tocherob chouiia. mtâ er-rsoli.
Ne buvez pas vite.	ma tocherob chi fissa.
Je boirai un verre d'orgeat.	nocherob ouah-hed el-kas mta el-ourdjatha.
Vous boirez beaucoup.	tocherob bez-zaf.
Attendez-moi demain samedi.	estennani ghodoua es-sebt.
J'ai entendu dire.	smâat iqoulou.
N'avez-vous pas entendu parler de... ?	ma smâat chi itkellmou men... ?
Faire.	nouassi.
Tu feras.	tamel.
Fais (impératif).	ouassi.
Faites-moi cet honneur.	amel li had el-ounour.
Tu feras bien.	tamel mlihh.
Le sang me fait mal.	ed-dem hlekni.
Il fera mauvais temps.	iâmel el-malou.
Tu connais ou vous connaissez.	tarafni.
Je le connais beaucoup.	neaqlou bez-zaf.
Rompre.	ekssi.
Rompu.	maksour.

NOMS DE NOMBRES.   EL-EDDUD.

Un.	ouahh.
Deux.	atsiin.
Trois.	thlâtsa.
Quatre.	er-bâ.
Cinq.	khamsa.
Six.	sitteh, setta.
Sept.	sébâ.
Huit.	themanieh ou tmenia.
Neuf.	tesâ ou tessâ.
Dix.	achéra.
Onze.	adahche, ahhdache.
Douze.	etnacheur.
Treize.	theletacheur.
Quatorze.	esbâtacheur.
Quinze.	khamstacheur.
Seize.	sittacheur.

3*

Dix-sept.	sébâtacheur.
Dix-huit.	themantacheur.
Dix-neuf.	thesâtacheur.
Vingt.	acheriin.
Vingt-un.	ouaied ou acheriin.
Trente.	thlâtiin.
Quarante.	erbâiin.
Cinquante.	khamsiin.
Soixante.	settiin.
Soixante-dix.	sébâiin.
Quatre-vingts.	themaniin.
Quatre-vingt-dix.	tésaiin.
Cent.	meia.
Cent un.	meia ou ouaied.
Cent vingt.	meia ou acheriin.
Mille.	nlf.
Onze cents.	elf ou méia.
Voici la note de mon linge :	hahi et-tskra hhouaïdje :
Cinq mouchoirs; — quatre paires de bas; — dix chemises; — trois gilets ; — six draps de lit ; — sept paires de gants ; — douze serviettes ; — neuf torchons ; — huit foulards ;— trois pantalons.	khams mahhrem ; — arbâ zouadj tche-qatcher ; — achéra qmaidj ;—telt ou thlatsa djelikats ;— setta ou sitteh izour ; — sébâ zouadj guantes ; — et-nacheur serbilithat ; — tesâ thrachen ; — themanieh foulars ; — telt sraouel.

PHRASÉOLOGIE GÉNÉRALE.

Conduis-nous.	eddina.
Volontiers, de tout mon cœur.	ala rassi ami.
La chose est facile.	ed-daoûa sahla.
Je suis à votre service.	rani béin ieddik.
Cela est impossible.	had ech-chi mouhhal.
Voulez-vous m'en donner?	thhabb chi tâthini had ech-chi ?
Je vous l'offre de bon cœur?	athison lek qalbi.
Je vous remercie, monsieur.	iketter khirek ia, sidi.
Prêtez-moi ce livre.	sellef li had el-ktab.
Non, impossible.	la mouhhal.

Pardonnez-moi, excusez-moi.	*es mahh li.*
Dites-moi.	*goul li.*
Je vous en prie.	*ou rassek.*
J'y consens.	*rôhit.*
Nous allons déjeuner ensemble.	*neddik-tefthar maaïa.*
Venez déjeuner.	*adji tefthar.*
Je ne suis pas habitué à déjeuner de si bonne heure.	*ana mani chimdari nefthar si had el-ouaqt.*
Je déjeunerai avec vous.	*nefthar maâk bach.*
Servez le déjeuner.	*ouedj-djet el-ftour.*
Apportez le sucre.	*djib es-sokkor.*
Prenez de la salade.	*khoud ech-chelada.*
Voici le beurre.	*hahi ez-zebda.*
Votre thé est très-bon.	*el-atsay mlaek mlihh bez-zaf.*
Donnez-nous de la bière.	*athina el-bira.*
Donnez-nous du café.	*athina el-qahoua.*
Donnez-nous du pain.	*athina el-radgif-khobz.*
Le café est bon.	*al-qahoua mlihh.*
Quelle heure est-il?	*esâa fii ham?*
Il n'est pas tard.	*mazal el-nhal.*
Il est midi.	*rahi et-tnache.*
Le dîner est servi.	*el-âcha rahi ouadjeda.*
Garçon, donnez-nous du beurre.	*wûlled athina el-ribdeh.*
— une bouteille.	— *ouâded guexas.*
— des pommes de terre.	— *qolqas frangii.*
— De la moutarde.	*el-khardel.*
Vous mangez très-peu.	*rak takol. Chouiia.*
Souffrez-vous de l'estomac?	*el-mâda toudjeck?*
Que dites-vous?	*betgoulay?*
Que faites-vous?	*bi têmel aïe?*
Voulez-vous boire?	*ida-thhab tocherob?*
Aimez-vous les œufs et les légumes?	*thabb chi el-bayd, el-khedhar?*
Beaucoup.	*bez-zaf.*
Voilà de la viande délicieuse.	*had el-lahm mlihh bez-zaf.*
L'huile est bonne.	*zayt mlihh.*
Venez dîner avec moi demain.	*adji ghadda in cha allah telach cha maai.*
Je vous remercie.	*ikettar khirek.*
Allons prendre le café.	*iia nechorbou el-qahoua.*
Non, je suis un peu indisposé.	*la-ia rani chouiia mridh.*

Fermez les fenêtres.	gghloq eth thouaqi.
Je ne puis pas.	anaag-der ma agder chi.
Il est fort tard.	meha el hhal bez-zaf.
Allumez la chandelle.	oulla i chemma.
Emportez la lumière, éteignez-la.	eddi edh-dhou, mâak eth-fih.
Vous pouvez vous retirer.	tendjem trouhh.
C'est bien.	mlihh.
N'oubliez pas de m'éveiller demain de bon matin.	ma tanza chi adji ghadda incha alla ess-esbahh bekri qiiemni.
Non, monsieur.	la ia, sidi.
Prêtez-moi ce crayon.	sellef-li ad el-gâlem rosas.
Accordez-moi cette faveur.	ouassi li had el-mziia.
Combien vendez-vous cette pipe?	qaddache tbie el-chebbouk?
Un fodda.	ouahhed fodda.
C'est bien cher.	ghali bez-zaf.
Bonsoir, monsieur.	mer se koum, sidi.
Quel jour part le courrier pour la France?	ach-men nhar iemchi chegaf en-nar mta Fransa?
Tous les samedis.	koul sebt.
Il part donc aujourd'hui?	irouhh immala el-youm?
Oui, monsieur. Dans une heure.	ia ia sadi fi, ouahhed es-sad men ezze-men.
Il est bientôt dix heures.	rahi alista à chera.
Donnez-moi, mon ami, une plume, un encrier et du papier.	athini ia habibi glem, ou douaiia, ou chouïa kagheth.
Comment vous portez-vous, monsieur?	zay-ak, sadi, ach enta?
Combien y a-t-il de journées d'ici à....?	qaddach tâmel men nhar men knal?
La route est-elle belle?	eth-thriq mlihha âfia?
Il y a six jours de marche.	sett iiam mehi.
Bonsoir, bonne nuit.	msa el-khir.
Soyez le bienvenu.	ahla ou sahla.
Asseyez-vous un peu.	oq-ôd chouiia.
Prenez une chaise.	khoud korsi.
Impossible.	mouhhal.
Qu'avez-vous, vous êtes donc bien pressé?	ache bik rak mghaouel?
Portez-vous bien.	cbqa âla khir.
Vous pouvez disposer de moi.	tendjem tetissarref fiia.

Je suis à votre service.	rani béin ieddick.
Il paraît que c'est la vérité.	baine hada hon el-hhaq.
Avez-vous un appartement à louer?	andek chi meskenlelkra?
Une chambre.	oda, hit.
Oui, monsieur.	ih ia, sidi.
Cette cheminée fume-t-elle?	had el-mdkahna tdakhklen oulla la la?
Quel est votre prix?	qaddach es-souma?
Quarante-deux francs.	ethneen ou arbâin frank.
C'est fort cher.	entâ ghali bez-saf.
Soit, je l'accepte.	alla irebba rani qbelt.
Bonjour, monsieur.	salamou alaikoum, ia ,sidi.
J'ai besoin d'une paire de souliers.	rani djitsek bache tfassal li zouidja ssbabeth.
Quel est votre prix?	qaddache es-souma?
Neuf francs.	tesa frank.
C'est fort cher.	enta ghali bez-zaf.
Dites-moi le dernier prix.	qoul soum el-akhrania qaddache.
Mes souliers sont-ils décrottés?	ssobati ou merkoub memsouh?
Nous sommes au 7 mars.	rana sab fi maghres,
Comment voyage-t-on?	kache essafrou?
Je voyagerai à pied, afin de mieux voir le pays.	nrouh dla redjli bache nechouf el-blad.
Je louerai une mule.	nekri ouaed el-baqhla.
Quand partez-vous?	ache men nhar temchi?
Quel âge a-t-il?	qaddache ômrou?
Où demeure-t-il?	fain ieskon?
Que dit-on?	ache rahoum iqoulon?
Où est le capitaine du stéamer?	fain rah rais ech-cheqaf en-nar?
Vous partez pour Tunis?	enta msafar Itounes?
Oui, monsieur.	ih ia, sidi.
Quel est votre prix?	qaddache hhaq el-khra?
C'est trop cher.	ghali bez-zaf.
Je demeure rue ***, n° 44.	ana neskon fzenqet** *, noumrou erbiin ou erba.
J'ai mal aux dents.	sin ou snani ioudjeoûni.
La mer est agitée.	el-bahr âmel el-monedj.
Est-ce la terre que nous voyons?	hadak el-berr rah idéhar?
A quelle heure arriverons-nous?	ache men sâa tqoul nous-slou?

Dans deux heures.	fi saâtsein.
Donnez-moi une pipe.	djib shebouk ou sebsi.
Où est mon chapeau?	ouain chachiitsi?
Asseyez-vous un moment.	oq-od chouiia.
Je vous donnerai un filet contre les cousins.	thaal henie nathik ouahed namoûseih.
Nous voilà arrivés, monsieur.	rana oussalna ia, sidi.
Je vous salue, adieu.	salamou alaikoum, ebqa âla khir.
Il faut que vous ôtiez mes bottes.	lazema nahhi li et-tezma.
Le bain est trop chaud.	el-hamman rah skhoum bez-zaf.
Massez-moi bien.	dellekni mlihh.
Vous me faites mal.	rak oudjatni.
Savonnez-moi la tête.	aghsel li rassi bess saboun.
Essuyez-moi.	emsah li.
Donnez-moi une serviette.	djib cnahhed serbilithat.
L'eau est froide.	el-ma rah bared.
Combien le prix du bain?	qaddache hhaqq el-hhamman?
Deux francs.	zoudj ou atziin frank.
Il y a environ trois mois.	idji chelata chectour.
J'oubliai ma montre.	nsit nakhold sâatsi.
Tout est prêt, sortons.	koull chi ouadhed iia nkhordhou.
Où allez-vous?	fain rak machi?
Quel est le chemin de***?	ache men djiha thriq***?
Conduisez-nous.	eddina.
L'eau est-elle bonne à boire?	kan chi isqii ou ma mlihh lechcherib?
Comment vous portez-vous?	acha enta?
Bien.	bkhi.
Je suis très-enrhumé.	mridh bessôla bez-zaf.
Que Dieu vous guérisse!	allabh ichefih!
Bon soir, bonne nuit.	msa-el-khir.
Qu'avez-vous?	ache bick?
Il faut que j'aille chez le cadi.	lazem nemchi fi dar el-qadhi.
Quand vous voudrez.	ouaqt elli thâbb.
N'oubliez pas.	ma tensa chi.
Vous pouvez compter sur moi.	illa ettekal âliia.

Ne vous donnez pas cette peine.	ma techeqa chi.
Fiez-vous à moi.	touekkel âliia.
J'y consens.	rdhit.
Cela n'est pas en mon pouvoir, je vous jure.	had ech chi ma hou chi fi ieddi, ouollah ômri.
Ne me refusez pas.	ma trodd chi klami.
Je compte sur vous.	rani touekkelt alik.
Les lettres sont-elles arrivées ?	djaouk chi. braouat ?
Prêtez-moi ce livre.	sellef li had el ktab ou librou.
Il m'est impossible.	mouhhal.
On vous a trompé.	rahoum laâbou bik.
Qu'en pensez-vous ?	ache idhehar lek ?
Je suis malheureux.	ma andi sadd.
Je suis désolé.	tghabbent bez-zaf.
Il fait mauvais temps.	el-hhal fassed.
Le temps changera.	el-hhal machi itbeddel.
Le vent est chaud.	er-rhh skhoum.
Il fait plus froid à Paris qu'à Alger.	fi Baris el-berd aktar men el-Djezaïr.
Il pleut à verse.	el-ârdh djair.
La mer est mauvaise.	el-bhhar malou.
Je suis trempé de sueur.	el-âraq rah saïl âliia.
La chaleur m'a tué.	qetlét ni es-skhana.
Avez-vous une montre ?	andek chi sâa ?
Montez-la.	douarha.
Quelle heure est-il ?	qaddach etqoul rari essâa ?
Midi et demi.	et-tnache ou noss.
Vous dormez encore ?	mazelt raqed ?
J'ai oublié de monter ma montre.	sâatsi nsit el-berahh fel-li ndouarr-ha.
Elle s'est arrêtée.	raqdet.
J'ai mal dormi cette nuit.	ma rqodt chi mlihh el-lila.
Je vais me lever.	del-ouaqt nqoum.
Nous sortirons ensemble.	nkhordjou soua-soua.
Avez-vous faim ?	andek chi el-djoûe ?
Préparez le déjeuner.	ouedj djed el-fthour.
Voulez-vous du bouillon ?	thhabb chi chouiia marqa ?
Je bois à votre santé, monsieur.	bkhathrek ia, sidi.

Très-volontiers.	*ma âlih.*
Cela me fait bien plaisir.	*had ech-chi qaâd li kifi.*
Que Dieu soit avec vous.	*allah ihhafâhek.*
Que souhaitez-vous, monsieur? Que cherchez-vous?	*maza tarid? maza teil temesse?*
Je désirerais de quoi manger et boire.	*aride oua-otelobe ein akole oua eicherabe.*
Donnez-moi tout ce que vous avez de bon, et surtout du meilleur vin.	*atenin men agiouade mahandac oua grassatan ahssan grare.*
Combien vendez-vous tout cela?	*kam tavirh aza coullo?*
C'est très-cher; je vous en offre moitié prix.	*azagrali ana ide feah lac il nesf.*
Donnez-nous des assiettes, des couteaux et des verres.	*ahtino, sehoun, oua sakakin, oua coupayate.*
Combien y a-t-il de journées de caravane légèrement chargée d'ici à...?	*kem counac mein hina ila?*
La route est-elle praticable?	*il tarik salek?*
Y a-t-il des voleurs?	*al yougiad lessousse?*
Quel chemin faut-il prendre pour aller à...?	*ay derb youadi ila?*
A-t-on à gravir des montagnes?	*al iougead gebal katirat iaktedi eseoud eleiha?*
Prenez nos chevaux, ayez-en soin.	*rod noulina oussensaa?*
Combien avons-nous dépensé?	*kam assarafna?*
Vous demandez trop.	*ent tetelob katir.*
Comment nomme-t-on ce village, cette ville, cette montagne?	*masa tousamma hase el deiaa, hase el balad, hase el gebal?*
Combien d'habitants y a-t-il dans cette ville?	*kam ralkr-iougead fi hase el medinat?*
Où allez-vous?	*ein raier?*
D'où venez-vous?	*mein ein geaie?*
Que portez-vous?	*ei chei geaieb?*
Que fait-on à...?	*masa tameloun fii?*
Combien de troupes y a-t-il?	*kam men elasaker tongead fi?*
Où sont vos troupeaux?	*ein iougead krotinat?*
Où est votre argent?	*ein mallak?*
Où sont vos bijoux?	*ein mastarak?*
Conduisez-nous.	*croudna.*

Donnez-nous un guide.	*arteinad craied.*
Sommes-nous loin de la mer ?	*hal ennina baidin and el bar ?*
Quel est le nom de cette tribu ?	*ma ou essem hase el krabile ?*
Nous voulons parler au chef.	*nelen nerid en nekalem cheirr.*

APERÇU

GÉOGRAPHIQUE, HISTORIQUE ET STATISTIQUE

DE L'ALGÉRIE.

SITUATION, ÉTENDUE ET ASPECT DU PAYS.

L'Algérie s'étend de l'Est à l'Ouest sur la côte septentrionale de l'Afrique ; elle est bornée au Nord par la Méditerranée, qui la sépare de l'Espagne et de la France; à l'Est, par les États de Tunis ; à l'Ouest, par l'empire du Maroc, et au Sud par le grand Atlas. Elle peut avoir, depuis le *cap Milonia*, dans la province de *Tlemcen*, jusqu'à l'embouchure de la rivière *Oued-el-Zainé* ou *Berber*, extrémité Est de la province de *Constantine*, 100 myriamètres ; et du Nord au Sud, largeur moyenne, environ 20 myriamètres.

Le mont Atlas, qui se prolonge parallèlement à la côte, traverse la régence dans toute sa longueur. Entre la ligne de cette chaîne et la mer, on distingue plusieurs chaînes parallèles à la chaîne principale, et dont la hauteur diminue à mesure que l'on s'éloigne du centre du continent. Elles forment des plateaux successifs qui s'abaissent comme des gradins les uns au-dessous des autres. La première ligne de ces montagnes intermédiaires et la plus rapprochée de la mer, communément nommée le *Petit-Atlas*, longe la Méditerranée, et vient se terminer sur la côte à l'Ouest de Bône.

La plus haute élévation de ces diverses chaînes, d'après le docteur Shaw, ne dépasse pas 4,000 mètres au-dessus de la mer; le point culminant de toutes ces ramifications est l'*Ouannaseris*. Les collines qui dominent Alger varient en hauteur, depuis 40 jusqu'à 160 mètres.

Cette disposition de groupes de montagnes parallèles étant coupées par des contre-forts, divise cette contrée en un grand nombre de bassins successifs, sillonnés par des cours d'eau dont la direction est très-variée. Lorsque le versant est très-rapproché de la mer, les rivières sont torrentueuses, et leur cours rapide laisse souvent leur lit à sec; mais, lorsqu'elles prennent naissance sur un des grands plateaux intérieurs, elles suivent d'abord la direction générale de la chaîne de l'est à l'ouest.

Aspect du pays. — Ce massif couvert, dans le voisinage de la ville, d'habitations agréables où des sources abondantes entretiennent une fraîcheur et une végétation active, ne présente pas un aspect aussi riant sur les sommités : le terrain y est sec, pierreux et couvert de broussailles peu élevées; les ravins, au contraire, lorsqu'ils sont arrosés par quelques cours d'eau, sont boisés et deviennent susceptibles d'une grande fertilité.

Cette vaste contrée est coupée par de riches plaines et de belles vallées, dont les principales sont la plaine de la *Métidjah*, au sud d'Alger, pouvant avoir 72 kil. de longueur sur 28 de largeur, plaine bien cultivée et n'offrant presque pas d'ondulations ; et la vallée du *Chéliff*, plaine immense qu'arrose la rivière de ce nom.

Petit Atlas. — Le versant septentrional du petit Atlas est couvert de taillis et de broussailles composés en grande partie de chênes et de lentisques. Il est sillonné par de grandes vallées d'où sortent les cours d'eau qui arrosent la plaine.

Le petit Atlas est boisé presque partout jusqu'au sommet, mais on ne rencontre nulle part des arbres d'une haute végétation : ce sont des taillis ou des broussailles composés en grande partie de lentisques et de chênes-verts. Dans la plaine on n'aperçoit çà et là que des bouquets d'arbres et quelques plantations de figuiers ; les massifs de quelque importance ne se montrent que dans la partie nord, depuis l'embouchure du Mazafran jusqu'à la route de Bouffarick. Ce sont les bois de Karessa et une infinité de petits bois très-fourrés et difficiles à parcourir ; l'olivier, le laurier-rose, le palmier nain, le chêne-liége, y sont communs. Les bords de la Chiffa sont aussi couverts en quelques endroits de fourrés très-épais. Les environs de Blidah, du côté de la plaine, sont remplis de belles et irrégulières plantations d'orangers, de citronniers, de figuiers. La végétation a une grande force dans les parties arrosées et cultivées du massif d'Alger. On y trouve presque tous les arbres à fruits de l'Europe.

MÉTÉOROLOGIE, CLIMAT.

L'état météorologique de la côte est peu variable d'une année à l'autre ; il suit un ordre à peu près constant, que l'on peut indiquer ainsi : 1° la saison douce et tempérée, pendant les mois de mars, avril, mai et juin : la température est alors fort agréable aux environs d'Alger ; les jours de mauvais temps y sont alors rares ; 2° la saison des chaleurs, qui se prolonge jusqu'au mois de novembre : alors la terre est aride et desséchée, les sources tarissent, et le sol est brûlé par l'ardeur d'un soleil dévorant ; 3° pendant les mois de décembre, janvier et février règne la saison des pluies, quelquefois interrompues par de beaux jours ; mais il n'y gèle presque jamais, et on peut dire que les saisons se succèdent les unes aux autres d'une manière peu sensible. On peut se faire une idée de l'égalité de l'atmosphère, dans ce pays, par cette circonstance : que le baromètre, quelque temps qu'il fasse, ne varie que très-peu ; depuis le mois d'avril jusqu'au mois d'octobre, le ciel est presque toujours pur et serein.

D'après les nouvelles observations de M. Aimé, directeur de l'observatoire d'Alger, la température moyenne des villes du littoral varie entre 17 et 18 degrés centigrades. La température *maximum* qu'on y éprouve est de 36° ; elle est amenée par le sirocco. A *Alger*, la température n'est descendue qu'une seule fois en sept ans au-dessous de *zéro* ; ce phénomène est encore plus rare à *Oran* ; le littoral forme la première zone.

Dans la seconde zone, les variations de la température sont plus considérables ; voici les indications données par M. Aimé :

Température.

	Au-dessus de la mer.	Moyenne.	Minimum.	Maximum.
Sétif,	1,100 mètres.	13°	4°	38°
Médéah,	820	14°	2°	36°
Milianah,	800	15°	2°	38°
Constantine,	600	17°	2°	40°
Mascara,	400	16°	3°	41°

Dans la troisième zone, les observations sont moins nombreuses. A *Biscara*, dans le mois d'août 1844, la température a varié de 22 à 44 degrés, et dans le mois de février, de 1 à 17°.

Sur le plateau de *Batena*, M. Fournel éprouva, dans la nuit du 16 mars 1845, une température de 6 degrés de froid, et pendant le jour le thermomètre s'était élevé à 33° de chaleur au-dessus de zéro; différence, 39 degrés.

On ressent dans toute l'Algérie de violents tremblements de terre; les derniers, qui eurent lieu en mars 1825, détruisirent entièrement la ville de Blidah, ainsi que plusieurs autres localités. On peut donc affirmer que, bien que cette région du globe ne possède aucun volcan actif, elle n'en est pas moins volcanisée, et les nombreuses sources thermales qui sortent de son sein confirment cette opinion.

GÉOLOGIE ET MINÉRALOGIE.

Constitution du sol.—Sur les côtes, le sol de l'Algérie se compose de marne ou de sables marneux et de calcaires compactes durs; on pense que ces dernières roches appartiennent à l'époque jurassique, et reposent sur une couche de marne argileuse très-épaisse; le grand nombre de sources qui sourdent dans les alentours d'Alger rendent cette opinion assez probable.

Dans le *petit Atlas*, les montagnes se composent de calcaire et de grès; mais les vallées ainsi que la plaine situées du côté de la mer sont sablonneuses; le sol est souvent imprégné de sel marin, et présente même, dans les contrées voisines du *Sahara*, des plaines entières recouvertes de cette substance; il contient en outre une quantité notable de nitrate de potasse (salpêtre). Le flanc des collines est sillonné par de nombreux ravins qui n'ont de l'eau que dans la saison des pluies.

Superposition des couches.—L'ordre de superposition des couches, dans la chaîne des montagnes du petit Atlas, est peu connu. On trouve çà et là des amas de sable plus ou moins calcaire, renfermant des coquilles marines à peu près semblables à celles qui vivent encore dans la Méditerranée. Quant aux collines du littoral, leur base est formée d'un calcaire assez dur, recouvert sur plusieurs points d'un terrain tertiaire moderne, analogue à celui des collines subapennines, et dans lequel les eaux ont creusé un grand nombre de ravins.

Près d'*Oran*, l'on a remarqué beaucoup de roches poreuses que l'on croit être d'origine volcanique.

Dans les environs de la *Calle* et sur plusieurs autres points de ce district, on rencontre des traces positives d'anciens volcans.

Mines.—En 1732, Shan, dans son séjour en Algérie, avait reconnu que le plomb et le fer étaient les seuls métaux qu'on eût découverts dans le territoire d'Alger. Ce dernier est blanchâtre et fort bon, mais en petite quantité; ce sont les Kabaïles des districts montagneux qui le tirent de la terre et le forgent; mais leurs procédés sont grossiers et imparfaits et tout fait espérer qu'une fois la civilisation française introduite dans ces contrées, les produits en seront centuplés. Ainsi forgé, ils apportent ce fer en petites barres aux marchés de Bougie et d'Alger. Il existe encore des mines de fer dans les montagnes de *Doui* et de *Zickar*, au sud de Cherchell; la dernière est la plus riche. L'on y trouve quelquefois du cinabre; mais, comme nous venons de le dire, ces mines sont mal exploitées.

Les mines de plomb du mont *Ouannaseris* et des *Beni-*

Boutaleb sont toutes fort abondantes, et l'on en tirerait un parti considérable si elles étaient mieux travaillées, puisqu'on obtient 40 kil. de métal sur 50 de matière brute.

Dans la province de *Tlemcen*, près de *Mascara*, on trouve des mines de plomb très-riches, entièrement abandonnées, et de récentes explorations ont fait connaître l'existence de mines de cuivre et autres métaux.

Près de *Collo*, province de Constantine, on trouve du minerai de cuivre très-riche.— Cet aperçu minéralogique peut donner une idée de ce qu'on peut attendre de l'avenir.

SYSTÈME HYDRAULIQUE.

L'Algérie est arrosée par un grand nombre de cours d'eau qui répandent la fraîcheur et la vie dans les contrées qu'ils traversent. La plus considérable de ces rivières est le *Chéliff* aux 70 sources, situées au pied du *mont Ouannaseris*. Après un cours d'environ 45 myr., et avoir traversé et fertilisé la belle vallée qui porte son nom et reçu de nombreux affluents, il va se perdre dans la Méditerranée, à 5 kilom. N.-O. de *Kol-Mita*.

Le *Maza-Fran* (l'ancien Savus) prend sa source au *mont Zickar*, et, après un cours d'environ 18 myr., se jette dans la mer à l'est de *Coléah*.

La *Chiffa* coule du nord au sud, et se perd dans le *Maza-Fran* après un cours très-sinueux et très-encaissé d'environ 14 myr.

L'*Aratch*, belle et large rivière avec de nombreux affluents, coule à 8 kil. sud d'Alger, et, après avoir arrosé une partie de la vaste plaine de la *Métidjah*, va confondre ses abondantes ondes dans celles de la Méditerranée, par une embouchure d'environ 50 à 60 mètres.

Le *Hamise* est aussi une rivière importante qui prend sa source dans les hautes montagnes des *Beni-Yaïte* : elle prend différents noms d'après les districts qu'elle baigne.

La *Regia*, qui se jette dans la mer à 12 kil. du cap Matifouz, ne coule qu'en hiver.

La *Budouoah* est une rivière assez considérable qui se perd dans la mer à 16 kil. est du cap Matifouz.

Toujours vers l'est, on trouve la *Corsoe*, et 4 kil. plus loin la *Merdass*, rivière peu importante.

Toujours sur le même littoral se trouve :

L'*Isser*, cours d'eau beaucoup plus considérable que l'*Aratch*, et qui, après un parcours d'environ 20 myr. au milieu d'une contrée fertile, se jette dans la mer à *Djennet*;

Le *Bouberah* ou *Nissah*, rivière tortueuse, qui traverse des contrées agrestes, et, après un cours d'environ 18 myr., va verser ses turbulentes ondes dans la mer à *Dellys*, où elle forme la limite des provinces d'*Alger* et de *Constantine*.

Suivant toujours le même littoral, nous trouvons, au sud de *Bougie*, le *Messaout*, formé des deux grands affluents le *Zooaah* et le *Adjebby*. Tout le pays qu'arrose ce fleuve, qu'on appelle aussi rivière de *Bougie*, est montagneux, et forme des torrents qui, par leurs débordements, occasionnent beaucoup de dégâts dans les contrées riveraines. Ce fleuve est le cours d'eau le plus considérable de l'Algérie après le *Chéliff*. On y pêche en abondance un poisson excellent qui ressemble beaucoup au barbot.

Presqu'à l'extrémité orientale se trouve le *Kramise*, grossi de plusieurs affluents. Deux ou trois petits cours d'eau arrosent aussi cette contrée montagneuse ; enfin on trouve

Le *Kébir*, cours d'eau assez important, grossi de nombreux tributaires qui prennent ordinairement le nom des districts qu'ils baignent. Le dernier cours un peu considérable de cette partie de l'Algérie est la *Seibouse*, qui se jette dans le golfe de *Bône*.

En retournant vers l'ouest, nous trouvons, outre le *Chéliff* et ses nombreux affluents,

Le *Sig* ou *Habra*, qui, après avoir reçu le tribut d'un grand nombre de petites rivières et ruisseaux, va se perdre dans le fond du golfe d'*Arsew* à *Séguia*. Le dernier cours d'eau important qu'on trouve dans ces districts de l'ouest est *la Tafna*, devenue historique par le traité conclu sur ses bords entre le maréchal Bugeaud et Abd-el-Kader.

Nous n'avons indiqué dans cette esquisse que les principaux cours d'eau de l'Algérie, sans parler de leurs centaines de tributaires qui arrosent, fécondent et rafraîchissent les pays qu'ils parcourent. Notre but a été, en présentant ce petit tableau au voyageur, de lui faire voir quel parti on peut tirer d'une contrée qui possède tant d'éléments de richesses agricoles.

EAUX THERMALES.

Sans compter une quantité considérable de ruisseaux et de fontaines dont les eaux sont chargées de sel et de nitre, l'Algérie abonde en sources thermales et minérales : les unes sont sulfureuses, les autres ferrugineuses ; celles-ci ne sont que tièdes, celles-là ont un degré de chaleur insupportable. Les bains chauds de *Mérega*, sur la rivière de ce nom, et ceux d'*El-Hamman-Meskouten*, au sud-ouest de Bône, sont les plus fréquentés ; on les recommande pour les rhumatismes, la jaunisse, les affections nerveuses, etc.

La température des eaux d'*El-Hamman-Meskouten*

s'élève jusqu'à 97° centigrades. Près d'Oran se trouve une source dont l'eau est presque bouillante en sortant de terre, et non loin de là s'en trouve une autre d'un volume assez considérable pour faire tourner des moulins, dont l'eau est comme glacée au sortir de terre.

BOTANIQUE.

Bien qu'en général l'Algérie ne soit pas une contrée très-boisée, on trouve cependant sur le versant septentrional du *petit Atlas*, et vers une infinité d'autres points, d'épaisses forêts où prospèrent le *pin d'Alep*, le *chêne-liége*, le *chêne-faux-liége*, dont la hauteur atteint jusqu'à vingt mètres; le *chêne blanc*, le *chêne à cochenille*, qui donne une grande quantité d'une espèce de cochenille dont on se sert pour teindre la laine en rouge; il croît partout. Le *chêne bellote* se trouve dans les montagnes près d'Alger, de Mascara et de Tlemcen; sa hauteur varie de 7 à 10 mètres; les naturels mangent son gland. Il est question de planter aussi le *chêne quéréotex*, à *noix de galle* et *velani*, trois espèces qui produisent des substances propres à la teinture, et qui offrent une branche de commerce très-lucrative.—Le *lentisque* se trouve dans l'Atlas, sur les collines et dans les jardins. — Le *térébinthe* croît dans les terrains incultes du grand Atlas : cet arbre atteint jusqu'à 20 mètres de hauteur; son fruit est acide et se mange broyé avec les dattes. — Le *cyprès* vient sur l'Atlas à une hauteur de 20 mètres. — Le *palmier chamérops* croît partout, mais il préfère les collines incultes : on fait avec ses feuilles macérées dans l'eau des cordages et des paniers. — Le *palmier dattier* croît avec abondance dans toute l'Algérie; mais ses fruits mûrissent à peine dans les districts septentrionaux;

c'est plutôt un arbre d'agrément pour les jardins et les maisons de campagne. Mais sur le versant méridional du grand Atlas, le dattier est pour les habitants une seconde providence; son fruit supplée à tous les besoins de la vie. Dans sa plus grande force, le palmier donne 2 à 300 livres de dattes.—Le *thuya articulé* prend peu de développement sur l'Atlas et les collines incultes où il se plaît. — Le *myrte* affectionne les mêmes localités que le thuya ; on le cultive dans les jardins; son fruit se mange et est rafraîchissant ; son écorce sert aux tanneurs. — L'*arbousier* croît dans l'Atlas; son fruit est très-suave et a quelque ressemblance avec la fraise. — Le *soumac épineux* acquiert une hauteur de 6 à 7 mètres; son fruit, bien qu'acide, est d'un goût assez agréable; son écorce sert à teindre en rouge et à tanner le cuir. — Les arbres fruitiers de l'Algérie sont les mêmes que ceux d'Europe : on cueille le fruit de l'amandier dans les premiers jours d'avril; l'abricot ordinaire mûrit en mai, les naturels l'appellent *matza-francka*, boucher des chrétiens, parce qu'il occasionne souvent des fièvres et des dyssenteries. En juin, on mange la figue, des cerises et des prunes; en juillet et août, viennent les mûres, les poires, les pommes, la figue kermez, les pêches et les brugnons. Ensuite ce sont les grenades et une espèce de poire piquante nommée *kermez-nassarah*, ou figue des chrétiens. On trouve aussi dans cette contrée des noyers, des oliviers et des châtaigniers d'un assez bon rapport. Le citronnier a des fleurs et des fruits toute l'année, mais l'oranger ne porte que vers la fin de l'automne; le raisin mûrit vers la fin de juillet, et les vendanges se font en septembre; le vin est en général assez agréable.

AGRICULTURE.

Les blés de l'Algérie varient de qualité suivant le terroir qui les produit; le plus estimé est une espèce de gros froment qui croît aux environs de Médéah. On ne connaît qu'une espèce d'orge; on y trouve aussi du seigle et un autre genre de blé dont le grain est corné : c'est le *triticum durum*. Les Arabes l'appellent *jennah-nesser*.

Le blé se sème vers la mi-octobre, l'orge 15 jours plus tard, et la moisson se fait à la fin de mai. Dans les districts bien arrosés, on sème du riz, du blé de Turquie, et une espèce de millet blanc, nommé par les Arabes *drak*; quant à l'avoine, elle est peu cultivée; les chevaux mangent ordinairement de l'orge. Le blé, une fois foulé et vanné, est serré dans des greniers souterrains nommés *matamores*, dont les plus petits contiennent environ 50 hectolitres. Pour la culture du tabac, on choisit toujours des terrains gras et humides; on le sème dans les premiers jours du printemps; sa hauteur est de 6 à 14 décimètres.

Les principaux légumes sont les fèves, les lentilles et les garvanços (espèce de pois chiche); on les plante vers la fin d'octobre (saison des pluies). Les fèves se récoltent vers le commencement de mars, et deviennent dans cette saison la principale nourriture des habitants. Ensuite vient la récolte des lentilles et des garvanços. Les racines et les herbages se succèdent toute l'année avec abondance; les navets, les carottes et les choux sont bons et peu chers; vous trouvez des laitues, de la chicorée, du cresson, du cerfeuil, des épinards, différentes espèces de betteraves et d'artichauts, depuis le mois d'octobre jusqu'en juin. Les choux-fleurs et le céleri sont fort beaux sous ce climat; on les sème en juillet, et on les coupe en mars suivant.

C'est vers la fin de juin que commence la saison des melons musqués et des melons d'eau, fruits excellents dans ces brûlantes contrées, mais dont l'usage doit être modéré.

Tel était l'état agricole de cette ancienne Mauritanie quand les Français y ont porté leurs armes victorieuses escortées du génie de la civilisation européenne. De notables améliorations se sont déjà opérées, et de nouvelles se poursuivent chaque jour avec zèle et persévérance.

ESSAIS FAITS POUR LA CULTURE DU COTON EN ALGÉRIE.

L'Algérie est propre à la culture du cotonnier ; il y existe à l'état sauvage et en arbrisseau (*gossipium frutescens* ou *arboreum*) dans diverses localités, notamment dans les environs de Mostaganem et sur quelques points de la province de Constantine. D'après ce que disent à ce sujet plusieurs auteurs arabes, entre autres Edrisi et Békri, cette plante a été cultivée en grand au moyen-âge dans l'ancienne régence d'Alger (1).

L'Académie des sciences ayant à faire connaître au ministre de la guerre son avis sur un ouvrage de M. Pelouze père, relatif à la culture du coton aux Antilles, et par comparaison en Algérie, s'exprimait ainsi en 1838, par l'organe de M. de Mirbel, au nom de la commission nommée pour procéder à son examen :

« La culture du cotonnier n'exige pas une température supérieure à celle de l'Algérie ; en effet, le climat de beaucoup de points des côtes et des îles de la Méditerranée, où l'on cultive le coton, est moins chaud que celui de notre nouvelle colonie...

(1) Province de Constantine. — Recueil de renseignements par M. Dureau de la Malle.

» Rien ne nous semble plus raisonnable, ajoutait le savant rapporteur, que de tenter la culture du cotonnier en Algérie. Nous n'affirmons pas qu'elle réussira, mais nous inclinons à le croire. Cette contrée jouit, pendant une grande partie de l'année, d'une chaude température. Son sol est meuble et fertile. La brise de mer porte sur le littoral une humidité chargée de sel, ce qui influe beaucoup sur la qualité du coton. Dans l'intérieur, on trouve des sources salées. Pendant la longue période de la végétation, les pluies ne sont pas trop fréquentes. Si la nature du coton devait rencontrer quelque obstacle, nous pensons qu'il viendrait de la sécheresse plutôt que de toute autre cause ; mais l'art agricole parvient souvent à triompher de cet obstacle... »

Divers essais entrepris, soit par des particuliers, soit dans les pépinières et jardins d'essais du gouvernement, ont bien fait augurer des heureux résultats qui attendent une culture étendue.

Dès l'année 1835, des échantillons de coton récoltés dans la pépinière du gouvernement, située dans la plaine du Hamma, aux portes d'Alger, transmis par le ministre de la guerre à celui du commerce et de l'agriculture, ont été soumis à l'examen du comité des arts et manufactures.

Ce comité s'est prononcé de la manière la plus favorable sur le mérite des échantillons. Il a déclaré de l'un d'eux, coté comme Louisiane :

« Qu'il est incomparablement plus fin, plus long, plus fort ; qu'il surpasse les plus belles sortes en qualité ; qu'il a autant de finesse que le beau Bourbon, et que la soie en est plus forte et plus longue ; qu'il a la régularité du Porto-Rico ; qu'il en est de même du beau Cayenne et du Jumel, qui ne peuvent soutenir la comparaison ; que les cotons de Géorgie, longs, sont les seuls qui aient quelque analogie avec cet échantillon ; que c'est donc avec cette espèce, supérieure à toutes les autres, que ce coton peut être comparé, et qu'il convient de le classer avec les sortes ordinaires et moyennes de ladite espèce... »

Le comité ajoutait, et c'était aussi l'avis de M. le ministre du commerce, « qu'il est infiniment intéressant pour nos fabriques et notre commerce en général, que les expériences sur la culture du coton soient continuées à Alger, et que rien ne soit négligé pour s'assurer si la culture en grand de cette soie peut y être propagée ; que, parmi les variétés à cultiver, il serait utile d'implanter dans la colonie des cotons d'Egypte longue soie, appelés *Jumel*, et des cotons Fernambouc. »

Des échantillons de coton récoltés en 1841 à la pépinière du gouvernement ont été soumis, en 1842, à des essais plus étendus, par les soins de la chambre de commerce de Rouen, pour en apprécier la nature et la qualité. Les plus habiles filateurs ont tous reconnu que, malgré la défectuosité des procédés employés pour détacher les filaments de la coque et de la graine, ce coton était de qualité supérieure. Un des échantillons, filé par les soins de M. Crépet fils, de Rouen, battu deux fois et passé à deux têtes d'étirage, est très-beau, et justifie les espérances que cet industriel fonde sur l'avenir de ce coton.

Des essais plus étendus se continueront sur les cotons récoltés en 1844, sur divers points de la France.

On s'occupe d'introduire en Algérie des graines des diverses variétés cultivées en Amérique, dans les Indes orientales et dans le Levant, afin que des expériences comparatives aient lieu sur plusieurs points à la fois. Il sera envoyé en Algérie quelques-unes des machines les plus propres à l'épluchage et au moulinage, opérations difficiles et délicates qui influent d'une manière si notable sur la qualité des cotons et leur apparence.

La continuation de la paix, la sécurité, permettront aux colons de se livrer, concurremment avec les directeurs des pépinières d'Alger, de Bône, de Philippeville et de Constantine, à de nouveaux essais.

La culture du mûrier et l'éducation des vers à soie paraissent aussi devoir réussir en Algérie, et promettent à ce pays une nouvelle source de richesses.

CULTURES MILITAIRES ENTREPRISES EN ALGÉRIE PAR L'ARMÉE A LA FIN DE 1841.

L'armée se livre, d'après les instructions du ministre, sur les divers points de la colonie où elle a des établissements en permanence, à des travaux variés de culture qui, tout en améliorant le bien-être du soldat, en lui procurant, dans ses loisirs, des occupations utiles et agréables, fécondent, embellissent et assainissent les environs des camps, des postes et des villes.

Déjà, depuis quelques années, des travaux de ce genre ont eu lieu, notamment à Bône et dans la province d'Oran. Le *Tableau de la situation des établissements français en Algérie*, pour 1840, fait connaître les heureux résultats obtenus à Oran en 1838 et 1839 par le 2ᵉ régiment de chasseurs d'Afrique, qui ensemença en céréales jusqu'à 70 hectares dont la récolte produisit près de 12,000 fr.

Sur les autres points où des cultures avaient pu être entreprises, au milieu des circonstances hostiles toujours renaissantes, elles n'avaient guère consisté qu'en des travaux de jardinage, exécutés sur des terrains avoisinant immédiatement les établissements militaires.

Mais, à partir de 1841, ces travaux se généralisèrent, s'étendirent en devenant obligatoires.

Ainsi un arrêté du gouverneur général, sous la date du 3 février même année, décida que des terrains situés à proximité des camps permanents seraient remis aux corps de troupes qui y sont établis, pour être cultivés par eux au profit de la masse et de l'ordinaire. Un arrêt subséquent, en date du 21 avril, affecta 30 hectares par régiment ayant son dépôt dans le camp, mais là seulement où l'application du système dont il s'agit serait susceptible d'être mise en pratique sans nuire aux cultures particulières, comme cela arriverait dans une partie du Sahel d'Alger et aux environs des villes d'*Oran* et de *Bône*.

En même temps des commissions de culture furent instituées, pour présider à ces travaux et les diriger, dans chaque subdivision et dans chaque corps. Le gouverneur général donna des instructions spéciales pour éclairer les opérations, et le ministre fit parvenir à cet effet, à Alger, 100 charrues et une quantité considérable de graines fourragères.

Aussi la fin de l'année 1841 fut signalée par des travaux d'une véritable importance dans les trois provinces, et même par les garnisons des places de l'intérieur, comme Mascara, Milianah et Médéah.

La situation exceptionnellement favorable de la province de Constantine, l'état de tranquillité qui s'y maintenait à peu près généralement, tandis que partout ailleurs la guerre avait pris un caractère particulier d'activité et de vigueur, la permanence des corps dans les garnisons, ont permis de s'occuper des cultures sur une large échelle et avec les soins que nécessitent de pareilles opérations, surtout dans des terrains neufs ou depuis longtemps abandonnés.

Les résultats ont été très-remarquables à Constantine et à Sétif.

A *Constantine*, 223 hectares, mis en rapport aux environs de la ville, ont produit 1,137 quintaux métriques de blé.

A *Sétif*, une étendue de moins de 34 hectares, ensemencés par le 61ᵉ régiment de ligne avec 35 quintaux métriques 75 kilogrammes de blé et 14 quintaux métriques d'orge, ont donné 438 quintaux métriques 86 kilog. de froment et 186 quintaux métriques 6 kilog. d'orge, avec 638 quintaux métriques 14 kilog. de paille, c'est-à-dire plus de 12 pour 1 de froment et plus de 13 pour 1 d'orge. La valeur totale du produit a été de 12 à 13,000 fr., ou environ de 350 fr. par hectare. Cette supériorité de produits est due surtout à la qualité particulièrement favorable des terres de Sétif.

A *Bône*, à *Guelma*, à *Philippeville*, dans les camps qui se trouvent sur le parcours de la route de Constantine à la mer, des travaux ont eu lieu également; mais les changements de garnison, le nombre restreint d'hommes disponibles, n'ont pas permis qu'ils fussent aussi considérables qu'à Constantine et à Sétif.

En résumé, 363 hectares on été mis en culture dans la province pour les céréales, et 22 pour les jardins.

La garnison de Constantine possède au centre de ses exploitations agricoles des fermes qu'elle a récemment bâties ou appropriées. Le 3ᵉ régiment de chasseurs d'Afrique, le 22e de ligne et le train des équipages en ont établi chacun une. Des constructions de ce genre seront élevées également sur d'autres points.

Des plantations de mûriers et d'autres arbres ont aussi été faites par l'armée à Bône, à Guelma à Constantine et à Sétif. Elles seront continuées et étendues le plus possible, et facilitées par des semis et des pépinières dont le ministre a prescrit l'établissement.

Les travaux de culture opérés dans la province de Constantine, ainsi que les résultats obtenus, avec indication des corps qui y ont contribué, sont mentionnés en détail dans le tableau général qui vient après cet exposé préliminaire.

L'importance secondaire des cultures dans les provinces d'Alger et d'Oran s'explique par l'état de guerre dans lequel elles se sont trouvées jusqu'aux grandes et décisives soumissions des mois de juin et de juillet 1842. Il n'a pu être donné aux opérations, soit pour la préparation des terres, soit pour les semailles et la surveillance des récoltes, les soins indispensables pour les mener à bien.

Ces essais auront néanmoins été utiles en ce qu'ils auront fait connaître quelles sont les graines fourragères qui réussissent de préférence dans telle ou telle localité, à quelles époques les cultures doivent être entreprises, et à l'aide de quels instruments et de quelles préparations. Ces expériences, si essentielles en agriculture, serviront aussi à éclairer les colons, dont les soldats ne sont que les précurseurs et même les guides.

Colonie militaire de Beni-Mered. — La colonie militaire de Beni-Mered a été fondée en 1842. M. le maréchal Bugeaud lui donna alors pour habitants des soldats ayant au moins quatre années de service à compléter avant l'expiration de leur congé. L'effectif actuel est de soixante-quatre hommes, dont douze mariés depuis un an. Le directeur de cet établissement est un officier d'infanterie, M. Montigny, homme de mérite dont les services spéciaux nous paraissent mériter des encouragements.

Bien que cette colonie soit située dans une des parties basses de la plaine, et que le nom de la localité constate sa réputation d'insalubrité chez les Arabes, il n'y a eu, cette année, que dix-sept hommes malades, et tous l'ont été par suite d'un séjour prolongé dans la plaine, à une lieue de l'établissement, pour la récolte des foins ; ce qui détermina chez eux des accès de fièvre intermittente, dont le sulfate de quinine et un séjour de courte durée à l'hôpital eurent promptement raison.

Pas un seul homme n'est mort depuis la formation de la colonie, c'est-à-dire depuis deux ans ; d'où l'on peut presque conclure qu'un travail assidu, une conduite régulière et disciplinée, une nourriture saine comme est celle du soldat, permettent aux hommes doués d'un bon moral d'affronter impunément les miasmes les plus délétères de l'Algérie. Ce résultat venge un peu la Mitidja des plaintes exagérées dirigées contre elle par des hommes qui s'y livrent à tous les excès, et qui, pour s'excuser, accusent le climat et le pays.

La durée moyenne du travail imposé à chaque soldat colon est de neuf heures par jour.

En 1843, il a été défriché 85 hectares de terre; 120 ont été ensemencés en blé et orge qui ont moins rendu que l'année précédente, à cause des pluies survenues au moment où l'épi se formait; cependant le rendement a été de 9 à 10 pour un.

En 1844, 417 mûriers ou arbres fruitiers ont été plantés, et tous réussissent. Une petite quantité de graine de mûrier avait été jetée en terre l'année précédente ; elle a donné au moins 3,000 plants qui ont plus de 1 mètre de hauteur.

Le tabac, planté sur une petite échelle, a fourni de beaux et bons produits, et l'on peut facilement faire deux récoltes sur le même pied.

La culture de la pomme de terre a donné des résultats à peu près négatifs, bien que la semence employée fût de belle qualité. La terre est trop humide, et les fruits qu'elle produit sont aqueux, et nuiraient à la santé si l'on en faisait usage. Elles ne peuvent être employées qu'à engraisser du bétail.

Le maïs ne réussit pas aussi bien qu'on aurait pu l'espérer.

Le troupeau de moutons de la colonie, qui était de 500 après la récolte de 1843, était, par suite des produits de l'année, de 764 têtes au 1er septembre 1844.

Le troupeau de bœufs compte 321 sujets, dont 60 veaux, produits de l'année.

Le troupeau de porcs est de 384; 61 seulement appartiennent à la communauté; les autres sont la propriété des soldats-colons qui les ont élevés.

Chaque soldat possède en propre des poules, des pigeons et des canards. Cinq d'entre eux élèvent des abeilles, qui ont produit cette année 500 fr.

Sur les fonds de la communauté provenant de la vente de la récolte de 1843, la colonie a acheté dans le département de la Haute-Saône une machine à battre le blé qui, rendue à Méred, a coûté 1,024 fr. Elle est mise en mouvement à l'aide d'un cheval, et bat 800 gerbes par jour.

Sur les mêmes fonds, on a bâti cinq maisons qui représentent chacune une valeur de 4,000 fr. Outre les ouvriers d'art et les manœuvres de la colonie, on a employé à leur construction trois maçons appartenant à l'atelier des condamnés, payés à raison de 75 cent., et cinq ouvriers civils payés à raison de 5 fr. la journée. Ces maisons sont destinées à un seul colon avec sa famille; elles ont pour but et pour résultat d'isoler chaque famille, et de les délivrer des inconvénients de l'habitation commune, qui sont à peu près nuls tant que les colons sont célibataires, mais qui pourraient devenir graves le jour où le plus grand nombre seraient mariés.

Les récoltes de l'année 1844, vendues en temps favorable, restitueront au fonds commun les dépenses faites, et permettront d'en faire de beaucoup plus considérables pour l'année.

— Le jardin d'essai d'Alger, ou pépinière du gouvernement, est dans un état de prospérité croissante. Cette pépinière peut fournir annuellement 40,000 mûriers, et pourrait, dit-on, en fournir 200,000. On y cultive également des peupliers, des frênes, des ormes, etc. Le bananier, la patate et l'indigotier y viennent parfaitement ; il a été fait aussi d'heureux essais du nopal à cochenille.

Une nouvelle branche de richesse agricole se présente pour l'Algérie ; nous voulons parler du sésame, plante peu cultivée en Europe, mais dont on importe beaucoup. « Cette plante, dit M. Hardy, directeur de la pépinière du gouvernement, réussit parfaitement en Algérie ; son produit peut varier de 1,000 à 1,500 kilogrammes par hectare, suivant le degré de fertilité du sol, l'exposition, etc. » Nous ne suivrons pas notre savant agronome dans toutes les instructions qu'il donne sur la culture de cette plante. Nous dirons seulement qu'en 1844 Marseille seule a reçu dans son port 188,000 quintaux métriques de cette graine, dont le prix moyen est dans ce port de 45 fr. le quintal. Ces quelques lignes suffisent pour faire voir de quelle importance sa culture serait pour notre colonie.

Une nouvelle source de richesse vient encore d'être constatée : grâce au talent et à l'infatigable activité de M. Hardy, l'Algérie sera bientôt en état de fournir à l'Europe tout l'opium dont elle a besoin. Un rapport fait à l'Académie des sciences en 1845 constate que cet opium est aussi bon que celui qu'on tire du Bengale, et qu'on peut en obtenir une quantité égale, que Blumenbach estime à 300 mille kil. environ.

CULTURE DE LA COCHENILLE.

Depuis 1845, M. Hardy a installé à la pépinière centrale d'Alger *une nopalerie* parfaitement étendue, où l'on voit des cochenilles mères de toute beauté, et plus de 2,000 pieds cactus-nopals. — Celle que dirige M. Ortigoza dans un terrain dépendant de l'enclos de Mustapha compte déjà près de 1,500 pieds de nopals. — Il résulte des essais faits antérieurement, que la cochenille est susceptible de venir très-bien en Algérie. Nous espérons que les essais de MM. Hardy et Ortigoza auront pour effet de populariser cette riche culture dans cette nouvelle France.

RÉCOLTE DU TABAC.

Cette récolte a été en 1844 d'environ 50,000 kil. d'excellentes feuilles recueillies aux environs de Bône et auprès d'Alger, que les colons ont vendues à de très-bonnes conditions. En 1845, la récolte s'est élevée à près de 150,000 kil., dont l'administration des tabacs a acheté une grande partie.

RÉCOLTE DES FOINS EN ALGÉRIE EN 1844.

Récolté par l'armée, 139,676 quintaux métriques, représentant une valeur de 600,465 fr.; par les Européens pour le service de l'armée, 159,045 quintaux métriques, qu'ils ont vendus 1,067,821 fr., et pour leurs besoins 92,824 quintaux métriques, valant 627,929 fr.

En résumé, il a été récolté en Algérie, en 1844, 391,549 quintaux métriques, évalués à deux millions 290,216 fr., au prix moyen de 5 fr. 80 c. le quintal.

Il existe maintenant en Algérie huit pépinières principales, qui sont situées à *Alger, Bouffarick, Messerghuin, Mostaganem, Philippeville, Bône, Sétif* et *Constantine*.

Il existe en outre des pépinières secondaires à *Tlemcen, Mascara, Orléansville, Milianah* et *Médéah*.

ÉDUCATION DES VERS A SOIE.

Dans la longue énumération des diverses industries que la civilisation française a introduites en Algérie, nous ne devons pas oublier de citer la belle *magnanerie* de M. Imbert, où une quantité considérable de vers à soie provenant de 85 onces de graines ont parfaitement réussi et fourni, en 1845, des cocons blancs et bien assortis. Cette nouvelle branche d'industrie sera une nouvelle source de richesse pour le pays. Pour encourager l'éducation de ces utiles insectes, M. le directeur de l'intérieur a prévenu les colons qui ont élevé des vers à soie qu'ils n'avaient qu'à porter leurs cocons à la pépinière du gouvernement, où on les leur convertirait en soie sans aucuns frais. Cette disposition mérite beaucoup d'éloges.

ROUTES.

Les Maures n'avaient point ouvert de routes dans l'intérieur du pays; le voyageur n'y trouvait que des sentiers si multipliés, qu'il fallait avoir une grande connaissance des localités pour ne pas s'égarer à chaque pas qu'on faisait ; il ne reste presque aucune trace des anciennes voies romaines.

Mais, depuis l'occupation française, de nouvelles routes ont été percées, les anciennes ont été agrandies et réparées, et partout où il y a garnison le voyageur est certain de trouver de bonnes routes presque carrossables, sur lesquelles s'élèvent des auberges, et même dans certains endroits des cafés.

Parmi ces routes, nous citerons presque toutes celles du littoral, qui sont dans un très-bon état d'entretien ; celles d'*Alger* à *Médéah* et à *Milianah* sont fort belles ; celle de *Bône* à *Constantine* est bien percée, ainsi que celle de *Constantine* à *Sétif* ; celle qui joint *Philippeville* à *Constantine* est également bonne et belle. Les routes d'*Oran* à *Mascara*, d'*Oran* à *Tlemcem*, et d'*Oran* à *Mostaganem*, peuvent à juste titre passer pour de belles voies de communication. Les anciennes voies romaines ont, dans plusieurs localités, servi de base au tracé de ces utiles constructions.

Mais ce n'était point assez pour l'activité française, les distances n'étaient pas encore assez rapprochées, et un chemin de fer se construit maintenant entre *Alger* et *Blidah*; le parcours sera d'environ 45 kil., et tout porte à croire que cette rapide voie de locomotion ne sera pas la seule qui s'établira dans l'Algérie.

Les travaux des routes destinées à relier les villes, villages et les centres de population des environs d'Alger, se poursuivent avec une grande activité. Celle de la *Chiffa* est visitée comme on visite une œuvre grandiose : taillée dans le roc, et surplombée par lui, elle n'a d'analogue que la route que fit construire Napoléon, pour aller en Italie, à travers le département du Var ; 1,500 hommes travaillent journellement à cette belle construction.

On voyage généralement, dans l'Algérie, sur des chevaux ou sur des mulets ; mais, dans la province d'Alger, il existe maintenant des diligences qui vont jusqu'à *Blidah*. — Un cheval ou un mulet se paye de 4 à 5 francs par jour. — Les dépenses sur les routes ne sont pas plus élevées qu'en France; en général on dépense tant et si peu qu'on veut.

Aujourd'hui, on voyage en toute sécurité sur tous les points occupés par des troupes françaises; mais il est prudent d'être plusieurs et toujours armés; de plus, il y a presque toujours sur ces routes des convois civils ou militaires, auxquels le voyageur peut s'adjoindre, faveur qu'on ne refuse jamais.

Les routes sont généralement construites sur un sol plat, traversant un pays découvert et beau, dont plusieurs districts sont cultivés par les Arabes. On y trouve des fontaines ou des ruisseaux; mais il vaut mieux que le voyageur ait toujours avec lui une petite provision d'eau pour prévenir les besoins du jour.

Une chose que nous conseillons au voyageur, c'est de ne point quitter une localité sans demander des renseignements sur la route qu'il doit suivre et les lieux qu'il se propose de visiter.

DIVISION POLITIQUE.

ANCIENNE DIVISION. — Notre conquête de l'Algérie nous a rendus maîtres des trois antiques provinces romaines que ce peuple-roi nommait *Numidie*, *Mauritanie Sitifienne* et *Mauritanie Césarienne*, dont les capitales étaient *Cirta*, *Sitifis* et *Césarée*, et qui sont aujourd'hui *Constantine*, *Sétif* et *Cherchell*.

Plus tard, sous la domination turque, l'Algérie était divisée en quatre provinces, savoir : 1° la *province d'Alger*; 2° la *province d'Oran* ou de l'ouest; 3° la *province de Constantine* ou de l'est; 4° la *province de Titteri* ou du sud.

DIVISION ACTUELLE. — Depuis 1843, l'Algérie forme trois divisions réparties de la manière suivante :

1re DIVISION. — ALGER, siége du gouvernement, chef-lieu de la division.

Subdivision d'Alger. — ALGER, chef-lieu de la subdivision, les forts d'*Alger*, le *Sahel* et tout le pays compris à l'est, depuis l'*Oued-Kaddara* jusqu'au *Bibans* ; *Bougie*, *Cherchell* et son territoire.

Subdivision de Titteri. — *Blidah*, chef-lieu et centre du cercle, *Bouffarick*, *Koléah* ; *Médéah*, centre du cercle, le *Maqrzen*, les *Goums*, les tribus ; *Boghar*, les pays à l'est depuis *Djebel-Dira*, et au sud l'*aghalik des Ouled-Nail*.

Subdivision de Milianah.—*Milianah*, chef-lieu, *Teniet el Hâad*, *Zatima*, l'aghalik des *Hadjoutes*.

Subdivision d'Orléansville.— *Orléansville*, chef-lieu, *Tenez*, *Mazouna*, l'*Ouarenseris*.

2e DIVISION. — ORAN, formée de quatre subdivisions.— ORAN, chef-lieu de division et de subdivision ; *Arzew*, *Mers-el-Kébir*, *Messerghuin*, *Camp-du-Figuier*.

Subdivision de Mascara. — *Mascara*, chef-lieu.

Subdivision de Mostaganem. — *Mostaganem*, chef-lieu ; *Mazagran*.

3e DIVISION. — CONSTANTINE, formée de trois subdivisions :

Subdivision de Constantine. — CONSTANTINE, chef-lieu de la division et subdivision ; *Philippeville*, centre du cercle comprenant le *camp de Smendou*, des *Toumiettes* et de *El-Arrouch*, *Djidjeli*.

Subdivision de Bône.—*Bône*, chef-lieu ; *Guelma*, centre du cercle, comprenant le *Makghzen*, les *Goums*, les *tribus* ; la *Calle*, centre du cercle, comprenant les tribus qui relèvent de la Calle.

Subdivision de Sétif. — *Sétif*, chef-lieu.

CLASSIFICATION DES PLACES DE L'ALGÉRIE.

Première classe. — ALGER, ORAN, CONSTANTINE.
Deuxième classe.—*Blidah, Médéah, Milianah, Cherchell, Mostaganem, Mascara, Tlemcen, Bône, Bougie, Sétif, Djidjeli, Philippeville.*
Troisième classe. — *Fort l'Empereur, Douéra, Bouffarik, Mustapha-Pacha, Koléah, Arzew, Mers-el-Kébir.*
Postes militaires. — *Kasbah d'Alger, Kasbah de Bône, la Calle, Guelma, Misserghuin, Masagran.*

GOUVERNEMENT DE L'ALGÉRIE.

L'Algérie est divisée en trois provinces, dont les chefs-lieux sont *Alger*, *Constantine* et *Oran*. Dans chacune de ces circonscriptions, on distingue le territoire civil, régi par le droit commun, tel que le constitue la législation spéciale de l'Algérie; le territoire mixte, dans lequel les fonctions civiles sont exercées par des militaires; et le territoire arabe, dont toute l'administration est militaire.

Sous les ordres du gouverneur général est placé désormais un *directeur général des affaires civiles*, qui lui soumettra toutes les mesures intéressant la colonie, l'agriculture, le commerce et les travaux publics civils.

Le conseil d'administration, institué d'urgence lors de la conquête, prend le titre de *conseil supérieur d'administration*, et se compose, indépendamment des premières autorités militaires, civiles et judiciaires de l'Algérie, de trois conseillers civils rapporteurs, à la nomination du roi. Ce conseil est appelé à donner son avis sur les projets d'ordonnances royales et d'arrêtés du gouverneur général, sur les

5*

questions d'administration, de colonisation, de domaines, de travaux publics, de budgets et de comptes.

Il y a également un *conseil du contentieux*, composé d'un président et de quatre conseillers, et chargé des attributions qui sont en France celles des conseillers de préfecture.

Employés civils d'après l'ordre hiérarchique.

Le gouverneur général.
Le directeur général des affaires civiles, aux appointements, avec frais de représentation, de   fr. 29,500
Procureur général,   16,000
Directeur de l'intérieur et des travaux publics,   16,500
Directeur des finances et du commerce,   16,500
Directeur des affaires arabes (traitement de son grade militaire), membre civil rapporteur du conseil supérieur d'administration,   12,000
Président du conseil du contentieux,   12,000
Membre du conseil du contentieux,   9,000
Secrétaire du conseil du contentieux,   6,000
Auditeur au conseil d'État attaché aux services civils,   5,500
Sous-directeur de l'intérieur de 1re classe,   9,500
Sous-directeur de l'intérieur de 2e classe,   7,500
Commissaire civil de 1re classe,   5,000
Commissaire civil de 2e classe,   4,000

Toutes les localités civiles ont un *maire* dont les fonctions sont gratuites; les chefs-lieux de district ont un *juge de paix* et un *commissaire de police*.

Population. — L'effectif de la population européenne et civile de l'Algérie s'est successivement augmentée depuis la conquête en 1830, où elle n'était que de 602; en 1831, 3,228; en 1833, 7,812; en 1835, 11,221; en 1837, 16,770; en 1840, 38,736; et en 1842, 46,000, dont 20,000 Français, 15,000 Espagnols, 5,000 Anglais, 5,000 Italiens, 1,800 Allemands; non compris les corporations des Kabaïles, Mozabites, Briskris, Nègres, etc. Les patentables suivent la même progression que la population. Les professions qui ont pris le plus sérieux développement sont celles de boulanger, tailleur, menuisier, serrurier, marchand d'étoffes et de comestibles, de commerçant et de fabricant de pâtes. Cet accroissement s'explique par les besoins du pays.

Le journal des *Sciences Militaires* évalue la population de la régence d'Alger de 18 à 19 cent mille habitants indigènes de différentes races, ainsi qu'il suit : Maures et Arabes, cultivateurs et ouvriers, 1,200,000; Arabes indépendants, 400,000; Berbères ou Kabaïles, 200,000; Juifs, 30,000; Turcs et renégats, 20,000; Kolouglis, 20,000. Total, 1,870,000. Ce nombre n'est pas exagéré. L'Américain Sales, dans son ouvrage publié en 1826, évalue la population des Etats d'Alger à environ un million. Le maréchal Bugeaud, gouverneur général de l'Algérie, n'évalue pas la population à moins de 8 millions d'habitants, chiffre que nous croyons de beaucoup exagéré; d'après les renseignements les plus probables, la population indigène atteint tout au plus 2,000,000 d'habitants.

A ces diverses données statistiques nous ajouterons le tableau suivant, publié par le *Moniteur algérien* en avril 1845.

Pendant l'année 1844, la population européenne de l'Algérie s'est accrue de 16,324 individus.

En janvier 1845, la population européenne s'élevait à 75,354 individus, répartis comme il suit :

PROVINCE D'ALGER. — Districts administrés civilement : 49,827 *Cherchell*, 916 ; — *Douéra*, 1,996 ; — *Bouffarick*, 1,370 ; — *Blidah*, 3,671 ; — *Koléah*, 877. — Districts administrés militairement : *Dellys*, 110 ; — *Bougie*, 504 ; — *Tenez*, 1,349 ; — *Médéah*, 841 ; — *Milianah*, 605 ; — *Orléansville*, 428 ; — *Tenieh-el-Had*, 107.

PROVINCE DE CONSTANTINE. — Districts administrés civilement : *Constantine*, 1,480 ; — *Bône*, 4,799 ; — *Philippeville*, 3,734 ; — *La Calle*, 211. — Districts administrés militairement : *Gigelli*, 239 ; — *Sétif*, 323 ; — *Guelma*, 298.

PROVINCE D'ORAN. — Districts administrés civilement : *Oran*, 9,156 ; — *Mostaganem*, 2,221. — Districts militaires : *Arzew*, 50 ; — *Mascara*, 811 ; — *Tlemcen*, 587 ; — *Thiaret*, 19 ; — *Saida*, 17.

En ajoutant à ce tableau, pour les trois capitales de province, le chiffre de la population indigène, qui est à *Alger* de 19,237, à *Oran* de 5,194, et à *Constantine* de 23,960, la population totale de ces trois villes se trouve être comme il suit : *Alger* et banlieue, 94,591 ; *Oran*, 14,350 ; *Constantine*, 25,440.

EFFECTIF DE L'ARMÉE.

L'effectif de l'armée s'est augmenté avec la population et l'étendue du territoire occupé : en 1835, il était de 29,500 hommes ; en 1839, de 50,000 ; en 1840, de 61,300 ; en 1844, de 80,000, et en 1845 de 91,000.

STATISTIQUE COMMERCIALE ET INDUSTRIELLE DE L'ALGÉRIE.

Les exportations consistent en froment, orge, pois, féves,

blé de Turquie (maïs), riz (médiocre en qualité), cire, miel, huile, olives, oranges, citrons, figues, un peu de dattes, raisins, noix, tabac, vermillon, essence de rose, toiles grossières, cotons, brocarts d'or et d'argent, taffetas, mousselines, plumes d'autruche, cuirs, laines, bœufs, moutons, chèvres, etc.

L'exportation qui avait lieu à Alger se faisait entièrement pour le compte du dey, à l'aide de permissions particulières qu'il accordait à certains négociants.

Les importations consistent en sucre, café, poivre, cochenille, girofle, cannelle, gingembre, alun d'Angleterre, alun de Rome, draps de Sédan, d'Elbeuf, draps anglais, vins, toiles, indiennes, velours, mouchoirs de soie de Catalogne, soie de Syrie, de Brousse, de Provence, quincaillerie, acier, outils pour diverses professions, etc.

Voici comment M. le maréchal Bugeaud s'exprime sur l'état commercial de la colonie :

« Tout est en mouvement; le commerce de l'Algérie, déjà intéressant pour la France et le reste de l'Europe, grandira bientôt par la pacification appuyée sur la force, l'équité et la politique, et nous trouverons dans cette possession des compensations indirectes mais importantes des sacrifices qu'elle aura coûtés.

» Pendant cette année, dit M. le gouverneur, les exportations se sont élevées à 4,302,210 fr., dont la moitié environ à destination de la France.

» Sur ce chiffre, Alger a expédié pour   1,121,258 fr.
              Oran et Mers-el-Kébir,   1,191,033
              Bône,   1,393,568
              Philippeville,   536,257

Le reste a été expédié par les autres ports.

Les importations se sont élevées à 65 millions de francs environ, dans lesquels chiffres la France figure pour 32 millions et demi; l'Angleterre, 8 millions ; l'Espagne, 4 millions ; la Toscane, 5 millions et demi ; la Sardaigne, 2 millions ; l'Autriche, 1 million ; l'Égypte, 1 million, etc.

En 1831, l'Algérie n'avait reçu que 123 navires de France. Cette année il en est arrivé près de 1,900 jaugeant environ 154,000 tonneaux.

Les bâtiments algériens, c'est-à-dire appartenant ou aux indigènes ou aux Européens fixés en Algérie, qui étaient en 1838 de 201, sont aujourd'hui au nombre d'environ 1,021 jaugeant 18,000 tonneaux.

215 navires étrangers avaient abordé les côtes de la colonie en 1831 ; il en est entré cette année plus de 3,225 jaugeant 294,000 tonneaux.

En 1844, 102 bateaux pêcheurs, la plupart napolitains et toscans, ont fréquenté nos côtes et ont obtenu 851 mille fr. environ de corail.

Si du commerce nous jetons les yeux sur l'agriculture, nous verrons 40,000 Européens qui travaillent sans relâche, sous la protection de l'armée, à transformer cette vieille terre africaine en une contrée saine et fertile, et à changer la barbarie en civilisation.

Il n'y a pas encore bien longtemps, on disait que l'Algérie ne possédait ni eau, ni pierres, ni bois ; nous pensons que nos excursions ont détruit toutes ces erreurs exagérées. D'après de nouvelles explorations, soit par la commission scientifique, soit par l'armée dans ses diverses expéditions, il a été constaté que l'Algérie possède de riches forêts en chênes-liéges qui manquent à l'Europe, et autres arbres d'espèces diverses propres à tous les usages. On calcule que ces forêts comprennent au *minimum* une étendue de plus de 70,000 hectares; il existe en outre des espaces presque aussi vastes, couverts de broussailles susceptibles de former des taillis. Dans cette petite revue des éléments de richesse que présente cette belle contrée, nous ne devons pas oublier de mentionner ses excellents chevaux, dont la production est sans limite appréciable, et qui donneraient à notre cavalerie légère une très-grande supériorité sur celle des autres nations de l'Europe.

Produits perçus pour impôts et revenus en recettes accidentelles.

Les recettes se sont aussi augmentées progressivement : en 1831, 1,048,479 fr. ; en 1834, 2,542,600 fr. ; en 1838, 4,178,871 fr. ; en 1841, 8,859,130 fr. ; en 1842, environ 12,000,000 ; en 1845, estimées à près de 15 millions. Le budget des dépenses dépasse 60 millions.

COLONISATION.

Quant à la colonisation de l'Algérie, elle ne fait pas autant de progrès que l'on serait en droit de s'y attendre d'après la marche victorieuse de nos armées, parce que le plus grand nombre des émigrants qui s'y rendent ne sont pas des cultivateurs : ce sont, pour la plupart, des spéculateurs qui cherchent à y faire fortune par quelque établissement dans le genre de ceux des grandes villes de l'Europe, soit en tenant des hôtels garnis, des cafés, des restaurants, ou en faisant l'acquisition de terres pour les revendre avec profit, sans faire la dépense nécessaire pour les mettre en culture. Il est vrai que l'état de guerre continuelle était peu encourageant pour former des établissements agricoles, qui ont besoin de la paix pour prospérer.

Il faut rendre justice au gouverneur actuel, le général Bugeaud(1), qui, par ses connaissances en agriculture, est plus en état que personne d'apprécier les avantages de la coloni-

---

(1) A l'instant où nous écrivons ces lignes, le maréchal duc d'Isly est remplacé provisoirement dans le gouvernement de l'Algérie par le général Lamoricière.

sation de l'Algérie, qui seule pourrait indemniser le pays des immenses sacrifices que l'on a faits jusqu'à ce jour pour cette possession. Il a encouragé de tout son pouvoir la colonisation, qui sous son administration a fait autant de progrès qu'il était possible; il a fait des distributions de terres à d'anciens militaires qui, comme les anciens vétérans romains, après avoir conquis le pays par leur valeur, le défendent et le cultivent ensuite en formant des colonies militaires dans les postes les plus avantageux. Les Français doivent suivre cet exemple; cette tactique, qui a si bien réussi aux anciens conquérants du monde, pourrait n'avoir pas le même succès dans l'Algérie. M. le gouverneur général, dans son allocution à l'administration, après sa nomination au grade de maréchal, disait : « Il n'y a pas de meilleur moyen d'économiser les dépenses et de diminuer l'effectif de l'armée, que de former des colonies militaires qui cultivent et défendent en même temps le territoire. » Le ministère de la guerre ne paraît pas avoir encore adopté ce système, qui ne répond pas au système d'économie qu'on s'était proposé d'abord.

ANCIENNE ADMINISTRATION GÉNÉRALE.

Le dey de la régence d'Alger réunissait tous les pouvoirs d'un souverain absolu. Sa notification était portée par une ambassade à la Porte-Ottomane, qui la confirmait toujours. Le dey entretenait d'ailleurs des relations politiques directes avec les puissances étrangères. Après la conquête d'Alger (le 5 juillet 1830), le général en chef de l'expédition s'occupa de poser les bases d'une administration civile, au moins pour la ville et le territoire d'Alger; et à cet effet il institua une commission de gouvernement. M. le général Clauzel, arrivé à Alger le 2 septembre 1830, s'occupa aussitôt d'une organisation administrative. Mais, sans entrer dans tous les détails de cette organisation, on doit se borner à dire qu'aux termes de l'ordonnance du 22 juillet 1834, le commandement général et la haute administration des possessions françaises dans le nord de l'Afrique furent confiés à *un gouverneur général*, placé lui-même sous les ordres du ministre de la guerre.

STATISTIQUE ECCLÉSIASTIQUE.

En 1844, Mgr l'évêque d'Alger disait : « J'ai cinquante mille diocésains catholiques; dans dix mois, j'en aurai soixante mille, tous habitants civils, et quatre-vingt mille militaires. » C'est beaucoup pour si peu de temps, et c'est bien peu pour 5 ou 6 millions d'habitants qui restent encore. « J'ai bientôt, continue le prélat, plus de cinquante églises et chapelles; j'ai un commencement de grand séminaire, une école de jeunes clercs, quatre-vingt-seize orphelins et orphelines chez les sœurs de St-Vincent de Paul, trois sociétés de dames de Charité comptant près de quatre cents membres, seize maisons religieuses, d'éducation, de secours, de refuge, d'expiation, de travail, contenant 75 sœurs, et, en y comprenant les frères de la Trappe, 72 frères et 66 prêtres. »

PETITE STATISTIQUE JUDICIAIRE.

Renseignements divers utiles aux voyageurs.

C'est un point très-important pour le voyageur que des affaires de commerce ou le désir d'explorer cette belle région, ou bien encore le but de fonder un établissement agricole, attirent dans l'Algérie, de savoir à qui s'adresser, toutes les fois que ses intérêts et sa personne se trouvent compromis par une cause quelconque.

Administration de la justice depuis la conquête.

Une nouvelle ordonnance a modifié l'organisation judiciaire établie par les ordonnances précédentes. Elle crée un tribunal de première instance à Philippeville, et des tribunaux de paix siégeant à Alger, Bône et Oran. Une précédente ordonnance en avait déjà établi à Blidah et Philippeville, où ils sont maintenus. Ainsi la nouvelle organisation comprend : 1° une cour royale séant à Alger ; 2° des tribunaux de première instance siégeant à Alger, Bône, Oran et Philippeville, et dans tous les autres lieux où il serait jugé nécessaire d'en établir ; 3° un tribunal de commerce siégeant à Alger ; 4° des tribunaux de paix siégeant à Alger, Blidah, Bône, Oran, Philippeville, et dans les autres lieux où leur établissement serait jugé nécessaire ; 5° des juridictions spéciales dans les cas prévus par l'article 3 de l'ordonnance du 31 octobre 1838 (celle des commissaires civils, faisant fonctions de juges de paix, sur les points éloignés de plus de dix kilomètres du siége du tribunal de la province) ; 6° enfin des tribunaux musulmans, en nombre indéterminé, dont le gouverneur général arrête l'établissement et nomme les membres, avec l'approbation du ministre de la guerre. — Depuis l'ordonnance de 1842, une nouvelle justice de paix a été établie à Constantine par l'arrêté du 21 décembre.

La composition de la cour royale d'Alger et des divers tribunaux de première instance a été modifiée. Le conseiller président, tel qu'il existe dans nos colonies des Antilles, est remplacé par un président; le nombre des conseillers est porté de quatre à sept; les conseillers adjoints ayant voix délibérative restent au nombre de deux. — La cour est constituée en deux chambres. — Elle ne peut désormais juger, en toute matière, qu'au nombre de cinq conseillers au moins.

Le juge unique de première instance est remplacé par un tribunal collectif. A Alger, ce tribunal est divisé en deux chambres.

Administration de la justice avant la conquête.

La justice, tant civile que criminelle, à Alger, était rendue sur-le-champ, sans écritures, sans frais et sans appel, soit par le *dey*, le *cadi*, le *kaya*; soit par le *reis de la marine* (capitaine du port).

Les affaires les plus compliquées n'exigeaient que le temps nécessaire pour aller chercher les témoins et entendre leur déposition.

Le *dey* était visible à toute heure du jour pour recevoir les plaintes de ses sujets. Si celui qui en appelait à sa justice se trouvait convaincu de mensonge, il lui faisait administrer la bastonnade sur la plante des pieds, et l'obligeait de plus à satisfaire à la demande de sa partie adverse.

En matière criminelle, le dey prononçait, et l'agha faisait exécuter la sentence.

C'est devant le cadi qu'étaient et que sont encore portées les causes relatives aux divorces et aux héritages : il décide toujours d'après le texte de la loi.

Les consuls étrangers jugeaient les gens de leur nation, sans que personne, pas même le dey, pût intervenir dans l'affaire.

La justice, dans la régence, n'était pas toujours rendue avec une égale équité ; à cet égard comme à tous les autres, les Turcs jouissaient d'une protection particulière : rarement on les punissait de mort, si ce n'est pour révolte ou pour sédition ; dans ce cas, on les étranglait, on les pendait. Lorsqu'il s'agissait d'une faute légère, ils étaient mis à l'amende ; ou si les coupables étaient officiers, on les dégradait ; ils redevenaient simples soldats, et étaient obligés de recommencer leur carrière militaire.

La bastonnade était, et est encore dans beaucoup d'endroits, la punition la plus usitée ; elle s'administre sur le ventre, sur les fesses ou sur la plante des pieds, depuis 30 jusqu'à 1,200 coups, suivant la nature du délit. Bien que le malheureux expirât souvent par suite de ce châtiment, la peine n'était point réputée capitale.

Les supplices les plus rigoureux étaient réservés pour les juifs et les chrétiens qui parlaient mal de Mahomet et de sa religion : s'ils ne se convertissaient pas à l'islamisme, on les faisait mourir sur le pal.

Ceux qui renonçaient à l'Alcoran étaient brûlés vifs, ou précipités du haut des murailles sur des crochets en fer ; mais, depuis la conquête, cet état de choses est bien changé ; beaucoup d'Arabes se sont faits catholiques, et n'en jouissent pas moins pour cela de l'affection de leurs proches.

Celui qui ôtait la vie à un Turc ou qui tramait un complot contre l'État était brûlé ou empalé.

Le châtiment des esclaves était laissé à la disposition de leurs maîtres, qui pouvaient les punir de mort s'ils s'étaient enfuis.

On noyait les femmes adultères, en les attachant à une corde pour les retirer ensuite de l'eau.

Les banqueroutiers étaient étranglés ; la même peine

était infligée aux marchands qui vendaient à faux poids ou à fausse mesure.

Quelquefois cependant, par grâce spéciale, ils rachetaient leur existence à prix d'or.

Si un Maure était surpris à voler, on lui coupait sur-le-champ la main droite, on la lui pendait au cou, et on le promenait ainsi sur un âne, la face tournée vers la queue.

L'exécution des juifs et des chrétiens avait lieu à la porte Bab-Azoun.

Les juifs convaincus d'avoir agi ou parlé contre le dey ou le gouvernement étaient brûlés à la porte Bab-el-Oued.

La police d'Alger était confiée à une garde prise parmi la nation des Biscaras ; les individus chargés de ce service répondaient de tous les vols qui pouvaient être faits ; lorsqu'ils étaient convaincus d'y avoir prêté la main, ils étaient pendus.

Exécutions à mort.

Jusqu'en 1843, les exécutions capitales avaient eu lieu dans l'Algérie par le *yatagan*, suivant l'usage que nous y avions trouvé établi : c'était aussi un exécuteur musulman qui avait continué de remplir ce redoutable office.

Le fait suivant, survenu en 1842, décida l'administration supérieure à employer désormais pour l'Algérie le mode de décapitation usité en France. Le 3 mai 1842, fut exécuté hors la porte Bab-Azoun, à Alger, un condamné à mort; l'exécuteur indigène, appelé peut-être pour la première fois à décapiter un chrétien, et saisi d'une émotion extraordinaire, fut obligé de s'y prendre à plusieurs reprises pour achever le supplice du malheureux ; mais alors la foule indignée menaça les jours de l'exécuteur, qui ne dut son salut qu'à l'intervention de la force armée. Pour prévenir le retour d'un si hideux spectacle, M. le ministre de la guerre a ordonné que l'instrument de supplice dont on se sert en France serait introduit en Algérie, et que l'exécuteur des hautes œuvres serait Français.

C'est donc le 16 février 1843 que l'échafaud fut dressé sur la place Bab-el-Oued à Alger, et que la terrible guillotine fonctionna pour la première fois : la nouveauté de ce triste spectacle paraît avoir vivement impressionné les indigènes.

FAITS DIVERS.

Des études viennent d'être faites pour établir une ligne télégraphique entre Alger et Oran. On voyage maintenant sur cette belle route avec autant de sécurité qu'en France.

Avis aux colons.

Un serrurier de *Douéra* a inventé, en mars 1845, une nouvelle charrue tout en fer, défrichant à une profondeur de 15 centimètres, et qui peut être traînée par un cheval : les premiers essais ont parfaitement réussi.

Un barrage presque monumental a été construit sur l'*Oued-Sig*, rivière qui se jette dans le *golfe d'Arsew*. Ce barrage, exécuté par l'armée en mars 1845, aura pour effet d'arroser 15,000 hectares de terre : il est aisé de concevoir quelle richesse une pareille irrigation est appelée à répandre dans ce pays; une colonie y sera fondée, et donnera du mouvement et une nouvelle vie à cette pittoresque *vallée du Sig*.

Un ordre de M. le gouverneur général, du mois d'avril

1845, porte que des lots de terrain seront distribués aux colons qui voudraient se fixer à *Djemâa-Ghazaouat*, à condition de construire des maisons en pierre.

Arrêté du gouverneur général, portant que le village de Saint-Ferdinand, le marabout d'Aumale et la ferme dite la Consulaire, seront remis à la disposition de la direction de l'intérieur.

Considérant que les conditions d'admission dans les villages construits et à construire par les condamnés militaires ou par l'armée, devant être essentiellement différentes des concessions faites jusqu'à ce jour dans les autres centres de population, il importe de les déterminer d'une manière précise, et de faire connaître aux intéressés les avantages qui les attendent et les obligations qui leur seront imposées dans ces nouveaux villages.

Art. 1er. Le village de Saint-Ferdinand, le marabout d'Aumale (hameau pour dix familles) et la grande ferme dite la Consulaire, seront mis le 15 du courant à la disposition de la direction de l'intérieur.

Le village de Sainte-Amélie, construit pour cinquante-trois familles, sera remis vers la fin de l'année.

Art. 2. Dans ces diverses localités, et dans celles qui seront prochainement établies d'après le même système, chaque concession se compose ou se composera :

1° D'une maison de 60 à 64 mètres de superficie, bâtie en bons moellons, avec les encoignures et ouvertures en pierre de taille, parfaitement recrépie à l'intérieur et à l'extérieur, couverte en tuiles courbes, et comprenant deux pièces au rez-de-chaussée et deux au premier étage (cette partie de la concession représente à elle seule une valeur de 4,500 fr. au moins);

2º De 12 hectares (36 arpents) de terre cultivable, dont 4 hectares défrichés;

3º D'un certain nombre d'arbres plantés.

Art. 3. Une église affectée au service du culte catholique desservira les centres de population ci-dessus désignés.

Art. 4. Le prix de chaque concession est fixé à 1,500 fr.

Le concessionnaire aura le choix de se libérer en un seul payement dès son entrée en jouissance, ou en trois termes égaux de 500 fr. chaque, dans un délai de dix-huit mois. Le premier sera exigible le jour de l'installation de la famille.

Art. 5. Dans le premier cas, il sera propriétaire incommutable dès le jour du payement; dans le second, il ne recevra le titre de propriétaire qu'après s'être libéré entièrement.

Si ce dernier terme n'était pas payé dans les délais voulus, le concessionnaire pourrait être évincé, sans aucun recours de sa part pour la première somme versée par lui.

Art. 6. Dans l'un et l'autre cas, le colon ne pourra aliéner tout ou partie de sa concession qu'après trois ans de jouissance, à moins qu'il n'en reçoive auparavant l'autorisation du gouverneur général, le conseil d'administration consulté.

Art. 7. Indépendamment du prix de la concession, chaque famille devra justifier d'un avoir personnel de 1,000 francs, comme garantie d'une bonne exploitation.

Art. 8. Il pourra être accordé des concessions plus considérables en terres aux personnes qui justifieront de ressources suffisantes. Ces dernières concessions devront être préalablement soumises à l'approbation de M. le ministre de la guerre.

Art. 9. Les colons seront tenus de clore dans l'année leur cour et jardin attenants à la maison, d'un mur, d'une palissade ou d'une haie vive ou sèche. Les alignements pour l'établissement de ces clôtures seront délivrés sans retard sur leur demande.

Art. 10. Les récoltes pendantes par racines qui se trouveront exister à l'époque de l'entrée en jouissance des colons seront partagées entre eux au prorata de l'étendue de leurs concessions, moyennant le remboursement du prix de culture et de semences.

Art. 11. Chaque colon sera tenu de planter trois cents arbres sur sa propriété, dans le délai de trois ans après son entrée en jouissance.

Art. 12. Dans le cas où les colons le demanderaient, il sera construit par les ouvriers militaires, contre leurs maisons, un appentis en bois pour loger leurs bestiaux, dont ils rembourseront le prix à la caisse coloniale d'après le taux de la dépense effectuée, qui ne dépassera pas 150 fr. Ils y gagneront la différence notable entre le prix de la main-d'œuvre par les ouvriers militaires et de la main-d'œuvre par les ouvriers civils.

Art. 13. Les maisons devront être blanchies à la chaux une fois chaque année, dans le courant du mois de septembre.

Art. 14. Le directeur de l'intérieur est chargé, etc.

De nouvelles concessions se font journellement sur les différents points de l'Algérie; les conditions varient selon les localités; mais nous aurons soin de les indiquer à leurs lieux et places.

Prix moyen des principales denrées et objets de consommation à Alger, année commune.

Blé, l'hect.,	16 fr. 50 c.
Orge,	7 50

Haricots, 100 kilogrammes,	34	»
Pois, id.,	30	»
Fèves, id.,	11	»
Riz, les 50 kil. métriq.,	48	»
Bœuf, le kilog.,	1	10
Veau, id.,	»	95
Mouton, id.,	»	95
Porc frais, le kilog.,	1	50
— salé, id.,	»	75
Pommes de terre, 50 kilog.,	14	
Volaille, la pièce,	1	50
Œufs, la douzaine,	1	»
Huile, le litre,	»	95
— fine, le litre,	1	75
Sel, le kilog.,	»	20
Café, id.,	1	80
Sucre raffiné, le kilog.,	1	15
Graisse, id.,	1	30
Morue, id.,	»	40
Bois, les 50 kilog.,	4	»
Charbon, id.,	11	50

HISTOIRE.

Résumé historique. — Cette région, devenue célèbre par la conquête que la France en a faite, ne l'était pas moins anciennement. Elle contient toutes les contrées qui composaient le royaume de Numidie sous le roi Jugurtha. Sous ce double rapport elle doit exciter l'intérêt du voyageur, d'autant plus que les moyens de communication avec ce pays sont, comme nous l'avons vu, d'une facilité extrême.

Ce malheureux prince (Jugurtha), se trouvant réduit à

toute extrémité, après avoir soutenu avec gloire une lutte fort longue contre les Romains, offrit à son beau-père Bocchus, roi de la Mauritanie, de lui céder toute la partie occidentale de la Numidie, depuis l'Ampsagas (le Chélif actuel) jusqu'au Mulucha, s'il voulait réunir ses forces aux siennes, pour délivrer leur pays du joug des Romains. Bocchus accepta sa proposition; mais, découragé par quelques revers, il prêta une oreille favorable aux sollicitations de Sylla, lieutenant de Marius, qui lui offrit la cession des mêmes pays au nom du peuple romain, s'il abandonnait et livrait Jugurtha. Bocchus, ayant accepté ces conditions, livra à Sylla l'infortuné Jugurtha son gendre, et fut mis en possession de la partie occidentale de la Numidie, ou du pays des Massiliens.

Juba, qui tenait le parti d'Auguste, réunit les deux Mauritanies. Claude fit des deux Mauritanies deux provinces romaines, l'une sous le nom de Mauritanie Césarienne, et l'autre sous celui de Mauritanie Tingitane. La Mauritanie Césarienne fait partie de la régence d'Alger; la Mauritanie Tingitane est représentée par les royaumes de Fez et de Maroc.

Cyrta, la ville actuelle de Constantine, fut la capitale des rois numides, et la résidence d'un proconsul romain de la Numidie. Sous la domination des Romains, la Numidie et les deux Mauritanies ne tardèrent pas à se couvrir d'une population nombreuse, et à parvenir à un très-haut degré de civilisation et de prospérité. On y comptait déjà dans le IV⁰ siècle près de 400 villes épiscopales dont les évêques figurèrent au concile de Carthage.

Toutes ces villes florissantes périrent par les ravages des Vandales. Parmi celles qui ont été rebâties par les Arabes à cause des avantages de leur position, on ne voit que des maisons mesquines à la place des palais et des somptueux monuments qu'elles avaient autrefois, et dont les restes excitent encore l'admiration.

Des tronçons de colonnes et un arc de triomphe consacré à Antonin, qu'on voit dans les environs du lac Schott, attestent que sous cet empereur les arts et la civilisation avaient déjà fait de grands progrès sur le haut plateau de la Gétulie.

Le voyageur n'admirera pas moins les ruines magnifiques et quelques vestiges d'architecture romaine qu'on remarque à Biskara et dans quelques villages du pays de Zad et du Ouadraglie dans le Bilédulgerid, ce qui donne lieu de croire que c'était par ces lieux que passaient les caravanes dont les opérations commerciales traversaient le grand désert de Sahara pour pénétrer dans l'Afrique centrale.

Les Maures, expulsés de l'Andalousie, vinrent se réfugier sur les côtes de Barbarie, où ils armèrent des corsaires qui harcelaient le littoral d'Espagne et de Portugal, pour se venger de leur expulsion.

Les Portugais avaient échoué en 1501 contre Mers-el-Kébir, lorsque don Diègue de Cordoue s'en empara pour les Espagnols en 1501, à la tête de 5,000 hommes de débarquement qui n'éprouvèrent que peu de résistance. Le cardinal Ximénès y joignit en 1509, par une grande expédition, la conquête d'Oran, effectuée avec un corps de 15,000 hommes qu'il commandait en personne. A la suite de ce succès, les Espagnols s'emparèrent, sur la côte de Barbarie, des villes d'Alger, de Bougie et de Tripoli, et les peuples de toute la côte devinrent leurs tributaires. Les habitants d'Alger appelèrent à leur secours Aroudj-Barberousse, fameux corsaire de Mytilène, qui s'empara de la ville en 1516, se fit souverain d'Alger, et jeta les fondements d'un nouvel empire qui devait être pendant trois siècles la terreur des peuples de l'Occident dans la Méditerranée.

Dans son expédition contre Tlemcen, Aroudj fut atteint sur le Rio-Salado (l'Oued-el-Malah), en 1518, par le marquis de Gomarès, sorti d'Oran à sa rencontre, et il y périt avec le corps qu'il commandait. Son frère, Khaïr-Eddin, (Cereddin) lui succéda; mais, craignant que la flotte espagnole, sous les ordres de Moncada, ne vînt s'emparer d'Alger, il eut recours au sultan Sélim Ier, de qui il obtint, en échange d'un acte de soumission, le titre de bey d'Alger, un secours de 2,000 janissaires avec de l'artillerie et de l'argent. Grâce à ce renfort, il consolida sa puissance, et se plaça sous la protection du Grand Seigneur en 1520.

Après l'expédition de Charles-Quint, en 1535, qui n'aboutit qu'à mettre Muley-Hassan sur le trône de Tunis, et la malheureuse tentative sur Alger (1541), où ce prince vit périr son armée et la plus grande partie de sa flotte, les Espagnols ne purent point conserver leur influence sur ces contrées. Ayant perdu Alger, Tunis, Tripoli, etc., leur domination sur cette côte se réduisit à la ville d'Oran.

Cette célèbre conquête de Ximénès (Oran) était retombée en 1708 au pouvoir des Maures, par suite des embarras de la guerre de succession. Affermi en 1732, Philippe V songea à recouvrer Oran; il en chargea le comte de Montemar, qui s'en acquitta avec le plus grand succès.

En 1783, la cour d'Espagne résolut de nouveau d'intimider la Régence, et de la contraindre à un traité devenu nécessaire à la sécurité de la navigation et même des côtes de l'Andalousie et de la Catalogne. Elle se détermina à effectuer sa menace, souvent réitérée, d'une attaque par mer. Mais les différentes narrations varient beaucoup sur l'effet et la valeur des bombardements des deux années de 1783 et

1784, dont les résultats furent insignifiants, et finirent par le traité conclu, le 15 juin 1785, par Mazzarodo au nom du roi d'Espagne.

Ce fut dans un état formidable de défense que lord Exmouth, 32 ans après, en 1816, trouva la place d'Alger, et particulièrement le front qui défend la place du côté de la mer. Lord Exmouth signifia au dey que le roi de la Grande-Bretagne exigeait :

1° L'abolition immédiate de l'esclavage des Européens ;

2° Réparation suffisante des insultes et dommages que les sujets de l'Angleterre avaient éprouvés dans les États d'Alger.

Ces demandes ayant été rejetées avec insolence, après un combat terrible et des plus acharnés, le dey, dont l'existence était fortement menacée par une sédition générale, envoya un parlementaire pour demander la paix, qui fut consentie par l'amiral anglais, qui stipula avec Alger un traité de paix portant :

1° Abolition absolue de l'esclavage des chrétiens ;

2° Délivrance sans rançon des captifs de toutes les nations européennes ;

3° La restitution immédiate de 370,000 piastres, que le dey avait reçues deux mois auparavant pour rachat de 370 esclaves napolitains ;

4° L'affranchissement de tout tribut précédemment imposé au pavillon hollandais.

Mille esclaves chrétiens furent rendus par le dey en exécution de ce traité. La ville souffrit beaucoup de ce bombardement, mais elle ne put être incendiée.

En septembre 1819, une escadre anglo-française, sous les ordres des amiraux Jurien et Frémentce, fut envoyée devant Alger pour signifier à la Régence que les grandes puissances européennes, réunies en congrès à Aix-la-Chapelle, avaient pris la résolution de faire cesser les pirateries des corsaires barbaresques.

Après avoir adressé une note à cet effet au dey, les amiraux eurent de longues conférences avec lui ; mais il refusa toute réponse par écrit, en ajoutant fort insolemment qu'il continuerait, au contraire, de faire la guerre aux pavillons des nations qui négligeraient d'envoyer traiter de la paix avec Alger. Et les deux divisions navales de France et d'Angleterre quittèrent la rade d'Alger sans avoir pu obtenir la moindre satisfaction.

Malgré le rude châtiment de 1816, le dey ayant provoqué de nouveau le ressentiment de l'Angleterre, une escadre anglaise de 22 voiles parut devant Alger le 24 juillet 1824. Mais les différends qui s'étaient élevés entre ces pirates et le gouvernement anglais furent terminés par négociation, et sans que des hostilités de quelque importance eussent été commises.

On conserve le souvenir de l'acte vigoureux par lequel les États-Unis de l'Amérique s'affranchirent de la majeure partie du tribut auquel Alger avait soumis les Anglo-Américains. Une escadre américaine parut le 28 juin 1815 devant Alger pour proposer à la Régence les conditions auxquelles elle pouvait renouveler ses relations pacifiques avec les États-Unis. Les Algériens furent tout à fait déconcertés, et, tous leurs croiseurs étant en course, ils accédèrent presque sans discussion, dit M. Shalas, aux termes de la paix que nous dictâmes. Ce traité fut signé le 30 juin, et le soir de ce même jour je débarquai, dit-il, à Alger en qualité de consul général des États-Unis.

Hussein-Pacha, qui avait succédé aux deux deys précédents (Omar-Pacha et Ali-Codgia), s'était d'abord fait connaître sous des rapports avantageux; mais l'orgueil qu'inspiraient depuis longtemps à ses prédécesseurs les extrêmes ménagements des grandes puissances lui dicta les procédés qui ont attiré contre Alger les forces navales de la France.

C'est Alger qui a déclaré la guerre à la France le 15 juin 1827. Mais ce n'est point un fait isolé qui amena la rupture entre la France et la régence d'Alger; ses griefs remontaient jusqu'à l'époque du pouvoir de Hussein-Pacha, en 1818. Pendant que le gouvernement français se disposait à faire aux réclamations du dey, concernant la créance de Busnach et Bueri, une réponse qui aurait contenu l'énumération des griefs de la France et la demande de leur redressement, et lorsque, le 30 avril 1828, le consul général de France venait de se rendre auprès du dey, dans une occasion solennelle, pour le complimenter, suivant l'usage, la veille des fêtes musulmanes, une injure grossière répondit seule à cet hommage accoutumé.

Le gouvernement, informé de cette insulte, envoya au consul l'ordre de quitter Alger; et celui-ci étant parti le 15 juin, le dey ordonna aussitôt de détruire les établissements français en Afrique, et notamment le fort de la Calle, qui fut dépouillé et entièrement ruiné. Ce fut alors que commença le blocus. Au mois de juillet 1829, le gouvernement crut devoir, avant d'arrêter sa détermination, faire une dernière démarche auprès du dey.

M. de la Bretonnière fut envoyé à Alger porter les justes réclamations de la France au dey, qui refusa d'y faire droit; à l'instant où M. de la Bretonnière se disposait à s'éloigner du port, les batteries les plus voisines tirèrent toutes à la fois sur son vaisseau, à un signal parti du château occupé par le dey, et le feu ne cessa que lorsque le vaisseau fut hors de la portée du canon. Dès lors la guerre active fut résolue pour l'année suivante.

L'armée d'expédition, réunie à Toulon, était entièrement embarquée le 15 mai 1830, et le départ de Toulon eut lieu le 25 du même mois dans l'après-midi.

Le vice-amiral Duperré conduisit sa flotte dans la baie de *Sidi-Feruch*, où se fit le débarquement des troupes commandées par le général Bourmont, le 15 juin. Le 19, la bataille qu'il gagna le mit à même de faire attaquer le fort de l'Empereur. Après sa reddition, Alger capitula le 4 juillet 1830, et le 5 elle était au pouvoir de l'armée française; Oran et Bône ne tardèrent pas à faire leur soumission. Mais au mois d'août, après les journées de juillet, le commandement en chef de l'armée d'expédition, forte de 37,357 hommes et de 3,094 chevaux, fut donné au général Clauzel.

Ce fut en 1833 que commença à se manifester l'influence d'Abd-el-Kader, qui prit dès lors le titre d'émir, se mit en possession de l'héritage politique et religieux de son père (Mahi-Eddin), se fit proclamer à Tlemcen bey de la province, leva des contributions, appela à lui les Arabes, entretint l'anarchie et cimenta la haine, au nom du fanatisme, contre les Français en leur qualité de chrétiens. Cet émir a joué un si grand rôle dans les guerres de l'Algérie, que le récit de sa vie ne peut qu'exciter de l'intérêt.

Abd-el-Kader.—Abd-el-Kader, né sous la tente à Lizaouza, en 1807, passa ses premières années avec son père. Plus tard, dénué de toute ressource et abandonné à la pitié publique, il se rendit à Oran, où il consacrait une partie de la journée à fréquenter les écoles. Dès que son éducation fut terminée, il obtint, en sa qualité de marabout, l'emploi de guide de caravane. On se rappelle l'avoir vu relégué dans la foule des mendiants, lors de son voyage à la Mecque. Plus tard il se fit poëte ; ses chansons se vendaient un ourkla (6 sous), une mesure de blé ou une volaille par couplet. Les vers qu'il fit au sujet de la prise d'Alger jouissent encore de quelque célébrité en Afrique. Aussitôt après l'arrivée des Français en Afrique, se prévalant de son caractère de marabout, il appela les Arabes à une croisade religieuse contre les chrétiens; il souleva les populations arabes, augmenta son influence personnelle, et s'établit de son autorité privée bey de Mascara. Il ne porte aucune marque distinctive du commandement, mais un simple kaïf; sa tête est couverte d'un bournous blanc et d'un noir; une natte, un oreiller, un encrier, des plumes, un chandelier, voilà tout l'ameublement de sa tente. Rien n'égale la servilité des Arabes admis auprès de lui : avant de l'aborder, ils se prosternent, puis ils baisent ses pieds et ses mains, et déposent devant lui leurs offrandes ; si ces présents sont des mets recherchés ou des fruits, l'émir n'y touche point : un cuisinier qui le suit partout apprête ses repas, et il ne mange que des mets préparés par ce fidèle serviteur. Il cherche à augmenter son influence par l'affectation d'un zèle religieux. Douze nègres et une trentaine de ses serviteurs éprouvés composent sa garde personnelle; ils veillent alternativement auprès de l'étendard sacré, qui n'est jamais déployé sans que trois mille cavaliers au moins soient prêts à le défendre.

Tel est le personnage qui jusqu'à ce jour partage avec la France la domination de l'Algérie. Le général Bugeaud était sur le point de recommencer les hostilités, lorsque Abd-el-Kader demanda à traiter, offrant pour condition première de reconnaître la souveraineté de la France. Cette proposition ayant été acceptée, il en résulta la fameuse convention de la Tafna du 30 mai 1837, qui fut rompue trois années après par Abd-el-Kader lui-même.

La prise de Constantine, le 13 octobre de la même année, fut un autre événement qui devait assurer la pacification de l'Algérie, et permettre sa colonisation pour diminuer les dépenses de la guerre.

Abd-el-Kader ayant rompu, comme nous l'avons dit, le traité de la Tafna, la guerre avec ce chef recommença de nouveau, et le même général qui avait conclu le traité fut chargé de la conduire, ce dont il s'acquitta d'une manière fort remarquable. Bientôt l'émir, poursuivi, traqué de tous côtés, éprouva de nombreux échecs qu'il nous fallut quelquefois acheter fort cher ; cet homme infatigable et courageux, toujours vaincu, n'était jamais abattu. Exerçant une grande influence sur les Arabes, il parvenait assez souvent à soulever quelques-unes des tribus soumises à la France, malgré leur désir bien prononcé et leur besoin de la paix. Telle était la situation de la colonie qui marchait à grands pas vers la civilisation, lorsque le 16 mai 1843, sur les onze heures du matin, 600 chasseurs, gendarmes et spahis, sous les ordres du duc d'Aumale, rencontrèrent à *Ras-el-Ain-Mta-Taquin* la *smahla* d'Abd-el-Kader, dans le petit désert, à 330 kil. (80 lieues) d'Alger. L'attaque fut prompte et vigoureuse ; des renforts, survenus à propos, décidèrent bientôt du sort d'un combat qui fit tomber au pouvoir des vainqueurs ce camp ou plutôt cette ville ambulante.

La *smahla* renfermait 368 douars de 15 à 20 tentes chacun, une population d'environ 20,000 âmes, et cinq mille combattants armés de fusils. Outre un immense butin, vingt mille têtes de bétail et quatre ou cinq mille prisonniers des deux sexes tombèrent entre nos mains.

La prise de la smahla produisit d'immenses résultats ; elle décida la soumission immédiate des principales tribus du désert, et porta le dernier coup à la puissance chancelante de l'émir.

Un an après environ, les frontières du Maroc furent le théâtre d'un fait d'armes plus brillant encore et non moins important. Le souverain de cet empire avait, aux instigations d'Abd-el-Kader, violé le territoire de l'Algérie appartenant à la France : le châtiment suivit de près l'insulte. Un corps d'armée fut rassemblé dans la province d'Oran sous les ordres du maréchal Bugeaud, marcha vers l'ennemi, et le rencontra, le 13 août 1844, dans la plaine de l'Isly. Le nombre des Marocains était si considérable, comparé à celui de nos troupes, qu'on aurait pu dire, comme autrefois des soldats de Xerxès, qu'ils obscurcissaient l'air : les attaquer et les vaincre fut l'affaire d'un moment. Mais, pendant ce moment, chefs et soldats déployèrent la plus grande bravoure et le plus admirable sang-froid. Le 2ᵉ régiment des chasseurs d'Afrique se fit surtout remarquer dans cette affaire; il ouvrit l'attaque avec une impétuosité devant laquelle se débandèrent bientôt les rangs des barbares. C'est un des plus beaux faits d'armes de nos jours, et qui a valu au maréchal Bugeaud le titre de duc d'Isly. En même temps, une flotte sous les ordres du prince de Joinville bombardait la ville de *Mogador*. On connaît le résultat de cette victoire et le traité qui en fut la suite; ce traité, après quelques nouvelles difficultés, fut ratifié en 1845.

Voici comment M. l'abbé Suchet, vicaire général d'Alger, raconte la visite qu'il fit, en septembre 1841, à Abd-el-Kader, pour lui réclamer des prisonniers français restés en son pouvoir.

Après un long et fatigant voyage au milieu de tribus ennemies qui accueillaient amicalement le vénérable ecclésiastique et lui offraient l'hospitalité, il gagna l'*Oued-Moussa*, traversa cette rivière; il était arrivé. « *Le sultan est là*, nous dit à voix basse un des vieux cavaliers qui nous accompagnaient, *là, au milieu de ce jardin d'orangers, de figuiers et de lauriers-roses.* Un morne silence régnait autour de nous ; on ne se parlait qu'à l'oreille et par signes. De jeunes nègres s'emparent de nos chevaux. Des Arabes, qui me parurent être des officiers de distinction, se présentent à nous, et de la main nous montrent Abd-el-Kader accroupi sur la terre nue, à l'ombre d'un figuier. Tout surpris de me trouver en face du sultan, je demandai à me retirer derrière une haie d'oliviers qui était devant nous, pour me remettre un peu et prendre les lettres de mon évêque.

» Mais déjà Abd-el-Kader m'avait aperçu ; il m'envoya sur-le-champ son secrétaire, à qui je donnai les dépêches dont j'étais porteur. Je lui dis que j'attendais pour me présenter les ordres de son maître ; deux minutes après, ce même secrétaire revint m'avertir que son maître était prêt à me recevoir. Il était à la même place et dans l'attitude où je l'avais vu en arrivant ; il ne se leva pas, me salua très-gracieusement, et me fit signe de m'asseoir sur un modeste tapis étendu à ses côtés. Ce chef redouté était vêtu comme un simple *cheikh*; un kaïk ordinaire, un burnous blanc et une corde en poil de chameau roulée autour de sa tête, formaient tout son costume. Point d'armes, point de poignard, point de pistolets à sa ceinture ; nul appareil guerrier, aucune espèce de cour, comme j'en avais remarqué autour de son *kalifat*, lors du premier échange des prisonniers, ne distinguait le souverain des Arabes.

» Abd-el-Kader peut avoir trente-cinq ans ; sa taille est moyenne ; sa physionomie, sans être héroïque, a de la majesté ; son visage est ovale, ses traits réguliers, sa barbe claire et d'un châtain foncé, son teint blanc ou plutôt pâle, quoiqu'un peu bruni par le soleil ; ses yeux, d'un gris bleu, sont beaux et très-expressifs. Silencieux, il a le regard pensif et presque timide; mais s'il parle, sa prunelle s'anime par degrés et bientôt étincelle : au seul mot de religion, ses yeux s'abaissent et s'élèvent gravement vers le ciel, à la manière d'un inspiré. Il est d'ailleurs simple dans ses manières, et paraît même embarrassé de sa grandeur. Ce n'a pas été pour moi une légère surprise de voir cet austère personnage rire avec un entier abandon quand la conversation prenait un caractère familier. Si je ne me trompe, l'amitié avec ses doux épanchements doit être un besoin pour son cœur.

» Ma vue parut aussi fixer l'attention d'Abd-el-Kader; depuis longtemps il désirait connaître un prêtre catholique, et j'étais le premier qui s'offrait à ses regards. Après quelques compliments échangés, il me pria de lui faire lire par mon interprète les lettres de Mgr. Il en fut enchanté, et me témoigna sa vive satisfaction. — *Je sais tout*, ajoutait-il avec vivacité, *je sais tout ce qu'il a fait pour l'Algérie, et j'ai une grande vénération pour sa personne.* — A ces mots, je lui présentai la liste officielle des noms que notre armée avait trouvés inscrits sur les murs de Mascara.

» Après un instant de réflexion, Abd-el-Kader me déclara qu'il ne pouvait accéder aux vœux de mon évêque tant que nous n'aurions pas rendu tous les Arabes qui étaient encore au pouvoir de la France. » Alors l'honorable ecclésiastique fit comprendre à l'émir que cela ne dépendait pas de la volonté de son évêque, mais qu'il ferait son possible pour que les cinq Arabes auxquels le sultan tenait beaucoup lui fussent bientôt rendus.

« Alors le sultan prit un ton grave et me dit : — *Tes prisonniers te seront rendus.* — Quand? lui dis-je avec anxiété. — Dès aujourd'hui je vais donner ordre à un de mes cheikhs de les conduire à Oran, dont ils ne sont éloignés que de douze heures.

» Je remerciai Abd-el-Kader je ne sais trop comment, et je lui demandai si je pourrais rejoindre mes compatriotes et m'en retourner avec eux par Oran ; il me dit en souriant que la prudence s'y opposait. Mais je n'insistai pas ; j'étais heureux : le but de mon voyage était rempli.

» Cette importante affaire terminée, le sultan me dit en montrant le christ qu'il voyait briller sur ma poitrine : — C'est l'image de *Sidn-Aïssa?*—Oui, c'est l'image de Jésus-Christ, notre Dieu.—Qu'est-ce que Jésus-Christ?— C'est le Verbe de Dieu ; et, après un moment de silence, j'ajoutai : Et ce Verbe s'est fait homme pour sauver le monde, car notre Dieu est aussi bien le père des musulmans que des chrétiens.

» Quel est le ministère des prêtres catholiques?—Tu as pu le savoir, surtout depuis qu'il y a un évêque à Alger : leur ministère est de continuer ici-bas la mission de Jésus-Christ, de faire du bien à tous les hommes, que nous regardons comme nos frères, quelle que soit leur religion.—Puisque ta religion est si belle, si bienfaisante, pourquoi tous les Français ne l'observent-ils pas ? — Tu vas répondre toi-même : à tes yeux l'islamisme aussi est bon ; pourquoi tous les musulmans ne l'observent-ils pas ? — Il leva les yeux et les mains au ciel, et, après un instant de silence, il me demanda à continuer ses questions sur le christianisme. Mais aussitôt mon interprète s'excusa, et nous dit qu'étant peu versé dans les matières que nous traitions, il lui serait impossible de se faire comprendre. Ainsi se termina à mon grand dépit notre entretien sur la religion ; je suis persuadé qu'Abd-el-Kader partageait mes regrets. Je fis alors apporter les présents que monseigneur envoyait comme espèce de rançon pour nos prisonniers.—Je les reçois, me dit-il, parce que c'est ton évêque qui me les offre ; je ne les aurais pas reçus d'un autre. »

Notre pieux et savant ecclésiastique demanda ensuite au sultan si, dans la suite, d'autres Français, d'autres catholiques devenant ses prisonniers, un prêtre pourrait vivre et remplir librement ses fonctions auprès de ces infortunés. « Abd-el-Kader, dit M. Suchet, me répondit fort gracieusement qu'il souscrivait à toutes ces demandes. »

Notre cadre ne nous permet pas de pousser plus loin ce récit ; mais nous aimons à croire que le touriste nous saura gré d'avoir mis sous ses yeux ce fragment si palpitant d'intérêt et de vérité, et qui fait connaître non-seulement la personne et le caractère d'Abd-el-Kader, mais aussi les mœurs arabes, mieux que toutes les histoires débitées sur cet homme, à qui la postérité pourra peut-être un jour donner le surnom de grand (1).

DES PEUPLES DE L'ALGÉRIE.

La race des peuples de l'Algérie est aujourd'hui encore à peu près la même qu'anciennement. Deux races bien distinctes s'y touchent sans se confondre ; ce sont : dans l'antiquité, les Numides, les Lybiens, les Berbères ; et de nos jours, les Arabes et les Kabyles. Les Berbères ou Maures, peuple agricole et industriel, habitant les villages sur les hauteurs, se sont unis d'une manière plus stable aux dominations romaines et carthaginoises, et à la civilisation plus avancée de ces deux nations, que les Numides, peuple nomade, pasteur, sans agriculture et sans industrie.

Les Kabyles sont remarquables par leurs habitudess édentaires, leurs occupations qui les portent vers l'agriculture et l'industrie ; ils semblent offrir plus de moyens d'action à

(1) Voyez la narration de cet intéressant voyage dans les *Annales de la Propagation de la foi*. — Mars 1842, n° 81.

la civilisation. C'était donc avec les Kabyles qu'il fallait s'empresser d'établir les liens naturels de commerce et d'échange, et créer des intérêts directs et positifs, comme firent les Carthaginois et les Romains avec les Berbères. Et si l'on veut s'assurer une position stable en Afrique, il faut gagner les Kabaïles par la douceur et des concessions; une fois ce point obtenu, on aura un grand et puissant parti dans l'Algérie, une avant-garde de conquête et de civilisation. Or, pour agir sur un peuple, il faut et le comprendre et être compris de lui : ce n'est pas la force brutale et destructive des armées qui peut seule soumettre un peuple à une domination étrangère; il faut le captiver par ses intérêts et ses mœurs, et surtout par une justice impartiale qui châtie sévèrement sa rébellion, mais qui le protége aussi contre les prétentions injustes même des vainqueurs, et la colonisation pourra alors achever ce que les armées ont commencé pour l'établissement permanent de nos possessions en Afrique.

Origine des peuples. — La régence d'Alger comprend la Numidie et presque toute la Mauritanie Césarienne. Gouverné d'abord par des princes indigènes, cet Etat devint successivement la conquête des Romains, des Vandales en 428, des Grecs en 533, des Arabes en 690, des Espagnols, des peuples de l'intérieur de l'Afrique, des Turcs. La population actuelle, qui se compose du mélange de ces diverses races, est divisée en six classes par le docteur Shaw, savoir :

Les Kabyles (de qabaily, *tribu*, et djebaly, *montagne*),

Les Maures,

Les Arabes,

Les Turcs,

Les Juifs,

Les renégats.

Les *Kabaïles* ou *Berbères* peuvent être considérés comme les habitants primitifs du pays; ce sont les seuls qui ne parlent pas la langue arabe. On les croit issus d'une tribu de Sabéens qui vint s'établir en Barbarie sous la conduite du roi Melek-Ifriqui. Retirés dans les montagnes, ils sont divisés en un grand nombre de tribus qui toutes ont leur chef particulier, et se font gloire de ne jamais s'allier avec les autres nations. Ils habitent des *gurbies*, maisons construites avec de grands quartiers de terre grasse séchée au soleil, ou avec des claies enduites de boue. Les toits de ces habitations sont en paille, ou bien formés de gazons appliqués sur des roseaux et des branches d'arbre. L'intérieur des gurbies n'est pas divisé ordinairement en plusieurs pièces, cependant un coin est réservé pour le bétail. La réunion de toutes les gurbies d'une tribu s'appelle *dachkras*.

Les *Maures* sont les descendants des anciens habitants de la Mauritanie; on les divise en deux classes, ceux des villes et ceux des campagnes.

Les Maures qui habitent les villes et les villages se livrent au commerce, exercent des métiers, sont propriétaires de maisons et de biens de campagne, et occupaient, sous les ordres du dey, des beys et des agas, les emplois de l'administration réservés aux gens de leur nation.

Les *Maures* habitent les villes et les plaines cultivées, et composent plus de la moitié de la population. Leur extérieur semble prouver qu'ils descendent d'un mélange d'anciens Mauritaniens et Numides avec les Phéniciens, les Romains et les Arabes. Ils ont la peau plus blanche, le visage plus plein, le nez moins saillant, et tous les traits de la physionomie moins prononcés que les Arabes. On dépeint les

Maures comme avares et débauchés, sanguinaires et lâches, avides et paresseux, vindicatifs et rampants. Ils préfèrent le luxe des habits à la bonne chère : les exercices à cheval sont, avec le tir des armes à feu, leur passe-temps favori. Les femmes maures sont généralement belles.

Les *Arabes*, venus d'Asie, conservent leur physionomie mâle, leurs yeux vifs, leur teint presque olivâtre ; ils sont d'une taille moyenne et assez bien prise. Une partie d'entre eux s'adonnent à la culture des terres, et occupent des demeures fixes. Les autres vivent sous des tentes et errent avec leurs troupeaux ; ils se nomment *Arabes bédouins* ou *indépendants*. Fainéants et incapables de se livrer à aucun travail, les Arabes passent toute leur vie à fumer et à jouir des plaisirs de la campagne. Une extrême sobriété, un mélange de ruse et de cordialité, un besoin impérieux de liberté et d'indépendance, une hospitalité qui ne se dément jamais, tels sont les traits auxquels on peut facilement les reconnaître. Ce qu'ils aiment le mieux au monde, c'est leur cheval ; aussi sont-ils excellents cavaliers. Gouvernés par des cheikhs, ils payent rarement sans y être contraints le tribut qui leur est imposé.

Les *Berbères* ou *Kabaïles* forment une race distincte des deux précédentes, et qui paraît indigène de l'Afrique septentrionale. Elle comprend vraisemblablement les restes des anciens Gétules et des Lybiens. Les Berbères ont un idiome particulier qui se nomme choviah, chillah ou berber, et qui est répandu depuis l'Atlas jusque dans l'oasis de Syouah. Ils ont le teint rouge et noirâtre, la taille haute et svelte, le corps grêle et maigre. Ils sont, comme les Arabes, divisés en petites tribus gouvernées par des cheiks. Les Kabailes sont courageux et infatigables ; ils combattent à pied, sans chefs et sans ordre : on peut les comparer aux guérillas espagnoles. Ce peuple incorruptible se distingue par son fanatisme.

Outre ces trois races, la régence d'Alger renferme un assez grand nombre de Turcs et de Juifs. On donne le nom de *Koloughlis* aux habitants provenant du mélange des Turcs avec les femmes maures.

Les Maures de la campagne sont des familles errantes fort pauvres, ne possédant aucun bien immeuble.

Ces familles ou tribus se distinguent par le nom du pays qu'elles occupent, ou par celui des chefs dont elles descendent. Chacune de ces tribus forme un village ambulant, nommé *douar* ou *adouar*; il est composé de tentes, comme un camp; chaque tente sert de logement à une famille, et tout adouar est gouverné par un *cheikh*, qui prend soin du bien commun. Ce chef est ordinairement choisi dans une famille qui croit descendre des anciens rois ou princes. Ces peuples habitent les contrées qui leur plaisent, ayant soin de n'être jamais dans le voisinage des troupes turques; ils y louent, des habitants des villes, des terrains qu'ils ensemencent, et avec le produit de leurs récoltes ils payent le loyer et l'impôt du dey, qui est proportionné au nombre des individus dont se compose l'adouar, et à l'étendue du terrain. Le cheikh répond pour tous, et tous sont mutuellement garants les uns des autres. Rien de plus misérable et de plus malpropre que les douars de ces peuples. Leurs meubles se réduisent à un moulin portatif pour écraser le grain; quelques cruches en terre pour mettre l'huile, le riz et la farine; quelques nattes pour s'asseoir et se coucher, et un pot pour faire cuire les aliments; une feuille de palmier leur sert de table. Quelquefois la même tente renferme deux ou trois familles, avec les chevaux, les ânes, les vaches, etc. Les chiens gardent la demeure contre les lions et les renards, et les chats la garantissent des rats et des serpents, qui se montrent en grand nombre dans certaines contrées. La tente du cheikh, placée au milieu du camp, est plus élevée que les autres; toutes sont soutenues par de grands pieux; elles ont la forme d'un pavillon : une place est réservée au centre pour le bétail. Les tentes sont faites avec une étoffe en laine noire ou blanche, ordinairement fort sale et d'une odeur fétide.

Les hommes cultivent la terre, et vont vendre leurs grains, leurs fruits, leurs volailles et autres denrées aux marchés forains et dans les villes. Les femmes et les enfants font paître les troupeaux, vont chercher le bois et l'eau, apprêtent la nourriture de la famille, et ont soin des abeilles et des vers à soie, qui sont une de leurs plus grandes richesses.

Les Maures de la campagne ont le caractère guerrier; leur adresse à cheval est fort remarquable. Leurs armes consistent en une espèce de lance courte appelée *zagaye*, qu'ils tiennent toujours à la main, et en un coutelas qu'ils portent dans un fourreau suspendu derrière le dos.

Les *Arabes* sont les descendants des anciens Arabes mahométans qui conquirent la Mauritanie. De même que les Kabaïles, ils ne se marient jamais qu'entre eux, et ils se croient pour cette raison le peuple le plus noble de l'Afrique. Quelques-uns des Arabes qui habitaient les villes, ne voulant pas perdre leurs propriétés, se soumirent aux Turcs et s'allièrent aux autres nations; ceux-là sont regardés par leurs compatriotes comme des êtres dégradés et aussi méprisables que les Maures.

Lorsque les Arabes, retirés dans les forêts et les parties les plus sauvages du territoire, apprennent qu'une force militaire se dirige vers eux pour les mettre à contribution, ils cachent leurs grains et leurs effets dans des fosses profondes, et ils s'enfuient avec leurs troupeaux : s'ils sont surpris, on les rançonne doublement.

La plupart de ces peuples, qui habitent l'Atlas et les déserts, sont riches par le commerce qu'ils entretiennent avec les Etats de Tunis et de Maroc ; ils vivent dans l'aisance, ont de belles tentes, des habits très-propres, et des chevaux d'une race assez remarquable.

Il y avait très-peu de *chrétiens libres* dans la régence d'Alger. Avant l'expédition de lord Exmouth, les esclaves de cette religion étaient tellement nombreux, qu'ils auraient pu se rendre maîtres des principales villes, s'ils n'avaient été retenus par la crainte d'un châtiment cruel, au moindre soupçon de rébellion. Presque tous les habitants avaient de ces infortunés à leur service. Depuis 1816, l'esclavage des Européens a été aboli ; ce fut la première condition que l'Angleterre imposa à la régence pour lui accorder la paix.

On fait remonter le séjour des *juifs* dans le royaume d'Alger à l'époque de la destruction de Jérusalem par Vespasien ; mais le plus grand nombre vient des juifs chassés de l'Europe dans le XIIIe siècle. Méprisé et maltraité par les Turcs, les Maures et les Arabes, ce malheureux peuple ne peut porter que des vêtements noirs. Si un individu de cette nation commet la moindre faute contre le gouvernement, il est brûlé vif. Les juifs qui veulent embrasser le mahométisme sont obligés de se faire d'abord chrétiens. Ils ont leurs juges particuliers pris parmi eux, mais ils peuvent en appeler à la justice turque.

Mœurs, coutumes, etc. — Les mœurs des Kabaïles ont beaucoup d'analogie avec celles des Arabes bédouins, ou Arabes du désert.

Les Maures de la campagne, quoique pauvres, sont trèsfiers, et regardent ceux de leur nation qui habitent les villes comme des esclaves vendus à l'iniquité des Turcs. Si un aga ou gouverneur d'une ville de leur voisinage leur fait une insulte, ils lui déclarent la guerre ; mais alors ceux de leurs compatriotes qui se trouvent dans la ville, craignant les suites de cette rupture, s'établissent médiateurs, et ne tardent pas à faire faire la paix.

Les Maures sont très-voleurs, et l'on ne peut s'éloigner des villes sans une escorte.

Tous les soirs, dans chaque douar, les chefs de tente montent à cheval et s'assemblent en cercle dans une prairie autour du cheikh ; là on délibère sur les affaires publiques : les femmes n'ont jamais aucune part à ces réunions et ignorent ce qui s'y passe.

Les garçons se marient à l'âge de 14 ans ; les filles à 10 et même à 8 : on en a vu donner à 11 ans des preuves de fécondité. Le mariage des Maures est une espèce de marché qui se conclut entre le père de la fille et le garçon qui veut l'épouser. Lorsque le prix est fixé, le garçon conduit devant la tente de son beau-père la quantité de bestiaux convenue, et la future se prépare à recevoir son époux. Quand celui-ci est à l'entrée de la tente, on lui demande *ce que l'épouse lui coûte* ; à quoi il répond *qu'une femme sage et laborieuse ne coûte jamais trop cher.* Les fiancés se félicitent alors réciproquement, et attendent ensemble que toutes les filles du douar soient arrivées. Celles-ci font monter la mariée sur un des chevaux du futur, et la mènent devant sa tente, en poussant des cris de joie. A son arrivée, les parents du mari lui donnent un breuvage composé de lait et de miel ; tandis qu'elle boit, ses camarades chantent et souhaitent au nouveau couple toutes sortes de prospérités. L'épousée met pied à terre, et ses compagnes lui présentent un bâton qu'elle plante en terre aussi profondément qu'il lui est possible de le faire, en disant que, *comme le bâton ne peut sortir sans qu'on l'arrache avec violence, de même elle ne quittera jamais son mari à moins que d'y être contrainte.* Après cette cérémonie, on la met en possession des troupeaux, qu'elle conduit aussitôt au pâturage, pour faire connaître qu'elle doit coopérer au bien-être de la communauté; enfin elle revient à la tente, et se réjouit avec ses compagnes jusqu'au soir. Lorsque le mariage est consommé, la femme porte pendant un mois un voile qui lui couvre le visage : elle ne sort pas pendant tout ce temps.

Les Arabes sont très-paresseux; ils passent une grande partie de leur vie à s'amuser et à fumer; ils sont très-polis entre eux et grands faiseurs de compliments, mais d'une fierté sauvage à l'égard des étrangers, parce qu'ils méprisent toutes les autres nations, envers lesquelles ils sont en général traîtres et trompeurs.

Les coutumes des Arabes sont encore ce qu'elles étaient il y a trois mille ans; ils marchent ordinairement pieds nus, ou seulement avec des sandales, et le maître de la maison a l'usage d'offrir à celui qui le visite de l'eau pour se laver les pieds.

Lorsqu'ils ont la guerre avec leurs voisins, ils emmènent leurs femmes et leurs enfants, afin que leur présence anime leur courage par la crainte de les perdre ou de les voir captifs.

Parmi les Turcs, les mœurs sont extrêmement relâchées; la plupart vivent avec des concubines maures ou arabes, et beaucoup se livrent à des plaisirs qui prouvent l'excès de leur dépravation.

Les Kolouglis étaient éloignés des emplois et assez mal traités sous le rapport des avantages sociaux; ils sont aussi, de toute la population de la régence, ceux que l'étranger aurait le plus de facilité à mettre dans ses intérêts.

En général, les habitants des Etats d'Alger ont des mœurs fort corrompues ; ils témoignent aux étrangers beaucoup de brutalité et de hauteur, ce qu'il faut attribuer au manque d'éducation et à l'habitude de commander dans leur intérieur à des esclaves de toutes les nations.

Lorsque les Algériens se rendent chez une personne de leur connaissance, ils se font annoncer par un esclave, et le maître de la maison vient les recevoir dans une espèce de parloir, où il leur offre des pipes et du café : les femmes sont alors prévenues, afin qu'elles ne se montrent pas. Si quelqu'un s'introduisait dans une maison sans avoir été annoncé, il serait considéré comme un voleur et puni comme tel. Quand les femmes se visitent entre elles, elles en font informer le maître de la maison, pour qu'il évite de paraître pendant le temps qu'elles passent chez lui.

Les habitants d'Alger traitaient sans conséquence les chrétiens ; quelques-uns même leur permettaient de voir quelqu'une de leurs femmes.

Les Algériens, qui tiennent à leur réputation, mènent une vie simple et laborieuse, et observent strictement leur religion.

Tous les jeux leur sont défendus, excepté les dames et les échecs ; encore ne peuvent-ils pas y jouer de l'argent. Ils n'ont ni spectacles publics ni particuliers ; ils emploient la moitié de leur existence à fumer et à boire du café, sans autre société que celle de leurs femmes, de leurs concubines ou de leurs esclaves.

Le carême est une espèce de carnaval pour la jeunesse libertine, qui passe les nuits dans la débauche ; mais les gens sages se renferment chez eux et observent pendant le jour un jeûne scrupuleux.

Lors de la célébration de quelque *zinah* ou grande fête, on se permet plus de liberté. Les balcons qui donnent sur la rue sont alors ouverts ; chacun se fait un point d'honneur de décorer sa maison à l'extérieur comme à l'intérieur, et de se montrer vêtu avec magnificence. Les hommes et les femmes courent pêle-mêle pendant ce temps, parés de leurs plus riches habits, et entrent partout où bon leur semble.

Les Algériens sont généralement très-avares. La plupart des chefs de famille ont un trésor enterré qu'ils réservent pour les cas extraordinaires. Cette habitude leur évite d'ailleurs les désagréments qu'ils pourraient éprouver si l'on connaissait leur fortune.

Les Turcs et les Maures se lèvent de grand matin ; ils travaillent, après les prières publiques, jusqu'à dix heures ; ils dînent, et se remettent ensuite à l'ouvrage jusqu'à la prière de l'après-midi, appelée *adsr*. Toute occupation cesse alors, et l'on ferme même les boutiques. Ils soupent ordinairement après la prière *mohreb*, et se couchent dès qu'il fait nuit.

Ceux qui n'ont pas d'affaires passent la journée dans des *haf-effi* ou bazars, ou bien dans des cafés.

L'ameublement des Algériens consiste en une estrade recouverte de tapis ou de nattes et de quelques coussins ; c'est là qu'ils s'asseyent une partie du jour, et qu'ils dorment pendant la nuit. Une tenture faisant séparation cache les matelas et les autres effets, qui restent dans un coin de l'appartement. Les fenêtres et les portes sont fermées par des rideaux.

Les Algériens n'ont pas de médecins ; ils croiraient faire une offense à Dieu s'ils prenaient un remède interne : ils se permettent seulement quelques curatifs extérieurs.

Les hommes sont vêtus d'un *kaïk*, pièce d'étoffe de laine blanche très-grossière de quatre à cinq aunes, dont ils s'enveloppent entièrement; quelques-uns entourent leur tête d'un morceau de drap. Le cheikh porte une chemise et un *burnous*, qui est une espèce de cape en laine avec un capuchon. Et par-dessus tout cela ils portent une longue robe en drap léger qu'ils appellent *caffetan*. Les manches de ce caffetan sont très-larges ; le devant est orné d'agrafes et de broderies d'or et d'argent ; dans leur ceinture ils placent un poignard dont le manche est d'agate ou en vermeil. La chaussure consiste en des pantoufles pointues en maroquin rouge ou jaune; les bas ne sont point en usage ni pour les hommes ni pour les femmes.

Le turban se compose d'une petite calotte de laine rouge, et d'une pièce de mousseline, de plusieurs aunes de long, tournée autour de la tête.

Les Algériens avancés en âge ou qui occupent certains emplois portent une longue barbe taillée en pointe ; tous se font raser les cheveux. Les jeunes gens ne laissent croître que la moustache, et n'ont pour coiffure qu'une calotte rouge sans turban. La tête des enfants est couverte d'une calotte d'étoffe ornée d'une grande quantité de pièces d'argent et même d'or.

Les enfants de l'un et l'autre sexe restent nus jusqu'à sept ou huit ans; à cet âge seulement on les couvre des quelques haillons : ils couchent sur de la paille, du foin ou des feuilles sèches. Tout le temps que les enfants sont à la mamelle, la mère, lorsqu'elle va au travail, les porte sur son dos dans une *mandille*, et leur donne le sein par-dessus l'épaule. Ordinairement les enfants sont très-robustes, et marchent à six mois.

Les femmes maures se couvrent avec une étoffe de laine qui prend au-dessous des épaules et descend jusqu'aux genoux.

Leurs cheveux sont tressés et ornés de dents de poisson,

de corail ou de grains de verre ; elles portent aux bras et aux jambes des bracelets en bois ou en corne ; elles sont tatouées à la figure, aux bras et aux cuisses.

Les Arabes vivent fort sobrement de galettes cuites sous la cendre, de légumes, de fruits, de lait, de miel, et des agneaux de leurs troupeaux ; ils font eux-mêmes leurs tentes, qui sont en laine et fort propres ; ils font aussi de belles nattes de feuilles de palmier qui leur servent de siéges et de lits.

Ils portent des chemises de gaze fine, des caleçons, des vestes, et par-dessus ces vêtements un burnous de couleur rouge ou bleue, avec des tresses de soie à la couture de devant, et une grande houppe de laine ou de soie au haut du capuchon : quelques-uns ont ces ornements en or.

Mœurs des femmes. — Les femmes arabes distinguées par leur fortune sont habillées fort richement : elles portent des chemises de gaze très-fine, des caleçons comme les hommes, et une espèce de veste de soie, par-dessus laquelle elles mettent une longue robe de couleur qui va à mi-jambe, et dont les manches sont extrêmement larges. Lorsqu'elles doivent paraître en habits de cérémonie, elles jettent sur elles un long manteau, ordinairement de couleur rouge ou bleue, dont elles attachent les deux bouts sur les épaules avec des agrafes d'argent ; elles ont des anneaux de même métal aux oreilles, aux doigts, aux bras et au bas des jambes.

Les femmes arabes moins riches portent un costume à peu près semblable ; mais, au lieu d'être en soie, il est en laine ; leurs cheveux sont entrelacés de chapelets d'ambre ou de corail ; elles en ont aussi une grande quantité autour du cou. Lorsqu'elles sortent, elles tiennent à la main une espèce de masque qu'elles mettent sur leur figure quand elles rencontrent des hommes, à moins qu'ils ne soient leurs parents ou alliés. Le fard est en usage parmi les filles, elles le font elles-mêmes, et s'en mettent au bout des doigts, au sein et au visage. Elles se teignent aussi les paupières et les sourcils, se font de petits ronds ou des triangles sur les joues, ou bien y dessinent des fleurs, des feuilles de myrte ou de laurier.

Le costume des femmes turques est à peu près le même que celui des hommes : leur caleçon descend jusqu'à la cheville; quelques-unes mettent des bottines jaunes dans leurs pantoufles ou babouches; mais la plupart n'ont que des pantoufles sans bas. Les femmes riches portent des caftetans d'étoffe de soie et d'or; leurs cheveux sont entrelacés de perles et d'autres joyaux. Celles qui n'ont point de fortune remplacent les perles par du corail et de l'ambre. Toutes les femmes, lorsqu'elles sortent, se couvrent le visage avec un mouchoir blanc depuis le dessous des yeux jusqu'au menton; elles s'enveloppent le corps depuis la tête jusqu'aux pieds d'une pièce d'étamine blanche très-fine et très-claire.

La condition des femmes chez les Bédouins est affreuse. Elles ne sont guère plus heureuses chez les Maures. A l'exception de celles des classes les plus aisées, ce ne sont que des esclaves, travaillant à tout ce qu'il y a de plus fatigant et de plus pénible, tandis que les hommes dorment ou fument. Il faut qu'un Arabe aime passionnément celles auxquelles il est uni pour les préférer à son cheval ou à ses chèvres. Ordinairement ils ont deux femmes; la loi leur permet même d'en avoir quatre, mais ils n'en prennent guère une seconde que lorsque la première commence à vieillir.

Ce doit être quelque chose de bien étrange pour ces Arabes et ces Bédouins que de voir notre courtoisie et nos égards pour les femmes ; et celles-ci doivent faire un bien triste retour vers elles-mêmes en comparant leur état d'abjection aux respects dont nous les entourons. Les Mauresques ne sortent guère que pour aller aux bains ; l'entrée des mosquées même leur est interdite ; la religion, faite pour la jalousie des maris, déclare qu'elles ne sont pas dignes d'y prier Dieu. Leurs vertus et leurs devoirs consistent à remplir tous les soins du ménage dans leurs maisons, où elles sont enfermées. C'est pour leur rendre ces vertus faciles que les maris mettent la clef dans leur poche. Lorsque leurs occupations ne remplissent pas la journée, elles s'accroupissent sur leurs talons dans un coin de la chambre ou de la cour, et rêvent ou s'endorment. Le séjour des Français dans la régence a déjà changé quelque chose à ces mœurs. Avant notre arrivée, il était défendu à qui que ce soit, sous peine de recevoir un coup de fusil, de monter sur les terrasses, d'où l'on pouvait voir l'intérieur des cours de ses voisins et regarder les femmes qui s'y promenaient. Le middéin, espèce de sonneur qui trois ou quatre fois par jour annonce l'heure de la prière du haut des minarets, avait seul le privilége de dominer les cours des maisons ; mais on avait soin de ne choisir pour middéins que des aveugles.

Lorsque les Mauresques sortent pour aller aux bains, elles portent un voile en coton attaché derrière la tête et au-dessus des oreilles, et qui leur retombe presque sur la poitrine en cachant leur visage. Une espèce de manteau long, ou plutôt une couverture de laine blanche, enveloppe tout le corps jusqu'aux chevilles, et recouvre la tête et le front, de manière que l'on ne voit absolument que les yeux. Une robe taillée à la grecque, un pantalon de coton blanc froncé au bas de chaque jambe, et des souliers sans bas, voilà l'accoutrement des Mauresques, qui rappellent par leur costume les pénitents blancs du midi de la France.

Indépendamment des bagues qui couvrent leurs doigts, les Mauresques portent encore des bracelets en or ou en argent, en cuivre ou même en corne, aux bras et aux jambes. Deux ou trois paires de boucles larges comme des pièces de cinq francs pendent à leurs oreilles. Joignez à cela un collier au cou, à ce collier une plaque en broderie et quelques autres talismans ou colifichets, et vous vous croirez en face d'une madone italienne ou de Notre-Dame de la Garde. Pour qui donc tant de parures? Pour les passants qui ne peuvent les voir, pour des maris qui s'en soucient peu, ou pour satisfaire cette coquetterie de tous les pays qui prend les femmes au berceau et ne les quitte jamais.

Mais ce n'est pas tout : elles se couvrent les joues de rouge parsemé de quelques mouches, se peignent les sourcils, les joignent au moyen d'une ligne noire, et se stigmatisent le milieu du front d'une croix ou d'une étoile. Une autre préparation leur peint en jaune-orangé les ongles et le bout des doigts; puis avec l'écorce de je ne sais quelle plante elles se brunissent les lèvres et quelquefois la pointe de la langue. A l'exception de leurs cheveux qu'elles laissent croître, leur corps est religieusement épilé et glabre comme une pervenche; du reste, tatoué avec de la poudre aux bras, aux jambes et à la poitrine, comme nos vieux grenadiers. Et lorsque cette toilette de fête est achevée, elles restent étendues sur une natte de jonc ou sur une peau de mouton, les pieds nus, et accroupies à la turque, en attendant la nuit, passant le jour à jouer avec un petit miroir, où elles doivent se trouver admirablement belles, à en juger par le charme qu'elles éprouvent à se regarder.

La danse est un plaisir qu'elles se procurent quelquefois entre elles. L'une tient un tambourin qu'elle frappe de coups cadencés comme pour faire danser les ours; une autre saute seule, se secouant de son mieux, les cheveux flottants, et faisant toutes les contorsions imaginables, jusqu'à ce que la fatigue la fasse tomber presque morte. Une autre lui succède, pour céder elle-même sa place quand la fatigue l'aura abattue. La première fois que du haut de ma terrasse j'ai vu cette cérémonie, j'ai cru que l'on cherchait à exorciser quelque possédée de l'esprit malin. Elle était si pâle, si échevelée, elle tombait si souvent de fatigue, au risque de se casser la tête sur le pavé, que j'allais lui porter secours, quand on m'apprit qu'elle dansait et qu'elle s'amusait beaucoup.

Jusqu'à l'âge de huit ans, les filles ne sont point astreintes à porter le voile qui enveloppe la figure de leurs mères. Alors elles commencent à s'occuper des soins du ménage; alors aussi le voile, sans lequel elles ne sortiraient plus sans être déshonorées, devient une obligation. Personne, vous le pensez bien, ne se hasarderait à leur parler dans les rues, pas même leurs plus proches parents; qu'on les reconnaisse ou non, leur voile les suppose méconnaissables, et elles n'oseraient risquer un signe d'intelligence avec le passant. Pourtant on assure qu'il n'en est pas ainsi quand elles sont hors de la surveillance de leurs maîtres. Lorsque nous les regardons du haut de nos terrasses, jeunes ou vieilles ont toujours quelque chose à faire pour traverser leurs cours et y passer et repasser sous nos yeux. Est-ce pour nous voir? Non; c'est sans doute pour que nous les regardions. Du reste, ne vous y frottez pas de trop près; presque toutes ont la gale, qui leur est donnée par leurs enfants; je ne crois pas qu'il y en ait un sur cinquante qui n'en soit atteint. Comment voulez-vous qu'il en soit autrement, couchant continuellement sur des nattes ou des peaux aussi sales que les habits, qu'on ne leur change jamais.

Tout ce tableau est peu séduisant, mais il est vrai.

Langage. — Autrefois la langue turque était celle du gouvernement et de la milice ; mais les fonctionnaires de la régence, les marchands maures et les Juifs communiquaient entre eux et les Européens au moyen de la langue franke, composée d'espagnol, d'italien, de français et de différents dialectes mauresques. Ce jargon, encore, n'a point de prépositions, et les verbes n'y sont employés qu'à l'infinitif.

On se sert aussi de la langue turque dans les tribunaux, ce qui oblige les Maures, les Arabes et les chrétiens à employer des interprètes pour plaider leurs causes.

Le dialecte des Maures dérive de l'arabe, et diffère selon les provinces.

Les Arabes nomades prétendent parler et prononcer avec pureté la langue arabe ; mais les tribus sédentaires, qui, étant plus rapprochées d'Alger, s'adonnent davantage au commerce et se sont souvent mêlées avec les autres races d'habitants du pays, parlent un langage corrompu, dont les dialectes varient plus ou moins, comme le mauresque.

Les Berbères ou Kabaïles ont un langage qui leur est propre, et qui, à ce que l'on prétend, est d'une extrême stérilité. On le croit d'origine punique.

Instruction publique. — Il existe à Alger un assez grand nombre d'écoles publiques pour les enfants de cinq à six ans et au-dessus. On est porté à croire que la méthode d'enseignement en usage dans les États de la régence est l'origine du système d'instruction à la Lancastre. Chaque enfant est pourvu d'une planchette sur laquelle il écrit avec de la craie. Un verset du Coran est transcrit par l'un d'eux sur sa planchette en très-grands caractères, et les écoliers copient cette leçon en s'aidant mutuellement à connaître et à former les lettres du texte : le verset est ensuite récité à haute voix au maître, qui, assis dans un coin de la salle d'étude, tient en ses mains une longue baguette, avec laquelle il maintient l'ordre et l'attention parmi ses écoliers. Les enfants, comme on le voit, apprennent simultanément à lire et à écrire, et l'on conçoit, d'après ce mode d'enseignement, la grande uniformité qui caractérise toutes les écritures arabes. L'éducation de la jeunesse algérienne est complète lorsqu'elle sait lire et écrire le Coran, et lorsqu'elle connait les différentes formes de prières.

Il y a pour les filles de semblables écoles, dirigées par des femmes.

Depuis plusieurs siècles, les Mahométans ont fort négligé les arts libéraux et mécaniques. La vie errante des Arabes, et la manière tyrannique avec laquelle les Turcs traitaient les Maures, ne permettaient pas à ces peuples de cultiver les sciences.

Tous les habitants des États d'Alger sont en général d'une grande ignorance; non-seulement les parties abstraites des mathématiques leur sont étrangères, mais parmi eux il y a à peine un individu sur 20,000 qui sache les premières règles du calcul. Ils ont une singulière manière de compter : ils mettent les mains dans la manche l'un de l'autre, et par des attouchements successifs sur tel doigt ou telle jointure, ils expriment tous les nombres voulus; les affaires les plus considérables sont traitées de cette façon, sans dire un seul mot, et sans que les témoins puissent être instruits des arrangements qui ont été conclus en leur présence.

La musique de chant des Bédouins ne consiste pour ainsi dire qu'en un seul air. Les instruments sont d'une simplicité extrême : l'*arabbebah*, qui se compose d'une vessie sur laquelle est tendue une corde; le *gaspach*, qui est une espèce de chalumeau, et le *tarr*, le tympanum des anciens.

La musique des Maures est moins barbare; la plupart de

leurs airs sont vifs et agréables; leurs instruments sont aussi plus perfectionnés. Outre plusieurs sortes de flûtes et de hautbois, ils ont le *rebebb*, violon à deux cordes; l'*aoude*, ou luth de basse à deux cordes, et plusieurs petites guitares ou *quetaras* de différentes grandeurs. Il règne beaucoup d'ensemble et d'harmonie dans leurs compositions; tous les morceaux s'exécutent par cœur, et ils les savent si bien, que 20 ou 30 personnes peuvent faire de la musique une nuit entière, en changeant continuellement de motif, sans jamais se tromper, ni jouer faux.

De tous les arts, celui que les Maures entendent le mieux est l'architecture. On retrouve dans le pays d'Alger les constructions élégantes et riches d'ornements dont les Maures ont laissé tant de traces en Espagne.

De même que dans le Levant, de grandes portes, des appartements spacieux, des pavés de marbre, des cours cloîtrées ornées quelquefois de jets d'eau, sont ce qui distingue surtout les constructions particulières. Ces différentes dispositions conviennent parfaitement à la nature du climat et aux mœurs des habitants.

L'humeur jalouse des hommes exigeant que toutes les fenêtres regardent sur une cour intérieure, un balcon garni d'un treillage fort serré est le seul jour pratiqué du côté de la rue.

A l'entrée des maisons, on trouve d'abord un porche avec des bancs des deux côtés; c'est là que le chef de famille reçoit ceux qui ont à lui parler, et expédie ses affaires; vient ensuite une cour ouverte qui, suivant la fortune du propriétaire, est pavée de marbre ou d'autres pierres polies. En été, et toutes les fois que de nombreuses visites sont attendues, l'on garantit cette cour de l'ardeur du soleil au moyen d'une toile appelée *umbrella*, qui, fixée par des cordes au mur d'enceinte, peut être pliée ou étendue, suivant qu'on le juge convenable. Autour de cette cour règne un cloître qui donne entrée dans les appartements. Les pièces sont en général très-vastes; rarement elles communiquent entre elles : une de ces chambres sert souvent de domicile à une famille entière.

A l'extrémité de chaque appartement on remarque une estrade élevée de 4 à 5 pieds, sur laquelle les Maures placent leurs lits ; elle est entourée d'une balustrade.

Chez les gens riches, les chambres, depuis le plancher jusqu'à moitié de leur hauteur, sont tapissées de velours ou de damas; le reste du mur est chargé de toute sorte d'ornements en stuc ou en plâtre. Le plafond est ordinairement boisé et peint avec beaucoup d'art ; les planchers sont de briques ou de plâtre, et presque toujours couverts de tapis.

Les escaliers se trouvent sous le porche ou à l'entrée de la cour, mais jamais dans l'intérieur des maisons.

Les toits des habitations sont plats, et bordés, sur la rue et sur la cour intérieure, de murs à hauteur d'appui.

Les Arabes donnent à leurs maisons le nom de *dar* ou *beit*; les petits bâtiments qui en dépendent souvent, et qui servent de magasins, s'appellent *odah*.

Les mosquées (en arabe *mes-djid*) sont construites comme nos églises. Il n'y a point de siéges dans l'intérieur, mais le pavé est recouvert avec des nattes. Vers le milieu du vaisseau, surtout dans la principale mosquée de chaque ville, est une espèce de grande chaire élevée de quelques marches, et entourée d'une balustrade : c'est là que se place chaque vendredi le mufti ou un iman, pour exhorter le peuple à la piété et aux bonnes œuvres. La façade des mosquées qui regarde la Mecque s'appelle le *kiblah*; les Mahométans, lorsqu'ils font leurs prières, ont toujours le visage tourné de ce côté.

Dans la partie opposée, il y a une tour carrée sur laquelle un crieur monte, à différents instants du jour, pour annoncer au peuple les heures de la prière.

Les maçons maures préparent une espèce de mastic (*chenam*) pour enduire l'intérieur des citernes, qui est meilleur qu'aucun de ceux connus ; il se compose d'un mélange à parties égales de briques pulvérisées, de chaux et de cendres de bois ; on délaye toutes ces substances ensemble avec de l'huile. Ce mastic durcit immédiatement à l'air, et sous l'eau il ne se fend jamais.

Voici la composition d'un ciment employé également par les Algériens dans la construction des citernes et des terrasses :

Ils prennent deux parties de cendres de bois, trois de chaux, et une de sable ; ils passent ces substances au tamis, les mêlent bien ensemble, et battent ensuite le tout avec des maillets de bois pendant trois jours et trois nuits, jusqu'à ce que le ciment ait pris une grande consistance. Pendant l'opération ils humectent le mélange avec de l'eau et de l'huile.

Maladies régnantes. — La vie sobre et réglée des Algériens, la douceur du climat sous lequel ils vivent, les rendent exempts d'un grand nombre de maladies ; aussi en voit-on peu régner dans ce pays, si ce n'est celles qu'engendre la malpropreté : telles que la gale, les dartres, etc.

La peste exerce quelquefois ses ravages dans ce pays, et elle y est aussi meurtrière qu'en Europe. Les Maures regardent cette maladie comme un effet de la volonté de Dieu ; résignés à cette volonté, ils en attendent avec insouciance les résultats, et sans s'abstenir de communiquer avec les malades. Depuis que les chrétiens leur ont persuadé qu'elle est contagieuse, et qu'on peut s'en garantir en évitant toute communication avec ceux qui en sont atteints, ils ne veulent plus accorder l'entrée de leurs ports à aucun bâtiment venant d'un endroit soupçonné.

Fécondité. — Les femmes maures sont fécondes dès l'âge de 11 ans et cessent de l'être à 30 ans. Différentes causes s'opposent à l'accroissement de la population dans les Etats de la régence : on peut citer entre autres les avortements nombreux auxquels les femmes ont recours pour ne pas avoir un trop grand nombre d'enfants, les ravages de la peste, et le défaut de remèdes dans un grand nombre de maladies.

Vie moyenne. — La durée de la vie moyenne est à peu près la même qu'en Europe.

Nous terminerons ce panorama général de l'Algérie par l'esquisse suivante, due à M. le maréchal Bugeaud :

« Les Arabes, dit M. le maréchal, sont fiers et belliqueux : la guerre de tribu à tribu est leur état normal. Dès leur enfance, tous les hommes, sans exception, s'exercent au maniement des armes et des chevaux. Les entreprises hasardeuses les occupent sans cesse : le jour, ils combattent les bêtes féroces ; la nuit, bon nombre d'entre eux se livrent au vol, qu'ils ont presque élevé à l'état de vertu, tant il y a de danger à le pratiquer. Pour voler un cheval ou un bœuf, il faut braver les coups de fusil des gardes qui entourent le douar, et pénétrer au milieu des tentes formées en cercle, protégées par des chiens et enfermées dans une haie de buissons. Si ce n'est pas le vol du bétail qui les conduit dans ces tentatives périlleuses, c'est le vol amoureux : cette passion leur fait faire des choses incroyables.

» Les Arabes, dit-il, ne cultivent leurs terres que trois mois de l'année, et cela leur suffit pour avoir assez de grains pour leur subsistance et en mettre en réserve dans des silos.

Il est vrai qu'ils ont une grande quantité de bestiaux qui fournissent à leur alimentation. L'Arabe ne fait rien jusqu'à l'âge de 15 ans ; on lui donne alors un cheval et un fusil pour s'exercer, et il se marie bientôt après dans sa tribu, où il ne tarde pas à montrer son courage par quelque action d'éclat.

» Suivant le gouverneur, on ne peut espérer que de gouverner les Arabes, mais non pas de les subjuguer entièrement ; car une armée de cent mille hommes ne pourrait y parvenir. Ce n'est que par des colonies militaires bien organisées, qui pourront suppléer aux troupes, que l'on pourra diminuer la dépense d'une armée considérable, et tirer un parti plus avantageux de notre possession par les produits du sol et du commerce. »

Nous avons cru qu'il était rationnel que notre voyageur eût, avant de quitter ses foyers, une connaissance exacte du pays et des hommes qu'il allait visiter. C'est pour cette raison que nous avons fait précéder notre itinéraire de cet aperçu général de l'Algérie ; c'est un petit miroir sur lequel le sol, ses produits, et les peuples qui l'habitent, sont venus se refléter.

ITINÉRAIRE

DE PARIS A ALGER,

Trajet 5 jours 1/2 en été.

MOYENS DE LOCOMOTION.

SERVICE DES MALLES-POSTES.

1° Par St-Etienne et Annonay, trajet en 66 heures. — 79 myr. 1 kil.

2° Par Auxerre, Arnay-le-Duc, Châlon-sur-Saône, jusqu'à Lyon (36 h.). — 46 myr. 6 kil.

Et de Lyon à Marseille, par Valence et Avignon, trajet en 20 heures. — 33 myr. 4 kil.

Prix : 1 franc 75 centimes par myriamètre.

On accordera 25 kilogrammes de bagage.

Les malles ou porte-manteaux ne doivent pas excéder en longueur 70 centimètres, en largeur 40 centimètres, en hauteur 35 centimètres.

PAR DILIGENCES ET BATEAUX A VAPEUR.

Paris à Châlon-sur-Saône.

Les *Messageries Royales*, rue Notre-Dame-des-Victoires.

Caillard, rue St-Honoré, 130.

Berlines-Postes du Commerce, rue Croix-des-Petits-Champs, 52.

Tous les jours en été, service à grande vitesse, environ 37 heures. Prix moyens : 58 fr., 50 fr., 40 fr. (1).

De Châlon à Lyon.

Bateaux à vapeur, tous les jours, en 6 heures 1/2. Prix moyens : 8 fr., 6 fr.

Prix du transport des voitures.

Grosses voitures, 110 fr.; coupés et berlines, 90 fr.; calèches, 70 fr.

De Lyon à Avignon.

Bateaux à vapeur, tous les jours, en 12 heures. Prix moyens : 20 fr., 15 fr.

D'Avignon à Marseille.

Bateaux à vapeur, tous les jours en été, en 10 heures. Prix moyens : 11 fr., 8 fr.

Prix du transport des voitures de Lyon à Avignon et à Marseille.

Grosses voitures, 120 fr.; coupés et berlines, 100 fr.; calèches, 70 fr.

Les chevaux payent de Châlon à Lyon 20 fr.

De Lyon à Avignon et à Marseille, 40 fr., sans nourriture.

Arrivé à Avignon, le voyageur qui ne voudrait plus continuer sa course sur le Rhône, trouvera dans cette ancienne

---

(1) Tous ces prix et ceux qui suivent sont les prix actuels, mais ils peuvent varier d'un jour à l'autre et selon sa raison. Il est donc bon de ne les considérer que comme prix moyens.

cité des papes plusieurs diligences qui partent tous les soirs pour Marseille, faisant le trajet en 10 heures. Prix moyens des places : 20 fr., 15 fr., 9 fr.

AUTRE ITINÉRAIRE.

De Paris à Orléans, chemin de fer, trajet 4 heures. Prix : 12 fr. 60 c., 9 fr. 50 c., 6 fr. 40 c.

D'Orléans à Nevers, bateaux à vapeur, trajet 24 heures. Prix : 10 fr. 70 c., 8 fr. 20 c.

De Nevers à Moulins, trajet 9 heures. Prix : 4 fr. 70 c., 2 fr. 85 c.

De Moulins à Roanne, diligence, trajet 9 heures. Prix : 12 fr., 10 fr., 7 fr. 50 c.

De Roanne à Lyon, par St-Etienne, chemin de fer, trajet 8 heures. Prix : 12 fr., 10 fr., 8 fr.

TOTAL : trajet, 54 heures ; prix moyen, 51 fr.

La première ville où le voyageur s'arrête est CHALON-SUR-SAÔNE (Saône-et-Loire), (*Hôtels :* du Parc, des Diligences, des Trois-Faisans, tous bien tenus), jolie ville sur la rive droite de la Saône ; sous-préfecture, commerce actif.—*Curiosités :* la *Cathédrale*, édifice gothique du XIIIe siècle ; l'*église St-Pierre*, le *Pont* de cinq arches, la *place St-Vincent*, avec sa *fontaine* ; l'*Obélisque*, érigé en l'honneur de Napoléon, l'*hôpital St-Laurent*, la *Bibliothèque* de 10,000 vol. Population, 13,500 hab.

LYON (Rhône), (*Hôtels* : de l'Europe, de Provence, du Nord, de Milan, de Rome, tous du premier ordre), chef-lieu du département du Rhône, arrosé par ce fleuve et par la Saône ; une des plus riches, des plus commerçantes et des plus considérables villes de France.—*Curiosités* : les *Ponts*, les *places Bellecourt*, des *Terreaux*, l'*Hôtel de Ville* sur cette dernière place ; le *Théâtre*, monument grandiose ; la

Bibliothèque, une des plus belles de France, avec plus de 100,000 vol.; la *Cathédrale*, noble architecture gothique; l'église *St-Nizier*, du XIVe siècle, du *Collége*, de l'*Hôpital*; les *Prisons*, l'*Arsenal*, etc. Population, 180,000 hab.

Avignon (Vaucluse), (*Hôtels* : de l'Europe, du Palais-Royal, tous deux bien tenus; du Luxembourg), ville ancienne sur le Rhône, près du confluent de la Durance, avec une enceinte d'anciennes murailles fort curieuses, des rues étroites et tortueuses.— *Curiosités* : l'*Hôtel-Dieu*, l'*Hôtel de Ville*, le *Palais*, ancienne résidence des papes; l'église *Cathédrale* et ses monuments; les *églises St-Agricole, St-Pierre, St-Martial*, édifice gothique; l'*Hôtel des Invalides*, succursale de l'établissement de Paris; le *Musée*, le *Jardin des Plantes*, le *Cabinet d'histoire naturelle*, la *Bibiothèque*. Popul. 33,000 hab.

ARRIVÉE A MARSEILLE.

Marseille (Bouches-du-Rhône).

Hôtels : d'Orient, rue Grignan et rue Mazade; grand hôtel de Noailles, place *Noailles*, n° 1; des Empereurs, rue *Canebière*, n° 5; Paradis, *place Royale*, n° 5; des Princes, rue *Beauveau*; des Ambassadeurs, même rue; grand hôtel Beauveau, rue de ce nom. *Restaurateurs* : il y en a plusieurs sur le Cours, à l'hôtel du Luxembourg, chez Parroul, à la Réserve, chez Bonnifay frères, renommés pour leur bonne cuisine. *Cafés* : d'Europe, place de la *Comédie*; Bodoul, rue Saint-Féréol; de l'Univers, des Mille-Colonnes; restaurants à la carte, rue *Vacon* et sur le *Cours*.

Cette ancienne et belle cité fut fondée par une colonie de Phocéens, six cents ans avant l'ère chrétienne. Grâce à son heureuse situation au centre d'une baie magnifique, elle s'éleva rapidement à un haut point de splendeur. Cicéron lui donna l'épithète d'*Athènes de la Gaule*, et Pline l'appela la *Maîtresse des sciences*. Bientôt les Romains lui donnèrent le nom de Massilia. S'étant mise du côté de Pompée, elle fut prise, après un long siége, par César. Les Sarrasins la saccagèrent l'an 473 de notre ère, et, après une succession de fortunes diverses, Clotaire la réunit à la France. Ensuite, depuis 1214 jusqu'en 1225, elle devint république, et puis bientôt passa sous la domination de la France. Ce fut Louis XIV qui, en 1660, fit construire la citadelle. La peste la désola en 1720. Soixante mille de ses citoyens furent victimes de cet horrible fléau.

La noble Marseille n'est plus ce qu'elle était autrefois; des villes rivales se sont élevées à son préjudice. Cependant nos possessions d'Afrique, les nouvelles communications avec l'Inde par la mer Rouge, l'extension donnée à la navigation à la vapeur, ont déjà presque replacé Marseille à son état normal de richesse et de splendeur. En effet, il existe peu de villes aussi bien situées pour le commerce extérieur que cette populeuse cité : par le Rhône, la Saône et le canal du Centre, elle communique avec le nord de la France et avec la Belgique; par le canal du Midi, avec Bordeaux et l'océan Atlantique; par la Méditerranée, avec l'Italie, la Grèce, l'Egypte, l'Asie-Mineure, Constantinople, la mer Noire, et jusqu'à Vienne par le Danube. Le nord de l'Afrique est à sa porte, l'Espagne est sa voisine, et par le détroit de Gibraltar elle porte aux deux Amériques les produits du midi de la France. Sa navigation étend ses voiles sur l'Europe, l'Asie, l'Afrique et l'Amérique.

Marseille est le chef-lieu du département des *Bouches-du-Rhône*; son aspect est des plus pittoresques, surtout vue du côté de la mer. Un vaste amphithéâtre circulaire couronné de collines dont les versants sont couverts d'arbres à la végétation luxuriante, au milieu desquels s'élèvent de riantes habitations nommées *bastides*, dont le nombre monte à cinq ou six mille; et à la base de ce charmant panorama, la riche Marseille étalant sa masse imposante de maisons, les unes de médiocre apparence, d'autres élégantes et nobles, au milieu desquelles circulent des rues d'une grande beauté, d'autres mal percées, étroites et malpropres : tout cet ensemble forme une des plus belles villes de France.

Le voyageur ne doit pas quitter Marseille sans visiter son *beau Port*, capable de contenir 1,200 navires, et qui en contiendra 2,000 lorsque les agrandissements auxquels on travaille en ce moment seront terminés ; sa *riche Bibliothèque*, avec 50,000 volumes et 1,200 manuscrits ; la *Salle de Spectacle*, l'*Hôtel de la Préfecture*, l'*Hôtel de Ville*, les fontaines de la *porte Paradis* et de la *place Royale*, le *Clocher de l'ancienne église gothique des Accoules*, l'*hôpital du St-Esprit*, l'*église de la Major*, d'une grande antiquité, l'*église des Chartreux*, bel édifice, l'*Observatoire*, d'où l'on jouit d'une vue magnifique, le *Cabinet des médailles*, le *Muséum d'histoire naturelle*, le *Jardin des Plantes*, le *Lazaret*, un des plus beaux de la Méditerranée, assez vaste pour avoir reçu l'armée française à son retour d'Égypte ; et beaucoup d'autres établissements. Toute la nouvelle ville frappera l'attention du voyageur : ses rues larges, ses belles places qu'ornent d'élégantes fontaines aux eaux limpides ; l'immense affluence des étrangers, dont les mœurs, les coutumes, le langage et la religion sont si différents ; l'aspect du port, couvert d'un millier de navires de toutes grandeurs et de toutes nations, présentent un tableau qu'on peut admirer, mais qu'on ne décrit pas. Au milieu de ce brillant ensemble, le voyageur ne doit pas chercher des monuments bien remarquables sous le rapport de l'architecture; Marseille est modeste à cet égard, elle en possède peu. Pop. 146,000 hab.

Pour la description des autres localités qui se trouvent

sur notre route avant d'arriver à Marseille, voyez le *Guide du voyageur en France*, de Richard, chez L. Maison, éditeur, à Paris.

DE MARSEILLE A ALGER.

La traversée se fait, comme nous l'avons déjà dit, en 60 heures, terme moyen. — Le point de départ est presque toujours de *Marseille*, excepté pour les convois militaires, qui partent de *Toulon*; souvent les bâtiments arrêtent à *Mahon*, capitale de l'île Minorque, appartenant à l'Espagne, éloignée de Marseille de 70 lieues marines, et d'Alger 65.

MAHON est située au fond d'un golfe offrant un port immense où peut mouiller la flotte la plus considérable. Cette ville est située sur le penchant d'une colline; elle est bien bâtie; les maisons sont gracieuces et élégantes. L'entrée du port est défendue par le fort St-Philippe; sur le rivage à gauche, le voyageur aperçoit *Villa-Carlos*, qu'on peut considérer comme un faubourg de Mahon. A droite de la rade se trouve le grand lazaret; un peu plus loin, une petite île qui est *la Consigne*; et tout à fait au fond de la rade s'élève la ville de Mahon, dont l'édifice le plus remarquable est la *Cathédrale*.

Après avoir quitté cette ville espagnole et ses 20,000 habitants, notre course se dirige vers le sud, et le lendemain nous apercevons un point grisâtre vers l'horizon, qui grandit sensiblement : c'est le sommet de l'Atlas! c'est la terre africaine! Mais bientôt un vaste amphithéâtre se déroule à nos yeux : c'est Alger. Alors, et une heure après, nous sommes à terre.

ALGER. *Hôtels.* — Le premier hôtel d'Alger est celui de la *Régence*, grand, beau, et bien tenu : c'est là que descendent les officiers généraux, mais les prix sont élevés; — l'*hôtel du Gouvernement* place de ce nom; l'*hôtel du*

Nord, celui de la *Marine*; — le *Gastronome* : les déjeuners se payent 3 fr., les dîners 4 fr.; on y est bien ; les chambres sont de 1 fr. 50 cent. Il existe encore d'autres hôtels, qui sont :

Hôtel de la *Colonie*, rue de Chartres.
Id. de *Chartres*, id.
Id. des *Bains-Français*, rue du Soudan.
Id. de *France*, id.
Id. de *Richelieu*, avec bains français, rue Bab-Azoun.
Id. de *Rouen*, rue des Trois-Couleurs, n° 35, nouvelle maison; table d'hôte: déjeuner, à 10 h., 1 fr. 50 c.; dîner, à 6 h. soir, 2 fr.
Id. des *Étrangers*, rue de la Marine.
Id. de *France*, id.
Id. de la *Porte-de-France*, id.
Id. de l'*Orient*, id.
Id. de l'*Intendance*, impasse Bruce.
Id. de la *Charte*, rue de la Charte.
Id. de *Danemark*, rue Charles-Quint.
Id. de la *Poste*, rue Doria.
Id. *Bab-el-Oued*, rue Bab-el-Oued.
Id. du *Belvédère*, rue des Trois-Couleurs.
Id. de l'*Orne*, rues du Lézard et Brémontier, table d'hôte; situé dans la basse ville, au centre des affaires.

Hôtel-restaurant de *St-Étienne-en-Forez*, rue Bab-el-Oued, 270.

Indépendamment des hôtels avec table d'hôte, on trouve à Alger un grand nombre de maisons garnies qui prennent des pensionnaires au mois; il y a aussi des restaurants à prix fixe et à la carte. Les principaux sont les :

Restaurant de la *Marine*, même rue.
Id. des *Quatre-Nations*, id.

CAFÉ de la *Bourse*, place Royale.
  Id. de la *Place*,   id.
  Id. d'*Apollon*,   id.
  Id. *Bab-el-Oued*, rue Bab-el-Oued.
  Id. de *Paris*,   id.
  Id. *Minerve*, rue Bab-Azoun.
  Id. de l'*Algérie*, place Mahon.
  Id. de *France*,   id.
  Id. *Mahomet*,   id.
  Id. de la *Perle*, place Royale, chantant.
  Id. *Musard*, rue Bab-Azoun, id.
  Id. de l'*Algérie*, place Mahon, tenu par M. Valentin, ex-glacier de la Régence : *Glaces* à 50 c.; *Pelsiduri* ou fruits glacés à 40 c.; *Fromages glacés*.

Dans les cafés maures, dont les principaux sont dans la rue de Chartres et rue de la Kasbah, on voit les Maures et les Arabes étendus sur des bancs, fumant, buvant du café sans sucre, et jouant à des jeux qui ont assez d'analogie avec nos jeux d'échecs et de dames, le tout au son d'une musique fort peu agréable pour des oreilles délicates.

Auberges. — Il y a aussi à Alger de grandes auberges ou *fonduks*, où vont loger les marchands turcs, qui y trouvent aussi des magasins pour leurs marchandises.

ALGER, appelée par les Arabes *El-Djezaïr*, capitale de l'ancienne régence, est bâtie en amphithéâtre sur la côte septentrionale d'Afrique, et sur le versant d'un petit contrefort de 118 mètres d'élévation, faisant partie du mont Boujarin, qui la commande à cause de sa hauteur verticale de 150 mètres au-dessus du niveau de la mer. Elle a la forme d'un triangle, dont le plus grand côté lui sert de base et s'appuie sur le rivage de la Méditerranée. Les maisons blanchies, ayant des toits en forme de terrasse, offrent une masse non interrompue qui s'aperçoit à une grande distance en mer. Elle se termine dans sa partie la plus élevée par la Kasba ou citadelle, qui, mieux armée du côté de la ville que du côté de la campagne, est plus propre à contenir les habitants qu'à défendre la place. Le fort l'Empereur (*Sultan-Calessi*), qui commande cette position, étant élevé de 45 mètres au-dessus de la *Casauba* ou *Kasba*, dont il est éloigné d'environ mille mètres, protége cette citadelle et arrête les approches sur le front le plus abordable de la place. Les rues sont étroites et tortueuses, excepté celle qui va du faubourg Bab-Azoun à celui de Bab-el-Oued, qui est une des plus larges, et où se tiennent les marchés. Les maisons, construites en pierres et en grosses briques carrées, sont blanchies avec de la chaux vive. La plupart n'ont qu'un étage, qui du côté de la rue offre une partie saillante soutenue par des arcs-boutants en bois. Beaucoup de maisons sont étagées entre elles pour se préserver des tremblements de terre. Chaque habitation possède une citerne destinée à recueillir l'eau des pluies. Il y a en outre dans Alger plusieurs fontaines dont les eaux viennent, par des aqueducs, de la colline où est situé le fort l'Empereur. On compte à Alger dix grandes *mosquées* et trois grands *colléges* ou écoles publiques, et un grand nombre d'écoles pour l'instruction de l'enfance; beaucoup d'*églises* ou *chapelles chrétiennes*, un *évêché*, des *institutions* tenues par des ecclésiastiques et des sœurs; une *bibliothèque*, un *muséum*, un *observatoire*, une *pépinière du gouvernement*, une *société scientifique*, un *théâtre*; celui de la place Royale a été incendié en juin 1844; des *hôpitaux* bien tenus, de nombreuses *casernes*, une *cour royale*, un *tribunal de première instance*, un *tribunal correctionnel*, un *tribunal de paix*, un *tribunal de commerce*, une *bourse*, une *banque d'escompte*, une com-

mission permanente de santé. Alger est le siége du *gouverneur général*, du *directeur des affaires civiles*, du *directeur de l'intérieur et des travaux publics*, du *directeur des finances et du commerce*, du *directeur central des affaires arabes;* en un mot, de toute l'administration civile et militaire de la colonie.

Cette ville, entourée de murs flanqués de tours, a cinq portes : celle de la *Marine;* au sud de celle-ci est la *porte de la Pêcherie*, à côté de laquelle est le chantier de construction; au sud de cette dernière est la porte de *Bab-Azoun;* au sud-ouest de la ville, la *porte Neuve*, qui conduit sur la colline du fort l'Empereur. Sa population est évaluée, avec la banlieue, à 94,600 habitants, dont 43,900 Européens, et le reste Arabes, Juifs, etc.

Le touriste qui pour la première fois fait son entrée à Alger par la rue de la *Marine* se croirait encore en France, à l'aspect de la double rangée de maisons européennes entre lesquelles il s'avance, sans les groupes variés de passants indigènes dont le costume pittoresque contraste singulièrement avec l'architecture des rues principales. Il est peu de voyageurs d'une curiosité assez intrépide pour affronter ces rues sombres, tortueuses, bâties en escaliers, rudes à monter, et encore plus rudes à descendre, mais qui disparaissent chaque jour pour faire place à d'autres plus aérées et mieux construites.

On conçoit que cette ville ne pouvait manquer de se modifier entre les mains des Français. Notre système de transport exige des rues larges; il fallait donc que les ruelles étroites s'élargissent pour laisser passer les voitures; il fallait aussi qu'elles perdissent leurs interminables sinuosités pour satisfaire à notre amour de la ligne droite. Pendant que la voie publique s'élargissait, les habitations subissaient aussi des modifications ; ces murailles presque sans ouverture, qui donnaient à chaque demeure l'aspect d'une prison, et à la ville en général une physionomie des plus tristes, se perçaient de fenêtres, et remplaçaient leurs grillages sinistres par d'élégantes persiennes.

Pendant quelque temps, les trois grandes artères de circulation, les rues de *la Marine*, de *Bab-Azoun* et *Bab-el-Oued*, ne furent indiquées que par une double rangée de ruines; mais peu à peu de belles maisons à arcades ont surgi du milieu des anciens débris; et aujourd'hui, sauf quelques masures qui déparent encore l'une de ces grandes rues, la réédification est complète. La direction des trois principales rues est tellement commandée par la nature du terrain, que les différents peuples qui ont occupé Alger l'ont constamment suivie.

En creusant pour construire les maisons modernes, on a trouvé sur tous ces points des traces de la voie romaine ; on la voit intacte dans une grande partie de la rue Bab-Azoun. L'amateur d'antiquités ira lire une grosse inscription latine sur le haut d'un pilier formant un des angles de la rue du Caffetan, et portant le nom d'*Icosium*, celui de la cité romaine sur les ruines de laquelle Alger a été bâti.

Parallèlement à la rue Bab-Azoun, on a ouvert une voie nouvelle qui s'est promptement couverte de maisons agréables ; c'est la *rue de Chartres*. Tous les petits boutiquiers indigènes, chassés des rues à arcades par la cherté des loyers, s'y sont réfugiés. Il est à regretter que là comme ailleurs on ait laissé élever des maisons à cinq étages. Les ruines d'Oran et de Médéah ne sont pas encore relevées, et l'on a déjà oublié que c'est un pays sujet aux tremblements de terre, comme il en est arrivé un en 1717, qui renversa une grande partie d'Alger. A peu près vers le dernier quart de son trajet, du côté de l'ouest, la *rue de Chartres* s'élargit en une fort jolie place, au milieu de laquelle est une fontaine entourée d'orangers. De belles maisons européennes s'élèvent autour de cette place sur une rangée d'arcades qui règnent de trois côtés seulement.

Le marché, qui jadis se tenait sur la place du Gouvernement, a été transporté sur la place de Chartres. On a fait sur la place Royale des constructions remarquables ; de belles plantations d'orangers ont fait de cet endroit une charmante promenade où la musique militaire vient jouer le dimanche et le jeudi, ce qui, joint à la brise et à l'aspect de la mer, y attire l'élite de la société algérienne. Il est à remarquer que cette place manque de constructions sur son front ouest, le *théâtre* et d'autres baraques en bois ayant été la proie des flammes en juin 1844 ; sauf l'hôtel de la Tour-du-Pin et la galerie Duchassing, tout y est encore à faire. Le palais du Gouvernement est resté longtemps stationnaire, mais enfin la somptueuse demeure de Hussein-Pacha a été revêtue, du côté du marché, d'une façade en marbre blanc.

Quant aux *bazars*, on en trouve trois entre la place du *Soudan* et la place de *Chartres*. Le premier, celui de la rue du Divan, est construit dans le style mauresque. Une petite ruelle le sépare de la *galerie d'Orléans*, le plus curieux de ces établissements. C'est là que le *dellal*, ou vendeur à l'encan, se promène sans cesse.

S'il est impossible de se reconnaître la nuit dans les rues d'Alger, il n'est pas facile de s'y diriger pendant le jour ; les numéros des maisons sont peu apparents, ainsi que les noms des rues, qui ne sont pas écrits à tous les coins. L'obscurité complète qui règne dans la haute ville a quelque chose d'effrayant, quoique l'éclairage soit complet dans le bas de la ville.

L'accroissement continuel de la population européenne,

et la répugnance qu'elle éprouve à se fixer sur la hauteur de la ville, l'ont fait déborder des deux côtés, où se trouvent des terrains à peu près unis et accessibles. C'est surtout vers le faubourg Bab-Azoun que le mouvement a été remarquable.

Le chemin d'Alger à la plaine de Mustapha passe maintenant entre deux rangées de maisons qui se sont bâties avec une grande rapidité; un quartier considérable s'est élevé comme par enchantement au-dessous de la route du fort l'Empereur. Pour faire place à ce flot incessant que l'Europe verse sur l'Afrique, on en a reculé l'enceinte, et Alger, avant peu, s'étendra jusque dans la plaine de Mustapha, où l'on rencontre le lazaret qui doit remplacer la quarantaine établie sur le rocher de la Santé.

Il serait trop long d'énumérer tous les objets dignes d'attention que le voyageur rencontrera soit dans Alger, soit dans les environs; mais il pourra parcourir avec admiration les routes magnifiques qui, des portes de la ville, se dirigent à une très-grande distance dans l'intérieur. La première en date est celle qu'on appelle *Fort l'Empereur*, faite sous le duc de Rovigo. Si de la terre on passe à la mer, on verra que de ce côté les travaux ont un certain caractère de grandeur.

Les quais, outre qu'ils étaient très-mal construits, se trouvaient dans le plus grand délabrement; une restauration complète était indispensable, elle a été commencée en 1836 et continuée depuis. Un nouveau quai, dont le commerce d'Alger recueille déjà tous les avantages, a été construit entre le bâtiment de santé et celui de la douane.

NAVIGATION A VAPEUR.

Outre les steamers qui viennent de *Toulon*, *Marseille*,

Port-Vendres, Cette, etc., *Alger* est le centre d'une ligne de bateaux à vapeur communiquant avec les principaux ports de l'Algérie, tels que *Bougie, Gigelly, Stora, Bône, Tunis, Cherchell, Mostaganem, Arsew* et *Oran*. (V. introduction.)

Baie d'Alger. — Le voyageur, en arrivant de France sur les bateaux à vapeur, ne peut s'empêcher d'admirer ce golfe immense qui occupe un espace de près de 16 kil. (4 lieues) de l'est à l'ouest, avec une profondeur d'environ 6 kil. (une lieue 1/2). Cependant cette belle nappe d'eau n'offre aux bâtiments aucun mouillage assuré contre les gros temps de l'hiver; mais les travaux exécutés et ceux que le gouvernement fait exécuter tous les jours donneront bientôt à Alger un port capable de recevoir et d'abriter non-seulement de nombreux vaisseaux, mais encore des flottes entières.

PETITE PROMENADE PITTORESQUE DANS ALGER.

Quelque peu étendue que soit une ville, elle est toujours trop vaste pour le voyageur qui la visite pour la première fois, surtout si cette ville est, comme Alger, un véritable labyrinthe où tout paraît bizarrerie et confusion. Pour venir en aide à notre touriste, nous allons le conduire aux endroits les plus intéressants.

C'est presque toujours par la porte du *Divan* que le voyageur fait son entrée dans cette ancienne *Icosium*; on suit la *rue de la Marine*, dont l'aspect est tout à fait français : cette rue conduit du port sur la *place Royale*, qui occupe le centre de la basse ville. La rue de la Marine est large, bien bâtie et garnie d'un trottoir couvert par des arcades à plein cintre; à droite se trouvent une *chapelle*, le *tribunal de commerce*, et ensuite la rue d'*Orléans*, qui aboutit à la rue *Louis-Philippe*, à l'angle de laquelle se trouve la chapelle *Sidy-Aly-Fassi*. Suivant toujours la même rue, avant d'arriver à la place Royale, sur la gauche les arcades s'agrandissent et présentent à l'œil un beau spécimen de découpures et de dentelures dans le style byzantin : c'est le portique d'une *mosquée* que le voyageur doit visiter ; la porte de ce temple est ornée d'une fontaine sculptée en marbre noir d'Italie. Non loin de là, mais du côté opposé, vous trouvez la *rue du Divan*, dans laquelle est situé le grand *bazar* de ce nom. Encore quelques minutes de marche et vous arriverez sur la *place Royale*.

Place Royale.—C'est une vaste et belle place ayant la forme d'un carré long non régulier, pouvant avoir 150 à 155 mètres du nord au sud, et, dans sa largeur moyenne, 70 mètres environ. C'est vers l'extrémité nord qu'est situé le *palais des anciens deys* (la *Jénina*), monument massif sans aucun ornement extérieur, et ne réalisant en rien l'idée de ces palais enchantés qui servaient de demeure aux princes arabes. Mais, les portes franchies, l'aspect change : l'intérieur est entouré de deux belles galeries l'une au-dessus de l'autre, soutenues par deux rangs de colonnes de marbre. On y remarquait autrefois une cour d'environ 10 mètres carrés, où s'assemblait le divan les lundi, mardi, samedi et dimanche de chaque semaine, et qui servait de salle de festin aux deys pendant la fête du beyram. Cette somptueuse demeure est en voie de restauration.

C'est dans ce palais que sont provisoirement classés les riches échantillons recueillis par M. Henri Fournel dans ses excursions scientifiques sur presque tous les points intéressants de l'Algérie. Ces précieux ouvrages de la nature sont disposés par ordre de province, et offrent des spécimens rares et curieux pour le géologue et le minéralogiste, ainsi que pour l'ami des sciences naturelles.

A droite et à gauche de cette vaste esplanade qui domine la mer, se trouvent l'*hôtel de la Tour-du Pin*, et son pendant, la *galerie Duchassaing*, édifice lourd, et dans lequel les négociants d'Alger se réunissent et ont formé, en juin 1845, une bourse provisoire en attendant une organisation définitive.

Sur le même plan, mais vers le sud, se trouve l'emplacement du *théâtre* incendié, ainsi que d'autres baraques en bois, du 26 au 27 juin 1844. C'est sur cet emplacement que l'on doit construire un nouveau théâtre et un tribunal de commerce.

« Si vous aimez la vie et le mouvement, dit un des spirituels rédacteurs du *Courrier d'Afrique*, vous les trouverez sur cette place où se promènent pêle-mêle des Italiennes avec leurs robes aux couleurs tranchantes; des Espagnoles en mantille noire; des Andalouses au petit pied cambré; des Mahonnaises à la taille si souple; des Françaises de toutes sortes et de toutes qualités; des femmes juives avec leur sarma pyramidale; des jeunes Israélites couvertes de dorures, de soie et de velours; des Mauresques enfin, qui ne laissent voir, sous les mille plis de la gaze qui les enveloppe, que leurs yeux ardents et la chair nue de leurs jambes. Puis des Mahonnais aux chapeaux pointus ornés de velours, des Maltais, des Allemands, des Français, des Nègres, des Arabes, des Kabyles, des Maures, des Syriens, des soldats, des officiers, des employés d'administration, que sais-je encore? tous personnages qui semblent viser plus ou moins à l'allégorie, et représentent sans s'en douter le pêle-mêle, le tohu-bohu des bals de l'Opéra aux grands jours des saturnales carnavalesques. »

C'est au milieu de cette véritable *Babel* que s'élève la statue équestre du duc d'Orléans. Après la mort de ce prince, la ville d'Alger, reconnaissante de l'intérêt qu'il avait toujours porté à la cité et à la colonie, lui vota cette statue.

Cette statue symbolique, due au ciseau de Marochetti, est posée sur un piédestal en marbre blanc, et a la face tournée du côté de la ville, dans laquelle elle paraît toujours faire son entrée. Le prince est représenté en grand uniforme de lieutenant général. La main gauche tient les rênes du cheval magnifique qu'il monte; de sa main droite il tient son épée nue. Le cheval est censé marcher au pas, et il ne repose que sur deux jambes, la gauche de devant et la droite de derrière; il a 3 mètres de hauteur à l'épaule montoire; la statue du prince a 3 mètres 35 cent.; le monument, moins le piédestal, a 5 mètres; il pèse 8,000 kilog., et a été exécuté avec du bronze provenant des canons pris à Alger, par M. Soyez, de Paris.

C'est de la *place Royale* que partent les deux grandes voies qui coupent Alger du nord au sud, c'est-à-dire les rues *Bab-el-Oued* et *Bab-Azoun;* mais, avant de suivre l'une de ces directions, longeons le *palais du Dey* et entrons dans la rue de l'*Intendance*, nous y trouverons l'*hôtel du directeur de l'intérieur*, et un peu avant vers la gauche, l'*intendance militaire*. Si de la place Royale nous prenons la rue *Barberousse*, elle nous conduira à l'*hôtel du commandant de la place*, et quelques minutes après à la *place du Gouvernement*, sur laquelle est situé l'*évêché*, l'un des édifices les plus curieux et les mieux conservés de l'ancien Alger. Tout près est situé le *palais du gouverneur*, édifice dont la façade a été reconstruite depuis peu, et qui frappe par son originalité; de là nous devons visiter la belle mosquée *Djamed-el-Diouann*, convertie en cathédrale en décembre 1832. L'autel qu'on voit encore aujourd'hui fut érigé en trois jours, et les portes de ce nouveau sanctuaire furent ouvertes aux fidèles le jour de Noël de la même année. Mais l'œil est attristé à la vue des mutilations nombreuses qui déparent cette riche architecture mauresque.

Maintenant revenons sur nos pas et prenons la rue *Bab-el-Oued*, qui nous conduira à la porte de ce nom. Le premier établissement public que nous rencontrons à gauche est le *tribunal correctionnel;* un peu plus loin sur la droite, se trouve un grand *café arabe*, et presque en face la rue qui conduit à la *mairie* (hôtel Bacri) ; un peu plus loin, du même côté, se trouve la rue de la *Kasba*, dont une mosquée fait le coin : cette rue conduit à la citadelle de ce nom; elle est, comme la plupart des rues des anciennes villes d'Orient, étroite, tortueuse et sombre. A partir de son entrée par la rue Bab-el-Oued jusqu'à la Kasba, le voyageur a déjà franchi 497 degrés ayant, terme moyen, 1 mètre de pente ; et il est assez curieux de voir les ânes et les mulets gravir ces degrés. Rien du reste de fort intéressant, si ce n'est une *mosquée* et beaucoup de cafés arabes.

Laissant la rue de la Kasba, nous trouvons bientôt à notre droite la rue *Louis-Philippe*, et plus loin, mais sur la gauche, la *mosquée Sidi-Ouali-Dada*, ensuite le *train d'artillerie*, enfin la batterie de la porte *Bab-el-Oued*. A droite, sur la baie, se trouvent le *Fort-Neuf* et les *Magasins voûtés*. Une centaine de mètres environ avant d'arriver à la porte Bab-el-Oued, nous trouvons à gauche la rue *Doria*, qui conduit au *trésor* et à la *poste aux lettres.* A l'est de cet édifice débouche la rue de la *Charte*, où se trouve la *direction des domaines*, et vers le sud-est on arrive à la *cour de justice;* mais, de la place Royale, la route la plus courte est de prendre la rue au coin de laquelle se trouve un café arabe, qui conduit à la rue Louis-Philippe et de là à la cour de justice. Hors la porte Bab-el-Oued est la place où jadis étaient mis à mort les juifs et les chrétiens condamnés par le dey, et sur laquelle se tient maintenant un marché aux bestiaux généralement bien approvisionné en taureaux, bœufs, vaches, moutons, porcs, chèvres, chevaux, mulets, ânes, etc. C'est sur cette place aussi que se font les exécutions à mort. Ici le fatal instrument auquel le célèbre Guillotin a légué son nom a fonctionné pour la première fois en 1843 (1). Tout proche se trouve la *Promenade royale*, jardin pittoresque érigé par les condamnés. Sur le prolongement de la rue Bab-el-Oued, passé la place, on suit une belle route qui conduit de la *place des Troglodytes* au *fort de Vingt-quatre-Heures*, ainsi nommé parce que les Anglais, dit-on, ne l'ont occupé que ce laps de temps. Ensuite la route se bifurque : la branche de droite conduit à un *cimetière de chrétiens*, celle de gauche à des *cimetières musulmans*.

Ramenant de nouveau notre touriste sur la place Royale, nous allons le diriger vers la section sud de la ville. Si nous prenons la rue Bab-Azoun, large, droite et bien bâtie, avec des arcades, elle nous conduira à la porte de ce nom. Sur le parcours nous trouvons l'ancien *bagne du dey*, où s'élève aujourd'hui une vaste maison construite à la française, et qui fait face au *café Musard* ; le bâtiment contenant le *collége*, la *bibliothèque* et le *muséum* ; l'*hôpital civil*, et en face, sa succursale ; avant d'arriver à la porte, sur la droite, la *halle au blé* (herrhba) ; enfin la porte *Bab-Azoun*, avec sa *batterie*, ses *casernes*, ses deux places des *Garamantes* et du *Bournou*. Sur cette dernière se tient le *marché des Arabes* pour les légumes, oranges, charbons, fruits,

(1) Voyez Statistique.

bois, etc. En face de ce marché se trouve le *lavoir public*. Le *marché aux bestiaux* se tient dans le faubourg Bab-Azoun, en face du *fort*. C'est un spectacle curieux pour le voyageur que de voir ces trois ou quatre cents Arabes appartenant à diverses tribus, avec leur costume plus ou moins bigarré, vendant les productions de leur sol. C'est d'ordinaire les mardis, mercredis et jeudis, qu'ont lieu ces marchés.

Nous voilà dans le beau faubourg *Bab-Azoun*, avec sa belle rue large, ornée de superbes maisons qui s'étendront bientôt jusqu'aux *jardins de Mustapha*, et formeront alors une jolie cité européenne. Tournant le dos à la baie, vous apercevez le *château de l'Empereur*, majestueusement assis sur une haute éminence, qui semble menacer et la ville et la baie. Trois quarts d'heure de marche sur une pente roide vous conduisent à cette forteresse.

Un peu plus loin se trouve le *quartier de Hamma*, dans lequel est située la *pépinière du gouvernement* ou *jardin d'essai* ; ce lieu n'est pas un des moins intéressants que renferme Alger. Là, le touriste verra croître et prospérer, sous la main habile du savant et infatigable M. Hardy, directeur de cet utile établissement, les plantes et les arbres des quatre parties du monde.

Ce beau jardin visité, le voyageur pourrait se diriger, à deux pas de là, vers le tombeau de *Sidi-Mohamed-ben-Abderahman* : c'est une petite chapelle entourée d'un jardin qui sert de cimetière, planté d'oliviers et de figuiers. Le 29 mai, premier jour de l'été algérien, ce lieu devient le but d'un pèlerinage de plusieurs tribus. Dès le matin, une foule de Mauresques de tout rang et de tout âge envahissent ce cimetière, et, malgré la présence des générations passées qui les entourent, les jeunes filles se livrent à la course et aux jeux de leur âge. Ce spectacle a quelque chose de féerique pour un Européen.

Le faubourg Bab-Azoun a été doté en 1845 d'une école de garçons, d'une école de filles et d'une salle d'asile. Ces deux derniers établissements sont tenus par des sœurs.

Nous rentrons par la même porte *Bab-Azoun*; mais, au lieu de suivre cette rue, nous prendrons sur la gauche la nouvelle et belle rue de *Chartres*, qui court parallèlement à celle de Bab-Azoun. Toutes les constructions sont nouvelles; c'est une création tout à fait française, dans laquelle s'est réfugiée l'ancienne population commerçante, chassée de ses sombres réduits par le marteau de l'alignement. Vers le centre se trouve la place de *Chartres* et sa jolie fontaine entourée d'orangers; c'est la plus belle d'Alger après la place Royale : c'est sur cette place que se tient maintenant le marché européen, qui était avant sur la place Royale. Là se trouve aussi le *temple protestant*, le seul monument de la ville qui fasse quelque honneur à l'architecte, mais malheureusement il est étouffé de chaque côté par des constructions plus élevées.

Nous voilà de nouveau sur la *place Royale*, centre de nos pérégrinations; mais nous avons encore l'extrémité ouest d'Alger à visiter : la *Kasba*, masse de pierres blanches, perchée comme un nid d'aigle sur le front d'un rocher. La rue de la *Porte-Neuve*, qui débouche dans la rue Royale, nous y conduira; rien de remarquable dans cette rue, qui monte presque continuellement pendant un parcours d'environ sept cents mètres, si ce n'est deux ou trois chapelles; elle conduit à la *Porte-Neuve* ou *Bab-Eddjeid*, où l'on voit encore une *chapelle*. Quelques minutes de marche ascendante vous amènent devant la *Kasba*, vaste et somptueux palais qu'habitait le dey, converti maintenant en forteresse, contenant une bonne garnison, la *poudrière*, et de beaux jardins au milieu desquels se trouve le *télégraphe*. Les vastes appartements de ce palais méritent d'être visités, tant par leur construction curieuse que par les souvenirs historiques qui s'y rattachent. Mais n'y cherchez rien qui rappelle le luxe et l'élégance des palais de l'Orient, tout a disparu ; cette architecture même, si légère autrefois, a dû céder sa place à des constructions massives. On trouve encore dans les appartements et dans les vastes cours de cet édifice des restes de ce style mauresque si plein de poésie, mais tellement mutilés, que cela fait peine à voir. Les galeries et les salles du rez-de-chaussée servent de réfectoires ; l'odeur du tabac a remplacé celle des parfums de la Mecque. La belle mosquée du palais, avec ses élégantes colonnes, ses mosaïques et son dôme, sert de dortoirs aux artilleurs. Le harem, cette voluptueuse habitation des femmes, sert d'ateliers aux tailleurs et aux cordonniers.

« Le magasin à poudre de la Kasba, lorsque nous avons visité cette forteresse en 1845, contenait 6,482 coups pour bouches à feu, 3,000,000 de cartouches, et un grand nombre d'autres projectiles. »

Le voyageur devra visiter aussi le port, la digue, le phare et l'observatoire qui en dépend, ainsi que les nombreux magasins et toutes les batteries qui couvrent le môle. Comme il aura aperçu tous ces objets à son entrée dans la baie d'Alger, il lui sera facile de s'y diriger sans notre secours.

Maison de santé, vaste et confortable, fondée et dirigée par le docteur J. Le Blaye, de Paris, ex-chirurgien militaire aux ambulances de l'Algérie. — Cette maison est située à ³/₄ d'heure d'Alger, dans la propriété connue sous le nom de *Ouzen-Mohamed*, en vue de la porte de Bab-el-Oued et sur un des sites les plus délicieux des environs d'Alger.

Bains de mer de *Mustapha*, sur la place, en face du champ de manœuvres. — Établissement fort bien organisé et ouvert pour la première fois le 15 juillet 1845.

PETIT ANNUAIRE D'ALGER.

La *Mairie* est située rue Bruce, dans le bâtiment neuf annexé à la direction de l'intérieur.

COMMERCE D'ALGER.

Création d'une bourse.

Le commerce d'Alger a acquis depuis quelques années, et acquiert tous les jours une nouvelle importance; sans doute l'agriculture et l'industrie ne lui donnent pas encore de grands produits à l'exportation, mais il suffit de faire le tableau de sa situation pour avoir une idée très-approximative, sinon très-juste, du développement qu'il a pris. On y compte 2,065 patentés, dont 311 de première et seconde classe, et 1,754 de troisième et quatrième; et parmi ceux qui composent les deux premières classes, il en existe un très-grand nombre, négociants ou banquiers, ayant un établissement parfaitement organisé, avec une correspondance étendue, des comptoirs convenablement établis avec plus ou moins de commis. Les courtiers titulaires sont au nombre de quarante; plusieurs d'entre eux font les fonctions d'agents de change, et d'autres de courtiers maritimes et interprètes-jurés. Il y a une chambre de commerce et un tribunal de commerce composé de onze membres, tenant trois audiences par semaine; enfin il règne dans le port une activité dont on se fait difficilement une idée lorsqu'on n'en est pas témoin. Alger est, pour le reste de la colonie et pour les villes de l'intérieur, un entrepôt où l'on se pourvoit pour les besoins toujous croissants de Blidah, Médéah, Milianah et les autres villes de l'intérieur, ainsi que pour les nombreux villages actuellement établis; les villes du littoral y puisent aussi de grandes quantités de marchandises; en un mot, on vient d'y créer une *banque d'escompte;* et en comparant Alger avec les villes maritimes de France, on peut dire, sans craindre de se tromper, que Marseille, Bordeaux, Nantes, Rouen et le Havre sont les seules où le commerce maritime soit plus considérable; car il est entré dans le port, pendant le courant de l'année 1844, 1,819 navires jaugeant ensemble 192,648 tonneaux, portant 16,413 hommes d'équipage, et chargés de toutes sortes de marchandises. Pendant la même année, l'Algérie entière, dont les opérations commerciales ont pivoté sur la place d'Alger, a reçu 6,153 navires jaugeant 422,693 tonneaux, et portant 46,500 hommes d'équipage. Ce prodigieux mouvement, qui n'a son égal dans aucune autre colonie, et qui va prendre cette année et successivement de plus larges proportions, ne vaut-il pas la peine qu'on régularise les opérations du commerce par la création d'une bourse, dont on paraît s'occuper sérieusement?

FAILLITES.

En 1844, le nombre des faillites s'est élevé pour Alger à 38. En 1843, il n'avait été que de 28. Le passif pour 1844 monte à près de deux millions de francs; le dividende est évalué à 50 pour 0/0; la perte serait donc de 1 million.

TRIBUNAUX.

LA COUR ROYALE tient ses audiences, *passage Bruce,* les lundi, mardi, mercredi et jeudi de chaque semaine.

Les audiences des lundis et jeudis sont réservées aux affaires civiles; celles des mardis et mercredis aux affaires criminelles et aux appels de police correctionnelle.

ALGER.

TRIBUNAL DE PREMIÈRE INSTANCE,

Rue de l'État-major.

La section civile (1re chambre) a ses audiences les *jeudis, vendredis et samedis, à* 11 *heures.*

La section civile (2e chambre), les *mercredis à* 11 *heures.*

Affaires civiles et appels de simple police, les *lundis et mercredis,* audiences *à une heure de relevée.*

Audiences extraordinaires (1re chambre), les *mardis à* 8 *heures.*

2e chambre, les *samedis,* aussi *à* 8 *heures.* — Référés, *lundis, mercredis, vendredis, à* 2 *heures.*

JUSTICE DE PAIX,

Rue Jean-Bart, n° 11.

Le juge de paix a ses audiences les *lundis, mardis, mercredis, jeudis, vendredis et samedis, à huit heures du matin;*

Celles des affaires civiles, les *jeudis et vendredis;*

Celles de simple police, les *lundis et mardis;*

Les comparutions volontaires et conciliations, les *samedis.*

TRIBUNAL DE COMMERCE,

Rue de la Marine.

TRIBUNAUX MUSULMANS.

Le midjelès (tribunal des muftis, auquel assistent les cadis) ne se réunit que le jeudi de chaque semaine.

Les audiences des cadis ont lieu tous les jours, depuis 8

heures du matin jusqu'à quatre heures de l'après-midi ; elles sont publiques.

POLICE.

Les bureaux sont place Mahon.

SERVICE DES POSTES.

Le bureau de la poste est ouvert au public tous les jours de 8 heures du matin jusqu'à 6 heures du soir.

Les dimanches et fêtes seulement jusqu'à 2 heures.

Les affranchissements, chargements et articles d'argent sont reçus jusqu'à 5 heures du soir. Les jours de départ des courriers pour *France*, par *Marseille*, jusqu'à 2 heures de l'après-midi ; par *Toulon*, la veille jusqu'à 6 heures du soir. Les jours de départ pour l'Est, la veille, et pour l'Ouest, une heure avant la dernière levée de la boîte.

Les places à bord des paquebots de l'État sont délivrées, pour *Toulon* et la côte de l'Est, la veille du départ jusqu'à 5 heures.

Le payement des articles d'argent a lieu de 8 heures du matin à 5 heures du soir.

La levée des lettres des boîtes et *les distributions en ville* ont lieu :

1re levée, à 7 h. 1/2 du m.   1re distribution à 8 h. du m.
2e *id.*, à 11 h. 1/2 du m.   2e   *id.*,   à midi.
3e *id.*, à 2 h. du soir.   3e   *id.*,   à 2 h. du soir.

Banlieue.

1re levée, à 10 h. du matin.   1re distribution, à 8 h. du m.
2e *id.*, à 2 h. 1/2 soir.   2e   *id.*,   à 2 h. du s.

Les jours d'arrivée des courriers, la distribution a lieu

immédiatement après l'ouverture des dépêches et se continue sans interruption.

Les jours d'expédition des dépêches par les paquebots, la dernière levée de la boîte a lieu 1 heure $1/_2$ avant celle fixée pour le départ.

Départs des courriers.

Pour *Toulon*, les 5, 15 et 25 de chaque mois, à 8 heures du matin.

Pour *Marseille*, les 10, 20 et 30 de chaque mois, à 5 heures du soir.

Pour *Oran* et toute la côte de l'Ouest, tous les mardis à 8 heures du soir.

Pour *Bône* et toute la côte de l'Est, les 10, 20 et dernier jour du mois, à 8 heures du matin.

Pour *Blidah* et route, tous les jours, à 6 heures du matin; dernière levée, à 4 heures du matin; saison d'hiver, à 9 heures du soir. — Le service d'Alger à Blidah se fait par le moyen des Messageries africaines, qui partent d'Alger deux fois par jour. — Le trajet est de 45 kilomètres et exige 4 heures. — Prix des places : coupé, 8 fr.; intérieur, 6 fr.

Pour *Coléah*, tous les jours, à 6 heures du matin.

Prix des places pour l'Est et l'Ouest.

Dellys,	12 fr.	Bône,	56 fr.	Arzew,	42 fr.
Bougie,	22	Cherchell,	12	Oran,	48
Gigelly,	33	Ténès,	21	—	
Philippeville,	44	Mostaganem,	36	Plus 5 %.	

Nota. Par ordre de M. le gouverneur général, inséré dans le Moniteur, 6 places avec couchettes sont réservées pour les passagers civils, à bord des paquebots de l'État qui font le service de la côte.

L'affranchissement des lettres est libre entre l'Algérie et la France. — Une lettre d'Alger à Paris coûte 1 fr. 10 c. et réciproquement; une lettre d'Alger à Toulon ou à Marseille, et réciproquement, 25 c.

Petite botte, impasse Jenné, à l'état-major de la place.

INSTRUCTION PUBLIQUE.

Collége d'Alger, rue Bab-Azoun.

Ce collége, placé au chef-lieu de l'Algérie, est ouvert aux Européens comme aux indigènes. Les succès déjà obtenus sont immenses, et ceux que l'avenir promet sont incalculables pour les progrès de la civilisation ; tous les cours sont en pleine activité, et suivis par un grand nombre d'élèves.

Les lundis, mercredis et vendredis, cours *pratique d'arabe vulgaire*; le mardi, éléments de *grammaire arabe*, de 11 h. à midi.

Les jeudis, cours *philosophique de littérature arabe*, de 11 h. $1/2$ à 1 h. $1/2$.

Les samedis, explication des divers *passages du Koran*, de 11 h. $1/2$ à midi $1/2$.

THÉATRE.

Comme nous l'avons déjà dit, Alger possédait deux théâtres avant l'incendie de la place Royale en 1844; il ne reste maintenant que le *théâtre la Ville-d'Alger*, rue de l'État-Major : on y joue la comédie, le drame et le vaudeville, les dimanches, mardis et jeudis.

Prix des places { Loges et stalles, 4 fr.
Balcon, 3
Secondes loges, 2
Parterre, 1

MARCHÉS.

Les marchés d'Alger continuent d'être abondamment approvisionnés, et les denrées baissent chaque jour de prix.

Le *marché aux bestiaux*, à Bab-el-Oued, fournit, terme moyen, de 70 à 80 taureaux, bœufs, vaches et veaux, et 100 moutons par jour.

Le *marché aux Arabes*, faubourg *Bab-Azoun*, est fréquenté par 250 à 300 Arabes, qui apportent les denrées nécessaires à l'alimentation d'Alger. Ces indigènes viennent quelquefois de 5 ou 6 tribus différentes, et semblent généralement satisfaits de leurs ventes.

En 1845, une commission permanente de santé a été organisée à Alger, et dans d'autres villes, afin d'inspecter les boissons, et d'arrêter la circulation de celles reconnues falsifiées, ainsi que la vente des denrées, fruits et comestibles de mauvaise qualité.

Cette sage mesure doit influer d'une manière salutaire sur la santé publique, car nous tenons de sources officielles que le vin surtout et les liqueurs spiritueuses, devenus dans ces derniers temps le but d'une bien coupable spéculation, étaient livrés à la consommation tellement dénaturés, que leur usage accrut bientôt dans une proportion considérable le nombre des maladies et des décès dans la colonie et dans l'armée. On ne peut trop flétrir ici la cupidité des fournisseurs qui ont pu spéculer ainsi sur la santé, sur la vie de leurs semblables ; et faut-il le dire, ces fournisseurs sont Français ! Nous comptons sur les justes sévérités de l'autorité administrative pour faire cesser complétement ces déplorables abus.

COMESTIBLES.

Prix moyen de la viande de boucherie.

Bœuf et vache, 1er choix, 50 cent. le demi-kil.
— 2e — 40 —
— 3e — 30 —

Le filet, considéré comme viande de luxe, n'est point soumis à la taxe.

Veau et mouton, 1er choix, 50 cent. le demi-kil.
— 2e — 40 —

Les rognons, cervelles, les veaux et agneaux de lait, âgés de deux mois au plus, sont considérés comme viandes de luxe, et, comme tels, ne sont point sujets à la taxe.

Prix moyen du pain.

1re qualité, 80 cent. les 2 kil. (ou 4 livr.)
— 40 cent. le kil.
— 20 cent. le demi-kil.
2e qualité, 45 cent. le kil. et demi.
3e qualité, 50 cent. les 2 kil.
— 25 cent. le kil.

Ne sont pas soumis aux prix ci-dessus, les pains au-dessous d'un demi-kil. (une liv.), lesquels sont réputés pains de fantaisie.

PROSPÉRITÉ CROISSANTE D'ALGER.

Le *Courrier d'Alger*, du 17 mai 1845, rapporte qu'une propriété située à Alger, à un quart d'heure de la porte Bab-Azoun, avait été acquise en 1831 pour 1,100 fr. de rente; une portion d'une assez grande étendue, et peut-être la mieux placée, en avait été démembrée depuis deux ans; des acheteurs demandent aujourd'hui le restant, qui représente environ 5 ou 6 hectares, et en offrent 100,000 fr. de rente et 100,000 fr. de pot-de-vin; le tout est considéré comme terrain à bâtir; les propriétaires refusent cette offre prodigieuse. Ont-ils tort ou raison? l'avenir nous l'apprendra.

Dans la commune d'Hussein-Dey, une portion de terrain mise en vente il y a environ deux mois, et dont on ne pensait pas obtenir plus de 50 cent. de rente par mètre superficiel, fut vendue aux enchères à deux francs.

Les environs d'Alger et des autres villes sont pleins d'avenir. Il n'y aura plus de fortune à faire, selon toute apparence, là où la spéculation s'est portée depuis quelque temps et a produit son effet; mais des chances également avantageuses se présentent un peu plus loin, et si l'élan des affaires se soutient, on en fera encore de très-lucratives.

VOITURES PUBLIQUES.

Un des signes les plus évidents de la multiplicité des affaires et de l'activité de la population à Alger, c'est le nombre des voitures de place qui font journellement le service public. Cent soixante-dix voitures déclarées à la police et marquées de leur numéro circulent constamment, et donnent à l'intérieur de la ville et à ses environs un mouvement extraordinaire. Excepté Paris, aucune ville de France n'en possède un pareil nombre, ce qui n'empêche pas que, sous le nom de *voitures sous remise*, on vient d'en établir d'autres qui, comme celles qui existent aujourd'hui, ne manqueront pas de travail.

Voitures qui se dirigent vers les différents points de la banlieue : leur station générale est sur la place Mahon.

Ainsi, dans un rayon de peu d'étendue, 170 voitures publiques, ayant chacune six à huit places, roulent du matin au soir, lancées au trot d'ardents petits chevaux arabes.

Tarif du prix des places.

D'Alger à	Mustapha-Pacha,	»	50 c.
	Mustapha-Supérieur,	»	60
	l'Hôpital du Dey,	»	50
De Mustapha-Supérieur à Birmandraïs.		»	50
De Mustapha-Pacha	au pied de la montée de Kouba,	»	50
	à Hussein-Dey,	»	50
D'Alger	au village des Chéragas,	2	»
	au village d'El-Achour,	2	»
	au village de Draria,	2	»
	à Dély-Ibrahim,	1	50
	à la Maison-Carrée,	2	»
De Dély-Ibrahim à		»	50
De Dély-Ibrahim à		1	»
De Dély-Ibrahim au village des Chéragas,		1	»

Voici le nouveau tarif du prix de toutes ces voitures :

Pour les routes les plus fréquentées, 10 cent. par kilom.; celles qui le sont moins, 12 c.; et pour celles qui le sont peu, 15 cent.

Ces prix sont tellement modiques, que toute la population d'Alger va en *omnibus*.

Voitures sous remise.

L'établissement de ces nouvelles voitures a été autorisé par le directeur de l'intérieur de l'Algérie, le 20 mai 1845. Elles portent un numéro rouge de six centimèt. de hauteur, sans plaque. Voici leur tarif.

Elles pourront être louées à l'heure, à la demi-journée et à la journée.

Les prix sont fixés ainsi qu'il suit :

	L'heure.	La demi-journ.	La journée.
Voitures à 4 ou 6 places.	2 f. 50 c.	12 f. 50 c.	23 f. » c.
Voitures à 2 ou 3 places.	2 »	10 »	20 »

Ces voitures stationnent provisoirement rue Cléopâtre.

Chemin de fer d'Alger à Blidah, en voie de construction.

—L'administration de l'intérieur a loué, au faubourg Bab-Azoun, divers locaux vastes et bien situés pour servir : 1º d'école pour les garçons ; 2º de salle d'asile ; 3º d'école pour les filles. Les logements des sœurs chargées de ces deux derniers établissements, et celui de l'instituteur, seront attenants aux locaux qui leur sont respectivement destinés.

L'ouverture de ces institutions a eu lieu en mai 1845.

Ce sera un grand avantage pour ce quartier populeux, où le nombre des enfants des deux sexes est très-considérable.

A Alger, le carnaval de 1845 a été brillant, ainsi qu'à *Blidah*, où, comme à Alger, on n'est pas peu surpris de trouver des magasins de costumes et de masques, importation tout à fait française.

Télégraphe.

La ligne télégraphique entre Alger et Oran fonctionne déjà entre *Milianah* et Alger.

Presse périodique. Quatre journaux :

Le *Moniteur Algérien*, journal du gouvernement.

Le *Courrier d'Afrique*, paraissant deux fois par semaine.

L'*Akhbar*,   id.

La *France Algérienne*, id.

Ouvrage à consulter :

ICOSIUM, *Notice sur les antiquités* ROMAINES D'ALGER, par Adrien Berbrugger, conservateur de la bibliothèque et du musée d'Alger, chez Dubos, rue Bab-Azoun, Alger.

Maintenant que le voyageur a fait connaissance avec Alger, nous allons le diriger vers les lieux les plus intéressants de cette belle colonie; mais, avant d'entreprendre nos longues excursions, nous allons explorer les environs sud d'Alger dans un rayon d'environ 4 myriamètres. C'est M. Eusèbe de Salles que nous prenons pour guide dans cette jolie promenade, et à qui nous empruntons sa poétique description.

ROUTE Iʳᵉ.

PÉRÉGRINATION D'ALGER A MÉDÉAH.

8 août 1843.

« Je viens de faire une excursion sur l'Atlas pour visiter quelques lieux fameux par des batailles, mais qui méritent à d'autres titres l'attention du public français. L'Algérie politique ne doit plus maintenant s'isoler de l'Algérie matérielle : l'idée de colonie réunit justement ces deux aspects. Une contrée vaste et neuve comme notre conquête doit exciter l'intérêt moral pour fixer et satisfaire les autres intérêts; rien de plus curieux, de plus attachant que la richesse et la beauté du sol où germe déjà une société nouvelle.

» La colonisation a commencé, il n'y a plus moyen d'en douter : pour aller seulement d'Alger à Blidah, c'est-à-dire en coupant le massif de la Mitidja sur une longueur de 40 kil., on rencontre cinq ou six établissements déjà dignes d'Alger. De très-courts zigzags à droite et à gauche en feraient découvrir quatre fois autant. Mais le développement rapide, les chances de succès, vont naturellement à ceux qui longent les grandes routes. Là vous voyez partout des enceintes marquées par des rues droites et longues, par de larges places; l'eau coule dans des ruisseaux en attendant de s'encaisser dans le plomb, le fer, le marbre des fontaines. L'Alsacien, le Comtois, le Mahonnais, élèvent doucement leurs fermes, plantent et arrosent leurs potagers; le Provençal, le Gascon, le Parisien, achèvent leur café, leur cabaret, leur auberge, souvent décoré du nom d'hôtel. La caserne militaire, depuis longtemps terminée, les approvisionne de chalands en [illisible] qui viennent fraterniser avec des miliciens armés et équipés en bizet. Mars au repos et le colon soldat assortissent à ravir la mine guerrière des bourgs, villes ou villages, encore marqués par les retranchements, par des murs crénelés et flanqués de blockhaus, jalonnés de guérites abandonnées. Ce souvenir tombant d'un danger passé double la saveur de la sécurité présente : la guerre est rejetée à cent lieues d'Alger et à trente lieues de la mer. Les magistrats civils, commissaires, juges de paix, maires, ont surgi à côté des autorités militaires. On enregistre des naissances qui feront deux fois le bonheur de parents simplement rapprochés par le hasard, le caprice ou une affection temporaire. Les colonisations commencent par des hommes aventureux et par des femmes aventurières. Les uns et les autres sont moralisés par le lien d'un enfant; le maire ouvre bientôt ses registres à un mariage ; le curé tient déjà sa petite église toute prête pour le bénir après le baptême. Des frères, des cousins nés en France semblent déjà plus Algériens que ces jeunes produits du sol : de blondes filles de l'Alsace, de petits Français aux yeux bleus, babillent l'arabe aussi gutturalement que les Bédouins et les Maures, ce qui ne les empêche pas d'aller au catéchisme dans la chapelle provisoire, baraque de bois surmontée d'un clocheton.

» *Dély-Ibrahim*, faubourg d'Alger, a une belle église en pierre avec des tableaux dedans, et au dehors un fronton à colonnes. A Blidah, à Médéah, comme à Alger, une belle mosquée a été convertie en temple chrétien, et son minaret a substitué une croix aux croissants et potences des mosquées ses anciennes sœurs. C'est une assez bonne manière de faire comprendre aux musulmans la moralité de notre loi sur l'expropriation pour cause d'utilité publique.

» BLIDAH, où cette loi taille des places gigantesques, des rues à portiques alignées au cordeau, interlignées à angle droit comme celles d'une ville américaine; Blidah qui pouvait se contenter d'être le Versailles d'Alger en reverdissant ses admirables orangers, en faisant jaillir ses eaux; Blidah semble rêver des richesses plus positives. Les eaux, encaissées, auront 8 ou 10 chutes capables de mouvoir des usines. Les bois taillis de la montagne y peuvent cuire des briques et tuiles; des moulins peuvent minoter les blés de la plaine et donner du repos aux moulins à bras des Kabyles et des Arabes. En attendant, le coton et la soie, les laines de la montagne seront entreposées, sinon filées et tissées. Le luxe des étoffes et de la bonne farine n'est ni plus incompréhensible, ni plus éloigné que celui des moyens de transport, déjà assez goûté des natifs. Les omnibus des environs d'Alger sont pleins de burnous; l'Arabe, qui naguère aurait fait vingt lieues à pied pour éviter la dépense d'un boudjou, paye maintenant 50 c. le quart d'heure de Mustapha à Bab-Azoun; il sacrifie 5 fr. pour la course d'Alger à Blidah. Une vingtaine de coucous de grand style, outre la diligence officielle, desservent la grande route entre ces deux points, et les Européens n'y sont pas moins nombreux que les natifs, les bourgeois que les militaires. Blidah, centre principal de cette grande fluxion, couve donc de grands intérêts agricoles, commerciaux et industriels. Blidah sera l'emporium commun d'Alger et de la province de Tittery, où nous allons nous enfoncer, non plus par le sentier court et abrupt du Ténia, si connu de nos soldats, mais par la magnifique route taillée le long de la Chiffa.

» La *Métidja* s'ondule en petites collines en montant vers l'Atlas; elle s'enfonce en entonnoir vers l'endroit où les lauriers-roses de la Chiffa, de Sidi-el-Kebir, du ruisseau de Blidah et de celui des Beni-Massoud, se flanquent de grands taillis et d'arbres véritables en place des jujubiers, broussailles de la plaine. La montagne, avec sa verdure sombre et non interrompue, commence au premier café arabe, où mon guide me fit boire le coup de l'étrier. La flore est toujours celle du bassin de la Méditerranée : c'est la garigue de Montpellier ; par l'yeuse, le lentisque, le micocoulier et le pin d'Alep ; la Sardaigne, la Sicile, l'Espagne, la Calabre, par le caroubier et le palmier éventail ; la Palestine et la Corbière, par le grand genévrier et le genièvre commun ; ce serait l'Asie-Mineure et le Liban, si la belle forêt de cèdres, d'où des Hercules sapeurs expulsent en ce moment les lions, n'était pas sur un rameau de l'Atlas plus éloigné. Au plus haut de la vallée, quand la route gravit à droite le col appelé Nador pour atteindre le plateau de Médéah, le frôlement de gousses enflées vous signale le baguenaudier dès longtemps acclimaté dans nos jardins. Le Nador et le plateau offrent en abondance la chausse-trape bleue, dont les moutons accrochent la graine épineuse que le commerce semait sur les plages du Languedoc, en y lavant les laines de Barbarie. Les premières pluies d'automne feront refleurir l'acanthe, le cyclame et cent liliacées.

» Pour les naturalistes accoutumés aux harmonies de la géographie botanique, cette flore annonce un terrain calcaire reconnaissable partout où le rocher est à nu. Seulement le calcaire, mêlé à une certaine proportion d'alumine et de magnésie, a une tendance marquée vers le schiste ; il est fibreux quand il n'est pas feuilleté ; souvent il est luisant et gras. De véritables marbres noirs veinés de blanc forment des couches assez épaisses pour l'exploitation, et entre ces deux natures de roche se place ce calcaire ardoisé fort dur dont quelque carrière remplacera les lavagna ou grandes dalles d'ardoises italiennes, tant employées dans l'architecture algérienne. Au sommet du Nador, un grès un peu calcaire aussi est exploité pour ferrer les rampes du col, là où elles sont taillées dans des argiles plastiques que la moindre humidité rendrait très-glissantes.

» Mais, pour tout voyageur savant ou amateur, la véritable originalité de la vallée de la Chiffa se rencontre aux quatre premières lieues, resserrées entre deux montagnes presque verticales où chaque pas fait découvrir un site sauvage, un aspect imposant, un spectacle imprévu, mais toujours délicieux. Faites vos paquets, oisifs de Marseille, désœuvrés de Paris, je prêcherai parmi vous la croisade ; n'allez plus chercher au loin des paysages pittoresques usés par le tourisme.

» L'*Atlas* offre cent vallées où les artistes commencent à venir s'inspirer. Celle de la Chiffa est à trois heures de Blidah, à neuf heures d'Alger, et Alger est à deux jours de Marseille, à cinq journées de Paris. Les plateaux qui la dominent y versent leurs eaux par des ravins; le rocher qui encadre la rivière est tout percé de sources. Un filet d'eau qui coule entretient une verdure très-fraîche où de jolies fleurs se marient heureusement aux lianes, aux mousses, aux arbustes. Quand le ravin est un peu large, il se remplit de futaies entremêlées, précipitées comme une avalanche. Mais le comble de la gloire, c'est que l'eau qui fertilise toutes ces plantes est visible pendant les chutes et les ressauts de son cours, et cet accident n'est pas rare. Le plus remarquable se trouve près du point le plus rétréci de la vallée : quatre ou cinq filets principaux argentent la montagne sur près de 100 mètres de hauteur. L'eau, sans tomber verticalement, roule et se brise en écume sur des pentes très-roides,

bouches gracieuses auxquelles les salicaires, les oléandres forment des lèvres rosées, sauvages et blanches dentures encadrées d'une barbe touffue d'yeuses, de lentisques et de caroubiers. Les Parisiens, presque autant que les Marseillais, connaissent les cascatelles des Aigalades, qu'une aimable et spirituelle Egérie défend en ce moment même contre les attaques des ingénieurs. Qu'on se les figure allongées cinquante fois, et l'on aura une idée de la svelte cascade de la Chiffa.

» Le petit Atlas, fouillé superficiellement, a révélé des mines de cuivre, de fer, de plomb. L'air est aussi riche que les flancs et la surface de la terre. Le vautour percnoptère plane silencieusement au-dessus de la montagne; la sirène guêpier, au plumage vert relevé de mordoré, poursuit les insectes sur les fleurs de la clématite; les tourterelles, les loriots, les merles, les oisillons de la plaine, gazouillent des notes qui consolent un peu du départ des mille rossignols! Au printemps, l'harmonie de ces musiciens dominait la grande voix des cascades et de la rivière. Les singes, qui vivent presque en l'air, sautillent sur les arbres, et viennent se baigner et jouer dans l'eau aux moments où la route est solitaire. C'est alors que les cabaretiers français les épient et les traquent. Les cafés arabes sont abandonnés le soir par leurs maîtres; les deux cabarets ont un hôte la nuit et le jour. L'un est logé dans une masure où l'on exploite du plâtre au bas du Dahor; son rival, placé au milieu de l'étape, n'a encore qu'une cabane en branchages appuyée à quelques gros oliviers. L'emplacement est trop bien choisi pour qu'une auberge solidement bâtie ne s'y élève avant peu. Ce n'est encore qu'un bivouac militaire : le tenant est un hardi Français du Midi, depuis peu libéré du service.

» Les camarades qui s'arrêtent à sa cantine ne cachent

pas leurs craintes et leurs conseils. Il n'a peur ni des Bédouins Beni-Sala, Mouzaïa et Soumata, ni d'autres maraudeurs que pourrait tenter son pécule. Il a un fusil chargé à plomb pour éloigner les singes, les hyènes et les chacals, qui viennent le visiter chaque nuit, ne s'attaquant jamais aux êtres vivants; les lions ne fréquentent pas cette vallée, au moins il le croit. Sa femme, grande et belle blonde, partage ses fatigues et alterne avec lui les voyages à Blidah avec un mulet chargé de provisions. Un domestique ou associé, jeune et vigoureux gaillard, est une addition récente qui prouve le succès de l'établissement sans diminuer les dangers de la nuit, car l'absence du mari ou le voyage de la femme avec l'associé rappelleraient certaine histoire de la chèvre, du chou et du loup. Tel est ce petit monde véritablement primitif dont les destinées égayent maintenant les caravanes et les convois de la route.

» A MÉDÉAH, on est plus avancé; sans avoir, comme à Blidah, un octroi, des Tivolis, des jardins Mayeux, de la musique italienne, on a déjà plusieurs cafés avec l'inévitable billard, et deux hôtels où le travail est divisé, car l'un loge et l'autre nourrit; les chambres n'y sont pas encore tout à fait meublées, car le charpentier n'a pas encore achevé l'escalier qui y monte. On y a oublié une certaine faïence très-utile, mais il y a déjà des miroirs. Un ferblantier va établir des bains; on parle d'un théâtre bourgeois. Les maisons arabes avaient des toits inclinés et recouverts de tuiles creuses à cause des grandes pluies; la plupart étaient fort petites, et plus mesquinement bâties qu'un village de Romagne. La ville était pourtant assez étendue; il m'a fallu une demi-heure pour en faire le tour. Sur les trois quarts du cercle de ses petits remparts, la montagne, qui descend fort roide en dessous, est hérissée de chardons et carottes sauvages; beaucoup de sources s'échappent des roches et arrosent de nombreux potagers. La ville est pourvue d'eau par un aqueduc à deux rangs d'arceaux de briques pliés en paravent, selon le patron de l'aqueduc de Saladin au Vieux-Caire. Médéah est le siége du gouvernement de la province de Tittery. »

ROUTE II.

EXCURSION AU SAHEL OU BANLIEUE D'ALGER.

COLONISATION DU SAHEL D'ALGER.

C'est le 12 mars 1842 que le plan a été arrêté et mis en exécution, dont les résultats sont déjà des plus heureux. D'après ce plan, tout le massif d'Alger contient trois zones concentriques de villages qui deviennent centres de population.

La première, dite du *Fahs* (banlieue), destinée à couvrir Alger dans toutes les directions et touchant à tous les points extrêmes de sa banlieue, comprend sept centres : *Hussein-Dey*, *Kouba*, *Birkadem*, *Dély-Ibrahim*, *Drariah*, près *Kalddous*; l'*Achour*, entre *Drariah* et *Dély-Ibrahim*; *Chéraga*, entre *Dély-Ibrahim* et la mer. Ils ne sont pas distants de plus de trois kilomètres les uns des autres, et une route de ceinture les reliera tous.

La deuxième zone, dite de *Staouéli*, commence à l'est par un village au-devant de Birkadem, Saoula, pour se terminer, en passant par Sidi-Sliman, Baba-Aassan, Ouled-Fayet et Staouéli, à Sidi-Ferruch, qui sera à la fois un village d'agriculteurs et de pêcheurs.

La troisième, dite de *Douéra*, a pour centres Ouled-Mandil, Douéra, Maelma, El-Hadjer et Bou-Kandoura.

Deux villages sont établis sur le territoire de Coléah : ce sont Fouka et Douaouda ; trois sur celui de Blidah : Méred, Ouled-Yaïch et Mebdouah.

Un nouveau village, celui de Saint-Ferdinand, vient d'être terminé, ainsi que celui de Sainte-Amélie.

La construction des villages du Sahel, où plus de 500 familles sont déjà établies, a marché dans l'ordre des zones, en commençant le plus près d'Alger et n'avançant que progressivement. Il est naturel que les premiers établissements de la colonisation entourent le siége de notre gouvernement, et trouvent dans cette proximité une protection prompte et assurée. Pour en hâter les progrès, la chambre des députés avait affecté à la colonisation, pour 1843, une dotation de 770,000 fr. Mais, outre ces encouragements, l'œuvre de la colonisation a besoin, pour s'étendre, de l'affermissement de notre domination ; or cette domination peut être considérée maintenant comme bien affermie, car l'influence du seul ennemi un peu redoutable (Abd-el-Kader) que nous ayons dans l'ancienne régence est à peu près perdue.

Pour compléter entièrement cette colonisation du massif d'Alger, il reste encore neuf ou dix nouveaux villages à ériger ; la moitié de ce nombre a été terminée en 1844, et le restant peut être considéré comme terminé. Les routes qui relient tous ces centres de population sont en voie de consruction ; on travaille aux routes de *Chéragas* à *Sidi-Feruch*, de *Sidi-Feruch* à *Douada*, de *Saint-Ferdinand* à *Maelma*, passant par *Sainte-Amélie* ; et celle de *Cressia* à *Douéra* sera également achevée cette année.

APERÇU DES PRINCIPAUX VILLAGES CONSTRUITS OU EN VOIE DE CONSTRUCTION.

Douéra (*hôtel* : du Palais-Royal, sur la grande route; service en argenterie, chambres à coucher, café, billard et écuries) est un florissant village composé d'environ 57 familles, avec des habitations propres et commodes; sa forme est celle d'un carré long; à son extrémité sud se trouvent une fontaine et un lavoir en pierre. *Douéra* est chef-lieu de commune d'Alger; une route magnifique conduit à cette jolie localité.

L'Achour ou *El-Achour*. Ce village est bâti sur le versant de la colline qui traverse la route de *Douéra*; une jolie fontaine fournit avec abondance de belles eaux à cette petite localité, qui compte déjà plus d'une cinquantaine de maisons habitées par 60 familles environ; ses alentours sont fertiles, et étaient dégarnis d'arbres avant que les soins de l'administration eussent créé de belles et nombreuses plantations qui promettent d'être bientôt d'un grand secours aux habitants et aux troupeaux; ses prairies sont non-seulement belles, mais produisent un foin excellent.

Chéraga, nouvellement terminé ; ce village peut contenir 50 familles environ; son territoire est bon, fertile, et bien pourvu d'eau.

Hussein-Dey, village situé au delà de Mustapha, sur un sol fertile, boisé et bien cultivé; les nombreux ruisseaux qui couvrent le pays y entretiennent une végétation luxuriante; sa population ne se compose que d'Européens; l'ancien palais d'Hussein-Dey sert de caserne maintenant pour la cavalerie.

Kouba est un village construit par les ordres du duc de

Rovigo; son territoire sec et sablonneux convient très-bien à la vigne et aux arbres en général. L'aspect du pays est pittoresque et riant; on y trouve d'assez jolies villas.

La zone de *Staouéli* comprend les villages construits dans la vaste plaine de ce nom, qui peut avoir environ 50 kil. sur tous sens. Avant l'érection de ces localités, cette plaine présentait l'image de la solitude la plus complète; mais les riants villages qui s'élèvent çà et là lui donnent la vie et la fertilité. Le *couvent des Trappistes* de *Staouéli* a été consacré par Mgr l'évêque d'Alger, le 30 août 1845.

Ouled-Fayet. Ce village est situé sur une éminence au pied de laquelle se trouve un ravin, et d'où la vue s'étend sur *Dély-Ibrahim*, *Chéraga*, et sur une partie de la plage. — On y compte 60 familles environ.

Saoula est un joli établissement presque terminé où l'on compte déjà une soixantaine de familles qui, par leurs travaux et leur activité, secondent la riche végétation du sol, et animent cette contrée naguère si triste et si dangereuse; le district est assez boisé et couvert de broussailles; l'église paroissiale de cette localité est à *Douéra*.

Cressia est un autre village situé dans un pays agreste et couvert de broussailles, mais dont le sol est extrêmement fertile : plusieurs jolies routes y conduisent.

Saint-Ferdinand est un beau et riant village habité par des colons qui ont payé chacun à l'administration 1,500 fr. pour les frais de la construction des maisons : on y remarque le château élevé sur l'ancien Haouch de *Boukandoura*, orné de sculptures aux armes de l'infortuné duc d'Orléans. Ce joli village avec ses *cactus*, ses *vieux figuiers*, ses *plantations nouvelles*, ses *maisons*, aussi commodes qu'élégantes et admirablement disposées, son *camp* et surtout son *castel* couvert d'ardoises et entouré de jardins pittoresques, mais bien plus encore avec sa *colonne* si gracieusement située, et sa *belle croix* en fer, ouvrage sorti de l'atelier des condamnés, présente un coup d'œil des plus attrayants.

Sainte-Amélie, village dont la situation est des plus pittoresques, situé dans une contrée fertile que coupent de verts et frais vallons, et qu'ornent de nombreuses fontaines ombragées de hauts palmiers : — l'ensemble de ce tableau a quelque chose de magique. — La population est d'environ cinquante familles.

RUINES DU PALAIS AHHAOUCH-BEN-OMAR.

On a trouvé, dans les premiers jours de janvier 1845, dans cette naissante localité, des ruines romaines et une inscription latine placée au milieu d'une mosaïque. Outre cette découverte et les pans de murs antiques utilisés dans les constructions qui se trouvent à côté de la *fontaine des Palmiers*, il y a tout près une masse de ruines considérable, sous lesquelles on a découvert des salles bien conservées, ayant encore leur pavage, qui consiste en briques vernies. L'épaisseur des murs, le volume des pierres paraît indiquer un édifice d'une certaine importance. Plusieurs archéologues pensent que ce sont les restes du *palais d'Ahhaouch-ben-Omar*.

Baba-Hassem, joli village dans un district fertile et couvert de broussailles parmi lesquelles se plaisent les troupeaux ; les belles prairies qui l'avoisinent produisent de riches récoltes en bons fourrages. Une fontaine excellente fournit toute l'eau nécessaire aux besoins des habitants, dont le nombre se monte aujourd'hui à soixante-quatre familles environ.

Trois autres villages sont en voie de construction ; l'un est situé à *Sidi-Moussa*, l'autre vers la gorge de l'*Arrach*, et le troisième à l'*Harba*. Ces petites localités sont couvertes d'espèces d'oasis boisées, au milieu desquelles s'élèvent des fermes avec de magnifiques orangeries sur leurs derrières. — Ces villages se trouvent dans la partie la plus fertile de la plaine de la *Mitidja*, entre *Fondouck* et *Blidah*; rien n'est plus joli que ce riche district.

Bien que notre cadre ne nous permette pas de décrire plusieurs autres centres de population, il est aisé de juger, par les citations que nous venons de faire, que l'*Algérie est à jamais française.*

Le voyageur trouvera dans toutes ces jolies localités, je ne dirai pas des hôtels, mais soit des auberges, soit des cafés où il pourra se rafraîchir d'une manière assez confortable.

ROUTE III.

PÉRÉGRINATION DANS LES PROVINCES D'ALGER ET DE TITTERI.

DESCRIPTION DE L'ANCIENNE PROVINCE DE TITTERI.

Cette province est bornée au N. par celle d'Alger, à l'E. par le *Zab*, au S. par le *Beledul-Djérid*, et à l'O. par la province de *Mascara*; elle peut avoir du N. au S. environ 260 kil., et de l'E. à l'O. 170 kil. Son aspect ressemble beaucoup à celui des autres provinces de la régence; sa constitution physique est à peu près la même aussi. Elle est traversée du N. au S. par une chaîne de montagnes qui portent successivement les noms de *Zeckar*, de *Saary* et

Zaggos, et qui au N. se réunissent an *mont Atlas*, et au S. aux *monts Looûat*. — Elle est arrosée par un grand nombre de cours d'eau, dont les principaux sont le *Chéliff*, l'*Oued-Isser*, l'*Oued-Adouze*, et leurs nombreux affluents.

Nous ne pouvons mieux la faire connaître au touriste, surtout au colon, que la crainte a éloigné jusqu'ici de former des établissements dans cette belle partie de l'Algérie, qu'en mettant sous leurs yeux le récit savant et animé d'une excursion faite par M. Berbrugger en 1843. — Nous l'offrons à nos lecteurs avec d'autant plus de plaisir qu'il nous a été recommandé par un officier supérieur qui a parcouru toute cette contrée, comme étant un tableau fidèle non-seulement de l'aspect du pays, mais bien encore des mœurs des peuples qui l'habitent. Ses principales villes sont : *Cherchell*, *Médéah*, *Milianah* et *Tenès*.

La province de Tittéri, bien colonisée, deviendra d'une grande importance pour l'Algérie, en facilitant les relations commerciales avec les tribus qui vivent de l'autre côté de cette chaîne de l'*Atlas*.

VINGT-SEPT JOURS DE COURSES DANS LES PROVINCES D'ALGER ET DE TITTERI EN AOUT 1843.

Le Tombeau de la Chrétienne. — Tfassedt. — Cherchell. — La Zaouyah d'el Berkani. — Les Aquæ Calidæ. — Milianah. — Wamri. — Médéah. — Berrwaguiyah. — El-Achi. — Saneg. — Boghar, et retour.

« Je désirais profiter de l'époque des vacances pour compléter quelques-uns de mes travaux de la commission scientifique, et aussi afin de recueillir en échantillons d'histoire naturelle et objets d'antiquité de nouveaux éléments de richesse pour le musée d'Alger. Muni de l'autorisation et des lettres de recommandation de M. le maréchal gouverneur et de M. le directeur de l'intérieur, je partis d'El-Biar le 4 août, en compagnie de M. Fournel, ingénieur des mines, et de M. Piesse, artiste dessinateur. Un des cavaliers attachés à la direction des affaires arabes nous servait de guide; et des lettres que M. le colonel Daumas m'avait remises pour le khalifah Cid-Ali et pour le caïd de Chenouah, devaient nous assurer une bonne réception sur la route que nous allions parcourir entre Alger et Cherchell, première partie de notre itinéraire. Notre petite caravane n'arriva qu'à la nuit close à Hhaouche-ben-Khelil, ferme située à une ou deux lieues à l'O. de Boufarick, et où se tient le khalifah Cid-Ali-Oulid-Lek'hhal. Ce chef nous accueillit fort bien. Je le connaissais déjà, ayant été deux fois son hôte en 1841, lorsqu'il était caïd des Hadjoutes pour le compte d'Abd-el-Kader. Il me parut bien changé dans sa manière d'être : depuis que l'influence puritaine de l'émir ne pèse plus sur lui, il a entièrement dépouillé les apparences sévères de costume et de physionomie que j'avais remarquées en lui; et, rendu à toute la liberté de sa nature, il m'offrit, au lieu du marabout refrogné d'autrefois, les façons mondaines et gracieuses qu'on remarque dans les jeunes Maures riches d'Alger.

» Un dépit, assez bien fondé du reste, a jeté Cidi-Ali hors des rangs d'Abd-el-Kader et en a fait un de nos partisans. Dans la grande razzia exécutée sur les Hadjoutes, ce chef, ayant perdu tout ce qu'il possédait, alla trouver son parent Cid-Mohammed-ben-Allal. Il espérait être remis par lui dans un état convenable; mais on se contenta de lui offrir l'hospitalité pure et simple. Cidi-Ali, déçu dans son espoir, se trouva tout disposé à accueillir les ouvertures des Français. Il paraît être fort content, du reste, de sa nouvelle position, et il faut avouer qu'il serait difficile s'il ne l'était pas. Ce chef vit avec une sorte de magnificence, par compensation, sans doute, de la vie austère dans laquelle l'émir l'avait tenu longtemps. Un des individus qui l'entourent me racontait qu'il y a quelque temps un colon vint lui offrir 1,000 fr. de la coupe d'un champ de foin qui avoisine le Hhaouche. « Je ne puis accepter ce marché, dit Cidi-Ali, parce que » demain je donne une fête, et que j'ai choisi cet endroit » pour y faire la fantazia. » Et le lendemain, en effet, 2 ou 300 cavaliers paradaient dans le champ en question, foulant aux pieds de leurs coursiers la récolte évaluée 200 douros.

» Le 5, au point du jour, nous prîmes congé de Cidi-Ali le magnifique, et nous nous remîmes à parcourir l'éternelle Mitidjah, nous dirigeant sur le tombeau de la Chrétienne. Le soleil eut à peine paru sur l'horizon que la chaleur devint très-forte, circonstance assez pénible pour des voyageurs qui n'avaient d'autre véhicule que leurs jambes. Nous fîmes la rencontre d'un Européen qui venait de Milianah avec quelques Arabes; il était sans armes. Enfin, vers dix heures du matin, Moustapha, notre cavalier, annonça que nous étions arrivés à l'endroit du déjeuner. C'était au delà de la Chiffa, dans un lieu appelé Hhaouche-el-Quosso,(la ferme des Roseaux), sur le territoire des Beni-Helal. Pendant notre séjour en cet endroit, le thermomètre monta à 39 degrés centigrades à l'ombre. Après avoir pris le repas du matin et remercié nos hôtes de leur accueil, qui avait été très-aimable, nous nous remîmes en route. Le mulet d'administration qui portait la tente et les cantines de M. Fournel, n'ayant pu aller plus loin, avait été laissé dans le douar que nous quittions, ainsi que le soldat du train qui le conduisait. Les Arabes s'étaient engagés à les conduire à Blidah, et ils avaient fourni une bête de somme pour remplacer celle qui était hors de service. Tout cela s'était exécuté avec une promptitude et une complaisance vraiment remarquables.

» Nous arrivâmes à la couchée sans autre accident qu'une querelle qui s'éleva entre nos cavaliers et un jeune Arabe, conducteur de la jument qui portait les cantines. On avait dit à ce dernier que nous allions à Hhaouche-el-Qaïd; puis, par je ne sais quel motif, on avait décidé de pousser deux lieues plus loin. Or il y avait une fête dans le douar de cet Arabe, et il se voyait menacé de ne pouvoir y assister par suite de l'augmentation dans la distance à parcourir. Il refusa donc de marcher; mais on lui prouva de par martin-bâton et le plat de sabre qu'il avait tort de manifester une volonté. Le malheureux fut littéralement roué de coups. Ne voulant pas hasarder une intervention qui aurait eu pour résultat de déconsidérer des gens dont l'autorité nous était nécessaire, je me contentai de laisser tomber en cachette une pièce d'un franc dans la main du pauvre battu; la vue du métal argentin sécha subitement ses larmes et mit fin à ses cris. Moustapha, étonné de ne plus l'entendre crier, se tourna de notre côté, et me regarda d'un air moitié riant, moitié fâché, qui voulait dire : Je comprends le remède que vous avez appliqué, mais vous gâtez le métier.

» Notre tente fut dressée dans un douar d'Hadjoutes dont le chef s'appelait Saâd. Nous étions dans la situation la plus romantique qu'il soit possible d'imaginer, sous le tombeau de la Chrétienne et à la pointe orientale du lac Halloulah, ayant une vue ravissante de quelque côté que nos yeux vinssent à se tourner. Mais que les apparences sont trompeuses! Pendant que nos cavaliers et nos hôtes, sabres et yatagans au vent, s'occupaient avec une activité remarquable à immoler] et à dépouiller un énorme mouton dans lequel ils introduisaient une espèce de manche à balai en guise de broche, la nuit descendait rapidement; et, à mesure que les ombres se répandaient autour de nous, des légions de moustiques longs et noirs arrivaient par masses innombrables. Nos peaux, moins tannées que celles des habitants de la localité, notre sang plus frais, attiraient sur nous ces insectes altérés, qui en moins de rien nous criblèrent de piqûres. Il fallait se résoudre ou à ne pas respirer en s'enfonçant sous deux burnous, ou à subir les cuisantes blessures de ces affreux animaux. Ceci m'a presque fait croire à cette tradition du pays, relative à une armée de Turcs mis en fuite par des légions de moustiques sortis du tombeau de la Chrétienne; dont les cupides Osmanlis voulaient, dit-on, enlever les trésors.

» Le lendemain, après une nuit sans sommeil, nous avions les jambes et la figure dans un état déplorable; et ce fut avec empressement que nous abandonnâmes un lieu où nous avions enduré de pareilles tortures. Nous gagnâmes le lac Halloulah, et, après en avoir côtoyé le bord septentrional pendant quelques minutes, nous nous engageâmes dans le Sahhel, qui est fort boisé de ce côté. M. Fournel ramassa plusieurs échantillons de plâtre sur une colline qui précède celle où s'élève le *Tombeau de la Chrétienne*. Comme les recherches archéologiques que j'avais à faire sur ce monument n'avaient pas d'intérêt pour lui, il continua sa route sur Tfassedt avec l'escorte, et je demeurai avec M. Piesse et un vieux nègre.

» Il ne reste debout, à proprement parler, que le noyau du monument; colonnes, chapiteaux, entablements, revêtements, tout est écroulé et confondu dans une masse de pierres de taille d'un très-grand appareil. Après quelques heures de recherches, nous parvînmes cependant à retrouver, mesurer et dessiner tout ce qui était nécessaire pour la restauration de l'ensemble sur le papier. Rien ne nous retenant plus dans cet endroit sauvage, nous nous remîmes en route pour rejoindre notre compagnon de voyage, qui devait être déjà arrivé à Tfassedt. A environ une demi-lieue du tombeau de la Chrétienne, j'aperçus à droite du chemin l'endroit appelé *El-Rhiran* (les Cavernes) : c'est de là, selon la tradition locale, qu'on a tiré les pierres qui ont servi à édifier le tombeau des rois de Mauritanie, ou, comme on le dit vulgairement, sans trop savoir pourquoi, le tombeau de la Chrétienne.

» Nous trouvâmes avec étonnement, dans un endroit fort inculte et très-éloigné de toute habitation, un *B'hherah*, jardin assez étendu rempli de melons et de pastèques que les Arabes cultivent sans eau et seulement au moyen de fumier. Notre vieux nègre entra dans le champ et se mit à cueillir pour nous une grande quantité de ces fruits. Nous ne comprenions pas comment nous pourrions manger ou emporter l'abondante récolte qu'il venait de faire; mais il nous montra le moyen de ne pas se charger inutilement. Il commença à briser pastèques et melons à coups de poing; et, sur une cinquantaine, il s'en trouva cinq ou six d'assez mûrs pour mériter de nous être offerts. Je me récriai contre cet acte de dévastation d'une propriété dont le maître ne nous était pas connu et pourrait fort bien ne pas trouver plaisant le sans-façon avec lequel nous nous rafraîchissions à ses dépens. Le vieux Salem se mit à rire, et me dit : « Sois tranquille; Ali-ben-Bouyà, caïd de Chenouah, à qui appartient ce jardin, est ton hôte; il ne se fâchera pas. D'ailleurs, regarde un peu plus loin, et tu verras que ton compagnon de voyage, qui nous a précédés, et les cavaliers qui marchent avec lui, n'y ont pas mis plus de cérémonie. » En effet, des débris de melons et de pastèques jetés çà et là et fraîchement divisés montraient que nous n'étions pas les premiers à fêter le jardin du caïd.

» A quelque distance du B'hherah de notre amphytrion, nous trouvâmes, dans le fond d'un petit vallon, deux Kabyles armés de pied en cap, qui nous attendaient pour nous conduire chez leur chef. Ce fut une vraie bonne fortune pour le nègre, qui aimait beaucoup à parler. Préoccupé de l'examen du pays et des antiquités romaines qui s'offraient à chaque pas, je ne me souciais guère du bavardage de notre guide, qui s'en était aperçu avec dépit, et avait pris la résolution de garder le silence, faute d'auditeur, M. Piesse ne sachant pas l'arabe. Mais qu'il prit bien sa revanche avec les nouveaux venus ! Il y avait là surtout un grand gaillard qui possédait un talent tout particulier pour soutenir un narrateur dans sa relation, au moyen d'exclamations approbatives ou admiratives, de courtes phrases lancées au milieu du récit avec un à-propos et une célérité remarquables. Salem, sans perdre de temps, entama l'histoire d'une femme hadjoute qui, à la suite d'un querelle avec son mari, avait mis le feu à la gourbie et avait failli y périr. Cela pouvait se dire en trois courtes phrases ; mais, grâce à la loquacité du nègre et au système interruptif du grand Kabyle, nous étions arrivés à Tfassedt que l'histoire n'était pas achevée. Le lecteur ne sera peut-être pas fâché d'avoir un échantillon de cette scène, dont voici quelques traits. Malheureusement, il y a le geste et les intonations qui ne se peuvent rendre.

» Le nègre.— La femme étant furieuse...

» Le Kabyle.— Ah Dieu !

» Le nègre. — Chercha...

» Le Kabyle. — Ah ! monsieur ! (Avec un sentiment d'effroi.)

» Le nègre. — Par quel moyen...

» Le Kabyle. — Ah ! Seigneur envoyé de Dieu !

» Le nègre. — Elle se vengerait...

» Le Kabyle. — Oh Dieu ! — Va toujours.

» Quand les expressions manquaient à cet auditeur consciencieux, il y suppléait tantôt par un bruyant coup de sifflet (ce qui n'était pas dans sa pensée une marque d'improbation), tantôt en faisant claquer fortement la langue contre le palais ou en poussant quelque rugissement subit, au grand étonnement de mon compagnon de voyage, qui ne comprenait rien à cette scène.

» Grâce à cet amusant original, j'arrivai sans m'être aperçu de la longueur du chemin; et si quelque antiquité m'a échappé sur la route, c'est assurément aux distractions causées par son babil que je le dois. Je trouvai M. Fournel déjà installé et notre tente dressée à l'ombre d'un olivier énorme, sur le penchant d'une colline qui descend jusqu'au bord de la mer vers les ruines de Tipasa, que nous dominions de toutes parts. A une lieue environ dans l'O., s'élevait la gigantesque montagne de *Chenouah*; entre elle et la cité romaine coule le *Wad-Gourmad* (1), qui est connu sous le nom de *Nador* dans la partie supérieure de son cours. J'aurais voulu attendre l'entrevue officielle avec le caïd avant d'aller visiter les ruines, mais Cid-Ali-ben-Bouyâ ne paraissant pas assez tôt au gré de mon impatience d'archéologue, je descendis à *Tipasa*, que les Kabyles appellent aujourd'hui *Tfassedt*, mot arabe berbérisé qui signifie gâté, ruiné.

(1) On écrit ordinairement *Oued* et non *Wad*.

» Comme il ne s'est formé auprès de cet endroit aucune ville arabe, la cité romaine est aussi intacte que les ravages des anciens conquérants et la main des siècles peuvent le permettre. Mais, chose fort étonnante, on n'y trouve aucune inscription. Pendant les deux jours que j'ai passés à l'examiner, à parcourir les deux cimetières où les tombes sont encore comme on les a placées primitivement, je n'a pu rencontrer la plus petite trace d'écriture, pas une simple lettre !

» Le caïd vint avec son secrétaire nous rejoindre dans les ruines. Il me fit voir avec beaucoup d'empressement plusieurs beaux souterrains qui étaient ou des égouts ou des citernes.

» Dans les courses que j'ai faites sur ce territoire, ce n'est pas seulement de la part du chef que j'ai trouvé de la complaisance et des attentions; mais tous les Kabyles que je rencontrai sur mon chemin s'offraient à me guider, et quand leur gourbie était à portée, il fallait, sous peine de les mécontenter, accepter la *q'cirah* (galette), les figues de Barbarie et le lait de l'hospitalité.

» Malgré tout le plaisir que nous pouvions avoir avec d'aussi braves gens, il fallut continuer notre voyage. Nous partîmes donc dans la nuit du 7 au 8, accompagnés par douze Kabyles bien armés. Il est indispensable de donner quelques explications relatives à cette heure et à cette escorte extraordinaires. Comme nous traversions le pays des Hadjoutes, j'avais entendu dire que le colonel Yussuf avait été pris dans le désert; ce bruit était arrivé jusque chez les Chenouah, où on racontait en outre que la garnison de Cherchell était sortie, ainsi que celle de Milianah. Le caïd me dit qu'il n'ajoutait pas foi à ces récits, mais que, par prudence, il croyait devoir prendre les précautions dont on vient de parler. Je lui répondis que je ne croyais pas plus que lui à la fable qui se débitait ; qu'au reste c'était son affaire, et que nous nous conformerions à tout ce qu'il jugerait convenable.

» Nous eûmes donc l'inconvénient d'une marche de nuit, fatigante pour des piétons, stérile pour des observateurs. Heureusement, plus tard, j'ai revu cette route en grande partie et de jour. Les amateurs d'effets romantiques auraient pris quelque plaisir à voir notre petite colonne en mouvement au clair de lune, précédée de deux Kabyles, qui jouaient le chant de guerre des Chenouah sur l'instrument appelé *geusbah*, toutes les fois que nous arrivions à portée d'un village de leur tribu. C'était afin d'éviter qu'on ne prît l'alarme en apercevant tout à coup une nombreuse troupe armée surgir des broussailles.

» Le 8, vers six heures du matin, nous faisions notre entrée à *Cherchell* avec notre escorte de Kabyles, au grand ébahissement des habitants, qui ne devinaient pas trop d'où nous venions.

» Je m'occupai d'abord à Cherchell de visiter tout ce qui y avait été trouvé de nouveau depuis le séjour que j'avais fait dans cette ville en 1840, et à recueillir les dons que quelques personnes d'une libéralité éclairée voulurent bien me confier pour le Musée algérien. M. Otten, commissaire civil, me donna deux belles têtes antiques en marbre, des médailles et beaucoup d'autres objets. M. Dupotet, capitaine de place ; M. Belle, chef de la direction du port ; M. Plumet, pharmacien major ; M. Nisard, lieutenant au 2ᵉ bataillon d'Afrique, imitèrent cet exemple généreux, et voulurent contribuer aussi à l'augmentation d'un établissement qui a droit aux sympathies de tous les véritables amis de la science. M. le lieutenant-colonel Ladmirault, commandant supérieur de Cherchell, a promis d'envoyer la statue en marbre de l'Arracheur d'épines, copie antique d'une belle exécution, qui a été trouvée dans les fouilles récentes vers la porte de Milianah. Ce sera un acheminement à une mesure qui importe à l'avenir du musée et à la conservation des restes antiques qu'on découvre à chaque instant en Algérie. Combien ai-je vu de ces objets précieux qui ont disparu à tout jamais, ou qui ont été s'enfouir dans quelque musée de province, où ils sont perdus pour la science! Ainsi, par exemple, les curieuses inscriptions numidiques trouvées à Guelmah en 1837 seraient ici à la disposition des hommes d'étude, si, au lieu de les laisser exposées en plein air sans que personne fût chargé de leur conservation, on les avait dirigées sur le musée d'Alger aussitôt qu'elles furent exhumées du sein de la terre. Qui sait maintenant ce qu'elles sont devenues?

» M. le lieutenant-colonel Ladmirault, dont la bienveillance pour mes compagnons de voyage et moi a été sans bornes, nous fit prévenir qu'il allait sortir à la tête d'une colonne d'environ 500 hommes et s'établir chez les Beni-Menasser, au-dessous de la montagne qu'on appelle Cid-Mohammed-ben-Ali, afin de recueillir pour le beilik les grains appartenant à la célèbre famille des Brakna (d'El-Berkani). Il nous offrait gracieusement l'hospitalité de son bivouac, faveur qui ne peut être appréciée que par ceux qui savent d'expérience combien il est difficile de vivre dans une armée, quand on n'y a pas un emploi, une place. Nous acceptâmes avec le plus vif empressement, et le 10 août au point du jour nous gravissions la côte par laquelle on arrive au blockaus des Beni-Menasser. Nous trouvâmes la petite colonne réunie sur le plateau; quelques minutes après, les tambours et les clairons battaient ou sonnaient la marche, et chacun se mettait en mouvement. Après une courte halte à Heufaïn, où nous vîmes quelques gourbies assez bien faites, nous allâmes passer le *Wad-Aïzeur*, affluent occidental du *Wad-el-Hachem*; et, nous élevant d'au moins 200 mètres au-dessus de cette rivière, nous prîmes position sur un terrain en pente, ayant derrière nous au nord la montagne des Beni-Hhabibah, et devant nous au sud le *Cid-Mohammed-ben-Ali*. Cette dernière montagne, qui se présente sous la forme d'un pain de sucre quand on marche de l'est à l'ouest dans le fond de la Mitidjah, est appelée Gueraïn par les gens de la plaine.

» Notre première excursion fut pour le Cid-Mohammed-ben-Ali, et elle ne fut pas la moins rude. Après avoir trouvé, non sans peine, un guide qui voulut bien nous conduire au sommet de cette montagne, nous commençâmes à la gravir, entreprise beaucoup plus ardue que nous ne nous l'étions d'abord figuré. Enfin, moitié sur les genoux, moitié sur les pieds, tantôt marchant, tantôt rampant, nous arrivâmes à une espèce de selle entre les deux points principaux. Ceux que l'amour de la science ne possédait pas s'étendirent voluptueusement à l'ombre des pins, sur l'herbe courte et fraîche qui tapissait ce joli petit plateau. Quant à moi, je suivis M. Fournel, qui, le marteau géologique à la main, le précieux baromètre passé en bandoullière, s'éleva aussi haut que la nature des localités le lui permit. Je fus bien dédommagé de ma persévérance, car je pus jouir sur ce sommet d'une vue réellement admirable. J'avais sous mes pieds une longue vallée où deux rivières coulaient en sens différents, le *Wad-Tibçawin* à l'est, et le *Wad-Twarèce* à l'ouest. Cette singularité tient à ce que cette vallée, exhaussée dans sa partie moyenne, a un point de partage qui détermine les deux versants dont on vient de parler. Un peu plus loin au sud, je voyais la vallée où se trouve la *Zaouyah d'El-Berkani*. Dans l'ouest s'élevait le pic escarpé et pyramidal qui est connu sous le nom de Mazerg. En examinant avec attention ce pays si difficile par la rudesse des escarpements et l'absence des routes, j'avais peine à comprendre comment nos soldats pouvaient y faire la guerre, lorsque la pluie et la neige augmentaient encore la somme des obstacles déjà si considérables dans les circonstances ordinaires. Que de courage, de dévoûment, d'abnégation, il a fallu à notre armée! que de persévérance, d'énergie, il a fallu à son chef pour conduire une pareille entreprise et la mener à bien! Jamais la France, jamais la colonie n'auront assez de reconnaissance, assez d'admiration pour ces braves, dont les travaux paraissent surhumains quand on les étudie sur le théâtre même où ils ont été exécutés.

» Le lendemain 11 août, nous allâmes avec le lieutenant-colonel Ladmirault visiter la Zaouyah d'El-Berkani. Quels épouvantables chemins! et quand on pense qu'ils nous semblaient tels par le plus beau temps du monde, je ne m'explique pas comment on peut passer par là en hiver. Nous fûmes bien dédommagés, du reste, des peines que nos chevaux nous avaient données dans ces affreux sentiers de chèvres, souvent taillés en escaliers, avec des tournants d'un court à donner le vertige, surtout quand on sent un précipice sous soi. Nous entrâmes dans la charmante vallée d'où sort le *Wad-Zaouyah*, en passant devant le plus magnifique groupe d'oliviers que j'aie vu dans ce pays. Arrivés à la Zaouyah, nous trouvâmes que les bâtiments étaient ruinés, à l'exception d'un seul, qui est habité par Cid-Allal, membre de la famille de Berkani. Ce personnage nous fit un excellent accueil; et pendant que nos chasseurs, montés debout sur les selles de leurs chevaux, faisaient une récolte de noix auprès de la maison, nous nous étendions sur les nattes et tapis de notre hôte, et goûtions les excellents raisins qu'il fit cueillir pour nous dans le joli jardin qui entoure son habitation.

» Le lendemain 12 août, nous allâmes dans la vallée du Wad-Twarèce, vers le pic Mazerg. Je trouvai là des ruines de postes romains assez considérables. Rentrés au camp de bonne heure, nous reprîmes la route de Cherchell. M. le lieutenant-colonel Ladmirault voulut bien, pour nous faciliter l'occasion de voir le pays, revenir par l'*aqueduc des Beni-Habibah*, qui est dans la vallée du Wad-Hachem. Ce fut pour M. Piesse et moi une excellente occasion de mesurer et dessiner ce beau monument, qui est encore très-bien conservé, à l'exception d'une très-faible partie, jadis détruite à dessein pour couper les eaux à Cherchell. A six heures du soir, nous étions rentrés en ville, tous fort contents des résultats scientifiques de cette petite campagne.

» Le 17 août, je partis de *Cherchell* pour *Milianah* avec M. Piesse seulement, M. Fournel ayant été rappelé à Alger par la nécessité de terminer des travaux urgents. Nous regrettâmes beaucoup un compagnon de voyage dont l'aménité de caractère et l'instruction variée avaient été pour nous une source d'agrément et de profit intellectuel. J'emportais avec moi des lettres pour le caïd des Beni-Menad, et pour un marabout très-vénéré, Cid-Abd-el-Rahman-ben-Thifour. Je devais ces recommandations, qui nous ont été fort utiles, à l'extrême obligeance de M. le sous-lieutenant Moulé, chargé des affaires arabes à Cherchell. Un seul guide nous accompagnait, c'était le nommé Baba-Ali, un des deux indigènes qui ont amené l'armée française à Cherchell en 1840. Ce n'était pas à tort qu'il s'était vanté de me faire voir beaucoup d'antiquités; car, par le chemin qu'il me fit suivre, je ne marchais pas dix minutes sans rencontrer quelque chose. Malgré tout le zèle imaginable pour la science, je m'apercevais à des signes irrécusables qu'il était plus de midi, que nous marchions à pied depuis six heures du matin, et que nous n'avions pas encore déjeuné. J'allais communiquer ces intéressantes observations à Baba-Ali, lorsqu'il nous fit quitter le Sahhel des Beni-Menad, où nous cheminions depuis quelque temps, nous amena dans la Mitidjah, et enfin ordonna la halte auprès de quelques tentes. Nous étions alors sur la rive gauche du *Wad-Bourqiqah*, et nous avions à environ une lieue et demie à l'est le *Bordj-el-Arba*. Notre guide me dit qu'il nous avait amenés chez un de ses bons amis, et que la cordialité de la réception nous dédommagerait de la fatigue de la route. Nous fûmes en effet très-bien reçus par l'Hadjoute Cid-Ahmed-ben-Cid-Emmou-Oulid-ben-Aïcha-ben-Yacoub, dont le père ou le grand-père avait été caïd du temps des Turcs dans ce pays. Baba-Ali, qui me força d'écrire la kyrielle de noms que je viens de rapporter, se permit une petite roucrie que je n'arrêtai pas dans son exécution, parce qu'il en coûte de dire à un homme en face : Tu mens, et aussi parce qu'il avait pour but principal de nous faire très-bien accueillir. Voici le fait :

» Pendant que je me reposais étendu sur un tapis à l'ombre d'un bel olivier, j'entendis notre guide qui disait à l'hôte, en me désignant : « Tu vois cet homme qui a un ruban rouge ; eh bien ! quelques paroles sorties de sa bouche, deux ou trois mots sortis de sa plume et fixés sur un bout de papier, suffiraient pour te rendre la position que tes ancêtres ont occupée. » Je fus très-contrarié de cette effronterie ; mais, ne voyant aucun avantage à démasquer le fourbe, je pris le parti de me taire et fis semblant de ne pas entendre. La conversation dura pendant quelque temps sur ce ton, et la conséquence fut que le bon Ahmed se mit en quatre pour traiter un homme qui avait le bras si long. Ce fut une nouvelle occasion pour moi d'admirer avec quelle facilité les Arabes cumulent deux sentiments qui sembleraient devoir s'exclure, car ils sont à la fois les plus défiants et les plus crédules des mortels. Cependant, voulant mettre ma conscience en repos dans cette occurrence, je donnai à notre hôte deux livres de tabac à priser, et fis cadeau de quelque argent au plus jeune de ses fils. C'était cinq ou six fois la valeur du déjeuner.

» Après avoir terminé l'excellent repas que nous devions aux talents diplomatiques de Baba-Ali, nous rentrâmes dans le Sahhel des Beni-Menad, et nous arrivâmes de bonne heure à un douar situé entre le Wad-Bourhçan et le Wad-Bouhardoun, affluents occidentaux du Wad-Bourqiqah. Le caïd des Beni-Menad, dans le village duquel nous nous trouvions, vint à nous avec empressement et nous offrit une gourbie ; mais je savais trop le danger d'habiter ces sortes de constructions dans les grandes chaleurs, où les puces y pullulent par myriades. Je remerciai donc notre hôte, et lui demandai la permission de passer la nuit sous un olivier. Il me répondit que nous ferions à notre volonté, et que du reste, en quelque endroit que nous prissions place, il passerait la nuit à nos côtés : ce qu'il fit en effet.

» Le 18, avant le lever du soleil, nous prîmes congé du caïd et de son père, vénérable vieillard qui s'était montré, ainsi que son fils, plein de prévenance à notre égard. Un ancien régulier d'Abd-el-Kader nous fut donné pour guide, et devait nous conduire chez le marabout Cid-Abd-el-Rahman-ben-Thifour, qui habite sur les bords de la rivière de ce nom, au-dessous de *Hamman-Rhira*. Nous achevâmes de traverser le Sahhel des Beni-Menad dans la direction du nord au sud : c'est un ensemble de collines peu élevées et très-boisées, d'un aspect tout à fait romantique. Nous franchîmes bientôt le petit Atlas par un col d'une médiocre élévation, laissant à notre gauche le Wad-Bourqiqah, qui sépare les Soumata des Beni-Menad. Nous descendîmes par une pente très-rapide dans le fameux *Chab-el-Qaththâ* (ravin des Voleurs), où nous fîmes une courte halte auprès d'une délicieuse fontaine. Vers midi nous avions atteint les eaux thermales connues sous le nom de Hamman-Rirha, quoiqu'elles ne soient pas situées sur le territoire de la tribu de Rirha, mais bien sur celui des Beni-Menad. Ces bains se composent de plusieurs bassins ; l'eau du bassin supérieur est tellement chaude qu'on ne pourrait s'y baigner ; mais au-dessous est une chambre de construction romaine où la température est supportable ; celle-ci communique avec une espèce de réduit placé au-dessous, qu'on appelle le bain des Juifs. Nous nous disposions à nous délasser par le bain des fatigues de la marche, lorsque survinrent deux Arabes qui se mirent en devoir de nous imiter. L'épiderme de ces individus accusait une de ces maladies qui rendent tout contact immédiat quelque peu dangereux, ce qui me décida à les prier d'attendre que nous nous fussions baignés. « Comment ! s'écria l'un d'eux, nous sommes les maîtres du pays, et vous autres, étrangers, vous prétendez vous baigner avant nous ? — C'est précisément parce que nous sommes des étrangers, leur répliquai-je, que la politesse vous oblige à faire les honneurs de votre bain en nous cédant le pas. » Et sans attendre leur réponse, nous prîmes possession du bassin.

» Nous descendîmes ensuite au bord de la rivière, où nous trouvâmes le douar de Cid-Abd-el-Rahman-ben-Thifour. Ce marabout, après avoir pris connaissance de la lettre que M. Moulé m'avait remise pour lui à Cherchell, s'empressa de nous faire servir une légère collation en attendant un repas plus substantiel. Nous passâmes le *gaïlah* (moment de la grande chaleur) à l'ombre des magnifiques oliviers qui bordent le Wad-ben-Thifour en cet endroit, et leur abri bienfaisant nous permit de supporter sans trop de malaise un fort vent de siroco qui vint alors à souffler.

» Dans l'après-midi, Cid-Abd-el-Rahman, quoique souffrant de la fièvre, monta à cheval et me mena voir les ruines de l'ancienne colonie romaine d'*Aquæ Calidæ*, dont les restes s'étendent sur un petit plateau au-dessus des eaux thermales. Je n'y trouvai aucune inscription; mais, au milieu des débris d'une église antique, j'observai un fragment de croix grecque sculptée sur une pierre.

» Le 19, nous nous mîmes en route pour Milianah, dont nous n'étions séparés que par une distance de cinq ou six lieues. Cette courte étape devait être bien pénible, car M. Piesse, mon compagnon de voyage, malade depuis deux jours, était arrivé à un tel état de faiblesse, qu'il pouvait à peine se tenir sur le mulet. Enfin, après bien des fatigues et des difficultés, nous entrâmes en ville par la porte du Zakkar vers dix heures du matin.

» Milianah a été l'objet de trop de descriptions pour que j'entreprenne d'en parler avec beaucoup de détails. Je noterai seulement que la rue principale, celle qui va de la porte du Zakkar à l'hôpital, prend un aspect assez agréable, grâce aux nombreuses constructions que les Européens y élèvent. On y remarque la charmante maison du commandant supérieur, restaurée jadis avec beaucoup de goût par le lieutenant-colonel Bisson. C'est un spécimen fort intéressant de l'architecture locale. En fait de monuments, il y a aussi à visiter la jolie *qoubbah* du célèbre marabout Cid-Ahmed-ben-Youcef. Malgré les dégradations que son affectation au service militaire a pu y occasionner, c'est encore un édifice à voir. Il est question de le rendre au culte musulman, ainsi que le fondouk et la rahbah qui en dépendaient. J'ai trouvé dans le jardin du cercle des officiers une inscription arabe relative à ces deux derniers édifices. On y lit qu'en 1751, c'est-à-dire il y a environ 100 ans, un certain Ibrahim-ben-Mohammed, beit el Maldji de Milianah, a bâti le marché au blé et l'hôtellerie en question, comme annexes de la *quoubbah*. Milianah est remarquable par l'abondance de ses eaux ; et le volume qui s'échappe de chaque fontaine est si considérable, qu'on ne comprend pas pourquoi on a écrit sur ces sortes de monuments, en très-gros caractères, le mot FONTAINE. C'est faire injure à l'intelligence des passants.

» Après avoir recueilli bon nombre d'inscriptions latines et dessiné quelques restes romains, je quittai Milianah le 22 août. Je partis seul, car mon compagnon de voyage, dont l'état ne s'était pas amélioré, était hors d'état de supporter les fatigues de la route. Grâce à l'extrême obligeance de M. Marguerite, chargé des affaires arabes dans cette ville, j'étais accompagné par deux cavaliers arabes qui devaient me conduire à Médéah. Je descendis avec eux dans la vallée du Chéliff en passant devant le marabout de Cidi-Abd-el-Kader, où je copiai quelques inscriptions.

» Ce temps d'arrêt m'attira les importunités de plusieurs indigènes, qui, me voyant écrire, me prièrent de leur faire des talismans. Le sujet était toujours le même : c'étaient des filles et des femmes dont il s'agissait de se faire aimer. Pour me débarrasser d'eux, je leur abandonnai quelques feuillets de mon calepin où j'avais écrit ce qui m'était venu à la tête. Je doute fort que mes amulettes leur aient beaucoup profité.

» Vers neuf heures du matin, nous fîmes la halte du déjeuner dans la vallée, auprès d'une haie de figuiers de Barbarie où plusieurs femmes étaient occupées à faire la récolte au moyen de longs bâtons entaillés par le bout. Les indigènes ayant eu la politesse de m'offrir des figues, je leur donnai du pain blanc et du fromage, qu'ils mangèrent avec autant d'avidité que de plaisir. Nous continuâmes ensuite de suivre la vallée jusqu'au marabout ruiné de Cedi-Hélil. Là nous pénétrâmes dans les collines de la rive droite du Chéliff; et, après avoir laissé le marché de Djendel sur la droite, nous arrivâmes jusqu'à Aïn-el-Qahhlah, où nous fîmes le gaïlah auprès d'une ruine romaine. En cet endroit, une indiscrétion de mes guides ayant fait connaître aux habitants du lieu que j'étais un thaleb, les importunités recommencèrent au sujet des talismans. Je me tirai d'affaire en leur disant que je ne pouvais donner plus de trois amulettes le même jour, et que tout ce qui excéderait ce nombre n'aurait aucune vertu. Je remarquai de nouveau que toutes les demandes de ce genre étaient relatives à des femmes qui n'aimaient pas ou qui n'aimaient plus l'individu qui s'adressait à moi. Comment s'expliquer que des gens qui traitent si mal les femmes en fassent cependant l'affaire la plus importante de leur existence! On ne s'en douterait guère en voyant ces malheureuses charrier sur leur dos des outres remplies d'eau ou des fagots énormes, en un mot faisant l'office des bêtes de somme.

» Pendant ce temps de repos, j'avais détaché un des cavaliers auprès de l'aga Bouâlem, qui se trouvait à quelque distance sur la gauche de la route que nous avions à suivre, avec prière de m'indiquer dans quel douar je devais aller chercher l'hospitalité pour la nuit. Mon messager ne tarda pas à revenir, et me dit que l'aga avait désigné le douar des

Oulad-el-Zin, sur les bords du Chéliff. Nous nous mîmes en route dans cette direction, et vers trois heures de l'après-midi nous y étions arrivés. Le cheikh était absent; mais, à son défaut, trois individus se disant les notables de l'endroit se présentèrent, et, après nous avoir entendus, déclarèrent péremptoirement qu'ils ne nous recevraient pas à moins que nous ne produisissions un ordre écrit de l'aga. Je leur fis observer que j'avais beaucoup voyagé chez les Arabes, et que la présence de cavaliers du Makhzen, tels que ceux qui m'accompagnaient, établissait suffisamment le droit à l'hospitalité officielle.

» Mes interlocuteurs ne tenant pas compte de ma remarque, je les priai de me donner un guide pour aller chez leur caïd. Ils refusèrent, et se contentèrent de m'indiquer du geste le point de l'horizon où se trouvait l'habitation du chef de l'outhan. « Puisque vous me refusez un service aussi simple, leur dis-je, j'espère du moins que vous voudrez bien me faire connaître vos noms. » Mais les gaillards étaient trop bons Arabes pour ne pas sentir la portée d'une pareille communication, et ils m'opposèrent une dénégation formelle. Voyant qu'il n'y avait rien à tirer d'eux, et que si la discussion se prolongeait, j'étais menacé, ainsi que mes guides, de passer la nuit dans les broussailles et sans souper, je pris le parti de me diriger du côté qui m'avait été indiqué. A quelque distance du douar, un Arabe, qui nous avait suivis après avoir assisté à la scène que je viens de rapporter, s'approcha de moi et offrit de me donner les noms des trois individus. Je m'empressai de les inscrire, et, muni de ce renseignement, je continuai ma route. Le bon accueil que je reçus de Hammoudah-ben-Amar, caïd de Wamri, me fit oublier promptement la grossièreté des gens d'Oulad-el-Zin, dont j'avais du reste fait connaître la conduite à ce chef. Cid-Hhammoudah, après avoir entendu mon récit, s'était contenté de dire : C'est bien! de sorte que j'imaginais que l'affaire en resterait là. Mais quelle fut ma surprise lorsque le lendemain matin en ouvrant les yeux j'aperçus en face de moi, dans la tente où j'avais passé la nuit, les trois individus en question. Le caïd, me voyant éveillé, me dit : « Connais-tu ces gens? — Oui, lui répondis-je ; ce sont ceux qui hier ont refusé de me donner un guide. — Pourrais-tu dire leurs noms? — Je tirai mon calepin et lus les trois noms. — C'est bien cela, dit le caïd. Maintenant, combien veux-tu que chacun d'eux reçoive de coups de bâton?— Je ne veux pas, lui répliquai-je, être le témoin et encore moins la cause d'une exécution qui répugne à nos principes et à nos mœurs ; ces gens ont été grossiers à mon égard, il est vrai, mais je les regarde comme assez punis par la nuit d'anxiété qu'ils viennent de passer et par l'humiliation où je les vois. — A ta considération, je leur fais grâce du châtiment corporel, mais ils payeront l'amende. » Je compris parfaitement pourquoi mon hôte insistait sur ce dernier point, car c'est l'un des produits principaux de sa charge. L'affaire se trouvant ainsi terminée, les coupables se retirèrent; mais, avant de quitter la tente, ils avaient eu grand soin de me prier d'effacer leurs noms de dessus mon cahier de notes.

» Le caïd de Wamri m'avait donné l'hospitalité dans sa propre tente, et je n'étais séparé de ses femmes que par une tapisserie au-dessus de laquelle se montraient de temps à autre des visages féminins curieux de voir comment était fait un Roumi. Au reste, Cid-Hhammoudah, bien loin d'attacher de l'importance à me cacher son harem, fit venir une de ces dames pour me montrer de quelle façon le tour de ses paupières était noirci de gohhol, me demandant si chez nous le beau sexe usait de semblables enjolivements. Je lui répondis que les Françaises ne se teignaient pas les cheveux ni les paupières, ni les mains, ni les pieds, ce qui parut beaucoup le surprendre. Il me demanda ensuite si j'étais marié, et, sur ma réponse affirmative, voulut savoir combien j'avais de femmes. « Une seule, » lui répondis-je, ajoutant que nos lois ne permettaient pas qu'on ait plus d'une épouse légitime à la fois. Il trouva fort absurde que le divorce nous fût interdit, et s'étonna beaucoup de ce que nous ne donnions pas de coups de bâton à nos femmes. « Mais, s'écriat-il, quand tes femmes se disputent par jalousie ou pour dominer à la maison, comment fais-tu? — Je t'ai déjà dit que je n'ai qu'une femme, lui répondis-je. — Ah! c'est vrai, fit-il. Va, je te réponds que si tu en avais seulement deux dans la même chambre, tu serais obligé de temps en temps d'avoir recours au *metreug* (bâton) et de les bien rosser pour avoir la paix. »

» La matinée du 23 était déjà assez avancée quand je quittai ce bon caïd de Wamri, à qui mes lectrices pardonneront difficilement la rudesse de ses théories conjugales. Je ne gardai qu'un seul cavalier avec moi, et, après quatre heures de marche, j'arrivai à *Médéah*, ayant traversé un pays montagneux presque entièrement dépourvu de végétation.

» Deux jours de repos dans cette ville me mirent en état de supporter de nouvelles fatigues, et le 25 je quittai Médéah, me dirigeant dans le sud-est. M. le général Marey, de qui j'ai reçu l'accueil le plus aimable, qui m'a donné toutes les facilités possibles; M. le capitaine d'état-major Durieu, chargé des affaires arabes, qui m'a mis à même de tirer bon parti de la nouvelle excursion que j'entreprenais, ont acquis des droits à ma reconnaissance, et je m'empresse de leur en donner ici un témoignage public.

» Un seul spahi m'accompagnait; mais à Berrwaguiyah je

fus rejoint par Cid-Bouziyan, vieux guerrier de la tribu Makhzen des Douairs. Il m'apportait de la part de M. le capitaine Durieu des lettres pour Belaïd, le caïd des Abid, pour Cid-Lek'hall-Bil-Oussi, caïd des Douairs, et pour l'aga Chaourar. Comme nous nous trouvions sur le terrain de Cid-Belaïd, nous allâmes lui faire visite après le déjeuner. Il était alors environ midi ; nous trouvâmes le caïd et son fils sous leur tente. Ils m'invitèrent à m'asseoir à côté d'eux; mais la chaleur qu'il y faisait était si forte, qu'au bout de quelques secondes, me sentant trempé par l'effet d'une température aussi élevée que celle d'un bain maure, je me hâtai de sortir et m'allai réfugier à l'ombre d'un thuya. Belaïd et le reste de la société m'y suivirent, riant beaucoup de ma retraite précipitée. « Tu me rappelles, me dit-il, un vieux proverbe arabe : « Ne mange pas le soir et ne dors pas sous la tente pendant le *gaïlah*, si tu veux vivre longtemps. » — Le proverbe est bon, lui répondis-je, et je m'étonne que vous autres Arabes, qui faites tant de cas de la sagesse des anciens, vous la méconnaissiez sur un point aussi important. » La conversation fut interrompue par l'arrivée d'une collation à laquelle je ne pris part que pour ne pas mécontenter mon hôte, car je venais de déjeuner. Nous laissâmes passer la grande chaleur tout en causant sur divers objets, principalement sur la prise de la Smalah d'Abd-el-Kader, affaire à laquelle assistait le guide Bouziyan, et où il avait fait un butin assez satisfaisant, d'après ses propres aveux. Je fus surpris, je l'avoue, de l'extrême indifférence avec laquelle ces Arabes parlaient de cette grande catastrophe arrivée à l'émir. J'aurais cru que quelque secret sentiment de sympathie subsistait en eux à l'égard du champion de leur foi et de leur nationalité ; mais je n'ai rien observé de semblable.

» Vers trois heures de l'après-midi, nous nous remîmes en route ; nous cheminâmes quelque temps dans la direction du sud, en traversant un pays assez boisé, où pour la première fois de ma vie j'ai vu des chacals si peu farouches qu'ils s'arrêtaient à trente pas de nous, sur le bord de la route, et nous regardaient passer. Heureusement pour eux, je n'avais pas d'armes. Le spahi avait bien un fusil, mais il était sans pierre; et Cid-Bouziyan, qui portait deux fusils, l'un en bandoulière et l'autre sur la cuisse, avait oublié de les charger. On voit que nous ne formions pas une troupe formidable, et bien nous prenait que le monde était en paix, comme disaient les Arabes, et qu'un enfant pouvait voyager seul avec une couronne d'or sur la tête.

» Lorsque nous atteignîmes, dans le pays de Sarhwan, le canton habité par les Oulad-Chaïb, le terrain changea subitement d'aspect. Toute trace de végétation disparut, et nous marchions dans le lit d'une rivière sans eau, entre des collines marneuses qui ressemblaient de tout point à des tas de boue desséchée. Je n'ai jamais rien vu de plus triste ; je ne m'expliquais pas de quoi vivaient les nombreux troupeaux de chameaux et de moutons que j'apercevais de tous côtés. Cid-Bouziyan me dit qu'ils allaient pâturer dans le nord ; il ajoutait que cette contrée, alors si complétement aride, était couverte, au printemps, d'herbe, de blé et d'orge, et que sa fertilité était proverbiale. Je ne m'en serais jamais douté d'après ce que j'avais sous les yeux.

» Vers le coucher du soleil, nous fîmes la rencontre d'un élégant cavalier arabe, sur la tête duquel se balançait avec grâce un gigantesque chapeau de paille bariolé de morceaux de drap de diverses couleurs et empanaché de plumes d'autruche. C'était précisément Cid-Lek'hhal-Bil-Oussi, le caïd des Douairs, qui devait me donner l'hospitalité. Nous arrivâmes avec lui à un groupe de tentes dressées sur les bords du Wad-Sarhwan, ou, pour mieux dire, du lit de cette rivière, car il n'y paraissait pas la moindre goutte d'eau. Cependant, de distance en distance, quelques sources laissent suinter un maigre filet d'eau, qui à la longue forme une espèce de mare. On est toujours sûr, auprès de ces endroits précieux, de trouver un b'hhérah, où le maïs, la pastèque et le melon croissent assez vigoureusement. Je dois déclarer, à l'égard de ce dernier fruit, que je n'ai jamais mangé en Algérie d'aussi bons melons que ceux de Sarhwan et des environs.

» Nous étions à peine étendus sous la tente de Cid-Lek'hhall, que ce chef nous fit donner le café. Cette politesse n'avait rien que de naturel; mais, après avoir serré soigneusement tous les ingrédients et instruments qui avaient servi à cette opération, il les déploya de nouveau, nous offrit encore du café, manége qu'il répéta plus de dix fois de suite. Je ne savais à quoi attribuer cette prodigalité d'une substance dont les Arabes sont ordinairement si avares, lorsqu'en observant mon hôte, je m'aperçus qu'il éprouvait un plaisir singulier et tout à fait enfantin à contempler une longue boîte cylindrique toute neuve, en fer-blanc, qui contenait ses tasses; qu'il ressentait une jouissance non moins vive à déployer un morceau de serge dans lequel de très-jolis fanendjel étaient artistement enveloppés et empilés. La négresse avait à peine emporté ce précieux attirail, que Cid-Lek'hhal le redemandait, ce qui impliquait l'obligation de nous offrir de nouveau du café. Ceci soit dit sans déprécier les vertus hospitalières de notre hôte, dont l'accueil fut aussi amical et empressé que nous pouvions l'espérer.

» J'observai que le dialecte de mes hôtes les Douairs diffère un peu de celui de leurs voisins. Ainsi ils prononcent le rhaïn comme un kaf, et disent aka au lieu de arha, kaba au lieu de rhaba.

» Il y avait déjà quelque temps que j'étais débarrassé de la nécessité d'écrire des talismans, et je croyais toute trace perdue de ma qualité de thaleb, lorsque le matin, en m'éveillant dans la tente de Cid-Lek'hhal, où je me trouvais momentanément seul, j'aperçus, au-dessus de la tapisserie qui nous séparait du gynécée, une des femmes de mon hôte, qui, me voyant les yeux ouverts, me demanda si je ne pourrais pas lui écrire un hheurz pour la rendre gracieuse. Heureusement quelqu'un survint; la dame disparut, et je me trouvai quitte sans avoir manqué aux lois de la galanterie.

» Le 26 août, de très-bonne heure, je pris congé du caïd des Douairs, qui me donna deux cavaliers pour me conduire à El-Achir, chez les M'fatah. J'y arrivai vers sept heures du matin, et j'y trouvai Bouziyan, qui nous avait précédés; il me fit voir avec détail des ruines romaines répandues sur trois ou quatre mamelons, au pied d'une montagne qu'on appelle *Djibel-el-Maïdah*. Je fis quelques observations intéressantes dans cette localité; puis, après avoir mangé d'un couscoussou qui me fut offert par le frère du caïd, je fis mes adieux à Bouziyan, qui retournait à son douar. Nous suivîmes pendant quelque temps la direction du sud dans une vallée où se trouvait la plus grande agglomération de tentes que j'aie jamais vue dans ce pays. Nous devions aller jusqu'à Sanig, où sont d'autres ruines romaines; mais, après avoir marché pendant quelque temps, mes guides prétendirent que ce pays était inhabité, et qu'il aurait fallu emporter de l'eau et des vivres, ce qui nous manquait. Ne connaissant pas les lieux, je ne pouvais que m'en rapporter à eux. Nous tournâmes donc dans l'ouest, nous dirigeant sur *Bogar*

(Borhar), où nous arrivâmes vers deux heures de l'après-midi. Je trouvai, un peu avant de traverser le Chéliff, de très-beau plâtre cristallisé.

» J'avais entendu dire tant de mal de cette position, qu'elle me parut presque jolie ; peut-être aussi la cordiale hospitalité de M. le capitaine du génie Mottet, commandant supérieur, a-t-elle beaucoup contribué à me la faire voir en beau. On sait qu'Abd-el-Kader avait en cet endroit un établissement que le général Baraguay-d'Hilliers détruisit partiellement en 1840. Maintenant on relève ces ruines, et, grâce à l'intelligente activité du jeune officier qui dirige ce travail, Bogar sera avant peu pourvu de tout ce qui lui est nécessaire. Il est curieux d'observer dans cette localité l'établissement arabe qui s'était superposé à l'établissement romain, puis l'établissement français qui vient brocher sur le tout. Du reste, la position explique très-bien cette rencontre des divers conquérants de l'Afrique sur un même point. La montagne de Bogar forme une espèce de cap avancé sur le petit désert ; le Chéliff la contourne aux deux tiers. De là on aperçoit, comme un appendice du Wancerice, les collines allongées du N.-O. au S.-O., où se trouve Goudjilah. L'horizon est fermé au sud par *le Djibel-Eumour*, que nos soldats ont baptisé du nom de Montagnes bleues, à cause de la couleur que leur donne l'éloignement. Des gens m'ont assuré qu'au delà ils apercevaient *le Sahara*, le vrai désert de sable, lequel est à environ une quarantaine de lieues de Bogar ; la faiblesse de ma vue ne m'a pas permis de jouir de ce coup d'œil.

» Ce qui plaît à Bogar, lorsqu'on vient de parcourir le pays aride et sans eau que je quittais, ce sont les beaux sapins, genévriers et tuyas qui s'y trouvent à profusion et de haute futaie ; ce sont les sources qui s'échappent de tous côtés. Le murmure des eaux, la fraîcheur qu'elles répandent fait éprouver un véritable sentiment de délices à celui qui, comme moi, a traversé l'espèce de désert des Douairs et des M'fatah. On reproche encore à Bogar d'être le point de mire des vents les plus furieux déchaînés de toutes les parties de l'horizon : on dit qu'alors on y vit dans une atmosphère de poussière intolérable. Je n'ai pas été témoin de ces tourmentes ; mais je conçois, d'après la constitution du sol, qui est de roches calcaires à stalactites, que la poussière doit y être incommode, et de plus très-dangereuse pour les yeux. J'allais oublier, dans l'énumération des bonnes et des mauvaises choses de Bogar, une charmante grotte naturelle dans laquelle croît un figuier ; il est fâcheux que les soldats, peu sensibles aux beautés naturelles, aient donné à ce lieu une certaine destination qui en éloigne le plus intrépide amateur de la fraîcheur et de la solitude.

» Le 27, je repris la route de *Médéah* par un chemin dit de traverse, qui est en partie dans le lit du Chéliff. Il a l'avantage d'être plus court que les autres et d'avoir un aspect des plus pittoresques ; mais il est bien rude pour les hommes et pour les chevaux. Mon guide ayant été pris d'un accès de fièvre en route, je fis une halte auprès d'une chute du Chéliff. Il n'y manquait que de l'eau, la rivière étant strictement à sec. Cependant d'une fissure de rocher coulait lentement un mince filet d'eau cristalline dont j'appréciai toute la fraîcheur et la pureté. Pendant notre séjour en cet endroit, des gens de Hourah vinrent à passer ; ils portaient du raisin à Bogar. Mon spahi, avec une gravité et un sans-façon dignes de l'école turque, alla faire dans les paniers de ces pauvres gens un prélèvement à notre profit, sans que les propriétaires, qui étaient nombreux, osassent protester autrement que par une pantomime du reste très-expressive. Je me hâtai dé tirer de ma poche une pièce de monnaie dont la valeur dépassait de beaucoup celle de leur raisin, et la leur fis accepter sans peine. Ahmed, mon spahi, n'approuva pas ce scrupule.

» Avant le coucher du soleil, j'étais de retour à Médéah, où la bonne et franche hospitalité du payeur, M. de Saint-Amant, me faisait oublier toutes mes fatigues et les privations que j'avais endurées.

» Le 28, en creusant les fondations de l'hôpital de Médéah, on découvrit parmi une multitude de débris romains deux inscriptions latines, que M. le capitaine du génie Havin voulut bien me promettre d'adresser au musée d'Alger.

» Le 29, je quitte avec regret la ville de Médéah, où j'ai trouvé un si aimable accueil, et je reprends le chemin d'Alger. En traversant la coupure de *la Chiffa*, que je n'avais pas vue depuis novembre 1843, je trouve avec surprise un four à chaux, un café-auberge, établissements tenus par des Européens; puis enfin des cafés indigènes où l'on vendait du raisin, des œufs, etc., fondés par des Kabyles de Mouzaya, avec permission de M. le caïd. Qui se serait douté de tout cela il y a un mois?

» Enfin, le 30, dans l'après-midi, j'étais de retour à Alger, après avoir parcouru en vingt-sept jours plus de deux cents lieues de l'est à l'ouest ou du nord au sud. Durant cet espace de temps, j'ai visité bien des tribus, j'ai vu parfois des populations où jamais voyageur européen n'avait paru. Partout j'ai été bien accueilli, partout j'ai trouvé la plus complète sécurité. J'avouerai même que, sous ce dernier rapport, la réalité a dépassé tout ce que j'imaginais. Or, si le lecteur a suivi avec attention le récit que je viens de lui soumettre, il verra que ce n'était pas à la présence d'une escorte que je devais cette extrême sécurité, puisque je n'ai presque jamais eu plus de deux cavaliers avec moi, et que souvent je n'en avais qu'un. »

A 20 kil. environ ouest de *Bogar*, se trouve *Kléka*, petite localité où les Arabes tiennent un marché assez considérable et très-fréquenté, et qui ne peut manquer de devenir un point important pour le commerce de l'intérieur. On trouve à *Kléka*, dont notre savant voyageur ne parle pas, les restes d'une ville romaine qui a dû être une cité puissante, à en juger par les excavations d'une grande profondeur qu'on rencontre encore dans le flanc de la montagne, ce qui prouve que cette ville avait d'immenses souterrains. Jusqu'ici cette contrée a été peu explorée, bien qu'elle renferme des objets intéressants.

ROUTE IV.

D'ALGER A MÉDÉAH, PAR DOUÉRA, BOUFFARIK ET BLIDAH.

(*Environ* 92 *kil.* — 14 *heures de marche.*)

On peut suivre deux routes pour se rendre d'Alger à Bouffarik. La première, qui passe au pied de la ferme expérimentale, est la plus courte; mais on préfère la belle route qui passe par Douéra, parce que son tracé, plus stratégique, suit toutes les crêtes, s'appuie sur des points fortifiés, et présente un aspect très-pittoresque : de plus, elle est parcourue par des diligences qui font le service entre Alger et Blidah. L'ancienne route, moins belle, passe par *Birmadreis*, *Birkadem*, le port de *l'Oued-el-Kerma*, la *Ferme-Modèle*, franchit un marais sur dix ponts de brique, arrive au ruisseau de Bouffarik, qui traverse la plaine de ce nom, et de là à *Bouffarik*.

Cette route, qui avait été en quelque sorte délaissée, tant par suite de son mauvais état que pour éviter la partie marécageuse de la plaine, vient d'être réparée en 1845, et elle est maintenant aussi avantageuse et plus agréable que la route stratégique. Par suite, Douéra se trouve un peu délaissé ; mais cette jolie localité est assez riche d'avenir pour supporter patiemment cet abandon momentané.

Douéra (*hôtel* : du Palais-Royal), 12 kil. environ. (*V.* route II, p. 180.)

De Douéra on compte 14 kil. environ pour atteindre

Bouffarik. C'est le premier poste que l'armée ait établi dans cette belle plaine de la Mitidja ; ce poste est destiné à devenir le centre de tous les établissements agricoles nouvellement formés sur l'étendue de cette pittoresque vallée. Avant la conquête, *Bouffarik* avait un marché considérable fréquenté par les Arabes de diverses tribus, mais qui avait perdu de son importance après la conquête. Tout a repris maintenant son état normal, et, dans le mois de juillet 1845, les Arabes amenèrent au marché 850 bœufs, vaches et veaux, 1,200 moutons et 300 hectolitres de blé. Le nombre des indigènes dépassait 4,000 : les marchands européens y abondaient.

La garnison occupe un camp retranché (*camp d'Erlon*), où sont renfermés tous les établissements militaires. C'est dans cette localité que se récolte une bonne partie des foins de la plaine ; les pâturages y sont fort beaux, mais le climat est malsain.

Une pépinière vient d'être établie à Bouffarik, dans l'enceinte du camp d'Erlon. Son produit, qu'on estime être de

150,000 pieds de jeunes arbres par an, est destiné aux villages de l'Atlas.

Après Bouffarik se trouve *Beni-Mered*, lieu célèbre par la défense du sergent Blandan : un petit monument rappelle le souvenir de cette belle action.

Il existe à *Beni-Mered* et à *Férouka*, dans l'Atlas, des carrières d'ardoises en pleine exploitation. Le dépôt en est établi à Alger, rue Bab-el-Oued, et à Bouffarik, chez Clément, aubergiste.

A 12 kil. sud est

BLIDAH (48 kil. environ d'Alger). *Hôtel* : de la Régence, tenu par Bergerond, au coin de la rue d'Alger et de la place d'Armes, offrant aux voyageurs tout le luxe et le confort possible; les Messageries africaines partent de ce bel hôtel : près de la place d'Armes se trouve aussi le *café d'Orléans*. —L'armée française prit possession du territoire de Blidah le 3 mai 1838 ; un camp dit *camp supérieur* fut d'abord établi entre cette ville et la *Chiffa*, sur une position qui domine la plaine de la *Mitidja*, jusqu'au confluent de cette rivière et de l'*Oued-el-Kébir*. De ce camp, la vue s'étend au loin sur le pays des *Hadjoutes*, et sur un grand nombre de points qui bornent l'horizon; on aperçoit aussi *Coléah*, avec laquelle il communique par une belle route et une ligne télégraphique.—Blidah fut définitivement occupée en 1839. Sa situation dans une contrée extrêmement fertile et abondamment pourvue d'eau, sa proximité de la capitale, l'avantage d'être l'intermédiaire de tout le commerce entre Alger et les provinces, sont autant de causes qui ont contribué à la prospérité de Blidah ; détruite entièrement le 2 mars 1825 par un tremblement de terre qui fit périr presque la totalité de ses habitants, elle s'est promptement relevée de ses ruines.

Cette ville est à l'entrée d'une vallée très-profonde, au pied du petit Atlas, qui l'abrite du côté du midi. Le dernier contre-fort, auquel elle est adossée, couvert d'arbres, et cultivé presque jusqu'au sommet, lui verse des eaux abondantes qui alimentent de nombreuses fontaines, et arrosent les jardins qui l'entourent; des bosquets d'orangers, qui font la richesse du pays, l'environnent de tous côtés et sont entretenus avec un soin particulier : on y cultive aussi des céréales et des pommes de terre. Les champs s'étendent peu du côté de la plaine; ils s'élèvent en amphithéâtre sur les flancs des montagnes voisines, et sont généralement bordés de haies d'oliviers sauvages; cet arbre y croît partout, et réussit également bien dans les montagnes et dans la plaine. On y voit de petits bois composés d'arbres magnifiques, mais sauvages et ne produisant que des fruits très-petits. Ces productions spontanées donnent une idée de ce que pourrait produire une culture bien entendue dans un terrain si favorisé de la nature.

La ville de Blidah est assez régulièrement percée, et ses rues sont moins étroites que celles d'Alger. Toutes les constructions, ainsi que le mur d'enceinte, sont en *pisé* ou terre détrempée et rendue compacte. Ce mur, d'environ quatre mètres de haut, est percé de quatre portes communiquant entre elles par une rue qui fait en dedans le tour de la ville. Depuis le tremblement de terre de 1825, qui renversa une grande partie des édifices les plus élevés, les maisons que l'on construit n'ont plus qu'un rez-de-chaussée; les décombres couvrent encore un grand nombre de rues. Après ce désastre, les habitants voulurent abandonner la ville, et tracèrent une autre enceinte à une demi-lieue plus

loin ; les constructions de cette nouvelle ville avancent rapidement, et tout porte à croire que Blidah sera bientôt, non-
seulement une des plus jolies villes de l'Algérie, mais aussi
un centre important de commerce et d'industrie. On remarque sa magnifique *place*, ou plutôt sa belle *promenade
de l'Orangerie*, et la jolie fontaine qui s'élève au centre.

Blidah est chef-lieu de subdivision et centre du cercle ; il
est la résidence d'un maréchal de camp, d'un sous-directeur
civil, d'un tribunal de première instance, d'une justice de paix,
d'un commissaire de police ; il possède un octroi, un comité
de santé, une milice bourgeoise, un journal, l'*Echo de
l'Atlas*, une pépinière, un Tivoli, des jardins où l'on fait de
la musique italienne, des cafés, des billards, une salle de
spectacle, et plusieurs hôtels et auberges.

Avant l'occupation, Blidah possédait quatre mosquées,
dont la plus imposante, située sur la *place d'Armes*, en
face du *télégraphe*, est devenue l'*église catholique* ; c'est un
bel édifice ; le minaret qui la surmontait, et qui tombait en
ruine, a été remplacé par un couronnement en bois d'assez
mauvais goût. La *mosquée de Bab-el-Djzaïr* (porte d'Alger) sert de caserne ; les deux autres mosquées, *Ben-
Sadoun* et des *Turcs*, continuent d'être affectées au culte
musulman.

EXCURSIONS : Aux trois villages qui forment comme une
petite ceinture autour de cette cité française ; ce sont
Joinville, *Montpensier* et *Dalmatie*, situés dans une
riante et fertile position. De là, il faut se rendre au
marabout de Mohamet-el-Kebir, le plus vénéré de Blidah ;
c'est la promenade la plus pittoresque qu'on puisse faire :
de nombreux croyants s'y rendent chaque jour en suivant
le sentier fleuri de l'*Oued-Kebir*, petit cours d'eau sans

importance, mais remarquablement beau par la végétation luxuriante qui ombrage ses eaux limpides.

Ce *marabout* se compose de trois tombeaux en maçonnerie blanche et en forme de dôme; ce sont ceux de Mohamet et de ses deux fils; chacun d'eux contient une espèce de niche destinée à recevoir les présents des pèlerins : ici le touriste rencontrera de graves musulmans qui pourront lui raconter des légendes souvent fort amusantes. Le riche panorama qui se déroule alors à nos yeux n'est pas la partie la moins intéressante de cette excursion ; amphithéâtre de montagnes et de plaines immenses couvertes d'une verdure éternelle, qui contraste fortement avec des sommets dénudés ou couverts de neige. Sur le dernier plan de ce magnifique tableau, le *tombeau de la Chrétienne* s'élève du sein des belles ondulations du *Sahel; Coléah* lève aussi sa tête, et, à travers une déchirure du *Mazafran*, la Méditerranée nous laisse apercevoir ses ondes bleues.

MOYENS DE LOCOMOTION.

Messageries Africaines, pour Alger matin et soir ; trajet 4 heures. Prix : coupé, 8 fr. ; intérieur, 6 fr. Ces voitures sont chargées des dépêches. On trouve beaucoup d'autres véhicules à 4 et à 6 places, partant à différentes heures.

MÉDÉAH, capitale de la province de Tittéri, est bâtie en amphithéâtre sur un plateau incliné, au delà de la première chaîne de l'Atlas, que l'on traverse par un chemin très-difficile. Le point culminant, à l'ouest, se trouve dominé par une espèce de fort ou kasbah. Les maisons de Médéah ressemblent beaucoup, par leur construction, à celles du

Languedoc, et ont, comme elles, des toits recouverts en tuiles. Les rues sont, en général, plus régulières et plus larges que celles d'Alger. Les habitants sont d'une taille élevée, forts et bien constitués. Dans le pays qui comprend l'ensemble des plateaux de Médéah, les habitants de la campagne n'ont pour demeure que des baraques en paille, joncs et branches d'arbre.

Médéah fut une forteresse romaine, occupant la partie supérieure du mamelon sur lequel la ville est située ; elle s'arrêtait à moitié pente vers le sud ; des traces de ses anciens remparts existent encore. Depuis, habitée par les diverses races qui se sont successivement remplacées en Afrique, elle s'est accrue en gagnant vers le sud jusqu'au pied même du mamelon : c'est ainsi qu'ont pris naissance la haute ville et la basse ville, longtemps séparées l'une de l'autre par une coupure et par une porte. Les Romains avaient une grande route qui joignait Médéah à Milianah. Médéah se trouve à peu près à 820 mètres au-dessus du niveau de la mer. En été les chaleurs y sont grandes, mais en hiver il y fait très-froid. Des vignes, en grand nombre, forment la principale culture et produisent un raisin excellent. Médéah, dans sa partie basse, renferme une fontaine très-abondante, d'une bonne eau, et présentant des traces de travaux antiques. La ville haute, l'ancienne forteresse romaine, n'offre aucune source ; elle a seulement, dans sa portion déclive, deux puits extrêmement profonds. Pour parer à cet inconvénient si dangereux, les Romains avaient relié à leur citadelle, par un chemin incliné, couvert par un rempart et par des tours descendant le long de l'escarpement ouest, une magnifique source sortant avec une force extrême de dessous le rocher qui supporte la ville haute elle-même.

Sidi-Ahmed-ben-Youssef, marabout très-vénéré de Milianah, qui a laissé, sur toutes les villes de la régence, des sentences qui sont devenues des dictons populaires, a dit, en parlant de Médéah : « Médéah, ville d'abondance ; si le » mal y entre le matin, il en sort le soir. »

Médéah a été occupée quatre fois par les troupes françaises : le 22 novembre 1830, par le général Clauzel ; le 29 juin 1831, par le général Berthezène ; le 4 avril 1836, par le général Desmichels, sous les ordres du maréchal Clauzel ; enfin, et d'une manière définitive, le 17 mai 1840, par le maréchal Vallée. Tous ses habitants l'avaient évacuée. Les hostilités de 1839 avaient démontré que, tant qu'on laisserait les Arabes libres dans l'Atlas, ils s'y organiseraient de façon à arriver en force et à l'improviste sur nos établissements de la Mitidja, et pourraient, par suite, nous inquiéter constamment. La garde de la Mitidja étant donc sur les hauteurs de l'Atlas, l'occupation permanente de Médéah fut résolue et effectuée dans ce but. Cette occupation a donné, en outre, à la France une place qui coupe par le milieu les provinces orientales et occidentales de l'espèce d'empire créé par Abd-el-Kader ; elle a porté un rude coup à l'influence du jeune sultan sur les Arabes soumis à sa domination. Médéah sera plus tard la station destinée à assurer les communications et le commerce entre le désert de Sahara et Alger. D'après les ordres du général de Lamoricière, 2,000 pieds d'arbres venant d'Alger ont été plantés en 1845 à Médéah.

Le voyageur ne visitera pas sans un vif intérêt la belle mosquée convertie en *temple chrétien*, et son élégant minaret couronné d'une croix, ouvrage des condamnés. Pop. 4,600 hab. ; garnison 2,000 h.

Le commerce de Médéah avec les tribus environnantes

consiste en marchandises, et s'est élevé en 1845 à près de 200,000 fr.

Le prix moyen de la viande est :
Bœuf, 1 fr. » c. le kil.
Mouton, » 60
Veau, » 80
Pain, » 60
Les autres denrées sont généralement d'un prix peu élevé.

ROUTE V.

D'ALGER AU CAP MATIFOUZ.

30 kil. environ.

On quitte Alger par le beau faubourg de Bab-Azoun, passant par la ferme-modèle auprès du jardin de Mustapha, et qui suit le contour de la rade. Elle n'en est séparée d'abord que par une petite plage de sable le long de laquelle étaient construites quelques batteries. A droite de la route sont des maisons de campagne entourées de beaux jardins, de vignes et de champs cultivés. Des dunes de sable assez élevées succèdent à cette belle végétation, qui ne s'étend pas à plus de 2,000 à 5,000 mètres de la ville. Arrivé sur le bord de l'Arrach, la route tourne brusquement à droite sur cette rivière, et va la passer à 1,800 mètres de là, sur le pont de pierre. Au delà de la rivière, le terrain, s'élevant au-dessus de la plaine que l'on découvre au loin, devient légèrement accidenté. Ces collines sont presque entièrement couvertes de broussailles ; on n'y trouve pas d'autres habitations que la *Maison-Carrée*, poste militaire pouvant contenir un bataillon. Ce poste n'est occupé que depuis le mois de novembre jusqu'au mois de juin; le reste de l'année, les exhalaisons des marais de la plaine le rendent inhabitable.

Maison-Carrée. La Maison-Carrée était une espèce de caserne d'où l'agha tombait à l'improviste sur les tribus pour les châtier, ou les forcer à payer l'impôt. Elle est maintenant entourée d'un fossé et garnie d'un mur crénelé; elle défend le passage de l'*Arrach*, soit au gué de l'embouchure par un *blokhaus*, soit sur le pont, et par sa position élevée surveille toute la plaine.

Fort de l'Eau. Au pont de pierre, la route se divise en deux branches : l'une, qui prend à droite, est la route de Constantine; l'autre se dirige sur le *fort de l'Eau*, où l'on a construit une redoute. Cette dernière a été récemment mise en état par les troupes; elle est couverte sur la droite par deux redoutes qui défendent le terrain jusqu'à la *Rassauta*.

La redoute construite sur l'emplacement du fort de l'Eau observe la mer et un petit chemin qui suit la plage, et va d'Alger au cap Matifouz, en passant l'Arrach à gué à son embouchure.

Rassauta. Du fort de l'Eau, un beau chemin conduit à *Haouech-el-Bey*, dans la *Mitidja*; il traverse le coteau de la Rassauta, sur lequel se trouvent deux grandes habitations propres à recevoir des troupes à pied et à cheval.

On peut, en partant de la Rassauta et traversant l'*Hamiz*, arriver au cap Matifouz; si l'on suit le bord de la mer, on trouve des dunes peu élevées, et l'on arrive à l'embouchure de l'*Hamiz*; sur la rive gauche est une batterie. Après le passage de la rivière, le chemin tourne avec la plage directement au nord, et, laissant sur la droite un reste de salines, conduit aux ruines de *Rusgonium* ou plutôt *Rusgunia*.

Ruines de Rusgunia. Le voyageur ira voir ces ruines, qui sont celles d'une ville romaine ; elles occupent un vaste espace de forme circulaire, mais un peu allongé. La côte, qui est légèrement escarpée, la limite sur un de ses côtés. Quelques édifices composés de demi-voûtes et des tronçons épars de colonnes semblent indiquer les restes d'anciens bains. Cette ville, à ce que l'on prétend, était un port célèbre ; d'ailleurs les ruines annoncent une grande ville, il est vrai, mais il ne reste aucune trace du port qui a pu exister autrefois. Seulement il existe un peu au nord de ces ruines un mouillage très-bon par les vents d'est et de nord-est, par 10 à 12 brasses d'eau sur un fond de sable et de vase.

De ces ruines, un quart d'heure de marche conduit au *fort Matifouz*, et un autre quart d'heure au *cap de ce nom* (1), qui ferme la baie d'Alger à l'est ; de ce point la vue

---

(1) Le cap Matifouz, malgré la bonté du sol et la salubrité qui y règne, est resté une espèce de désert depuis bien longtemps. La cause en est peut-être dans la nature de ce canton, qui, s'avançant beaucoup dans la mer, se trouve en dehors de toutes les routes ; aussi, sauf le fort bâti par les Turcs et actuellement abandonné, sauf les restes de l'antique *Rusgunia*, rien n'y annonce la main de l'homme : c'est une immense solitude de broussailles où les sangliers, les panthères trouvent un asile que rien ne vient troubler. Cependant le cap Matifouz est à deux heures d'Alger par mer, et il offrirait des ressources qui ne sont pas à dédaigner à l'établissement qui s'y formerait.

Nous citerons entre autres la magnifique carrière de *Maherzat*, jadis exploitée par les Romains et qui se trouve à l'est du *Mondrain* ; on nous assure qu'une compagnie s'occupe de peupler ce désert, et qu'il est question d'y fonder à la fois un village de cultivateurs et une espèce de lieu de plaisance à l'usage des habitants d'Alger, qu'un petit bateau à

est admirable : devant vous, *Alger* et tout son mouvement maritime ; à droite, la Méditerranée, et à gauche, la vaste baie d'Alger, avec ses dunes, ses jardins et ses marais.

Un village maritime vient de s'élever près de ce cap, non loin des ruines de l'ancienne *Rusgunia* de Ptolémée. Ce village est occupé par des Européens et des indigènes, auxquels des concessions de terrains et de matériaux ont été faites ; un avenir prospère peut être prédit à cette nouvelle colonie.

ROUTE VI.

D'ALGER A SIDI-EL-FERRUCH.

Par le littoral, 23 kil. environ.
Par la belle route carrossable, 22 kil.

Le chemin d'Alger à Sidi-el-Ferruch, en suivant le bord de la mer, est praticable pour les voitures jusqu'un peu au delà de la campagne du Dey. De ce point au cap Caxinès, ce n'est plus qu'un sentier, traversé par plusieurs ravins, bon pour un homme à cheval. Du cap à Sidi-el-Ferruch, ce sentier n'existe pour ainsi dire plus ; il faut aller comme au hasard à travers les broussailles.

vapeur y conduirait en excursion. Il est à désirer que ce projet reçoive une prompte exécution, et que la ville d'Alger ne soit pas plus longtemps placée entre les solitudes sauvages du cap *Caxinès* et celles du cap *Matifouz*. La civilisation, qui tend à se lancer au delà de l'Atlas, doit bien aussi jeter quelques embranchements à l'est et à l'ouest.

L'autre chemin, partant de la Kasbah, descend à peu près parallèlement à la côte jusqu'au fond du ravin qui reçoit toutes les eaux des collines environnantes, et que l'on nomme *El-Oued;* traverse ce ravin, et va aboutir aux carrières qui fournissent à la ville des pierres de construction.

Un chemin inégal, raboteux, et en partie pavé, conduit de la Kasbah au château de l'Empereur : la distance est d'environ 900 mètres, d'après le plan de Boutin. Du château de l'Empereur, dans une direction O. $^1/_4$ S.-O., à la baie de Sidi-el-Ferruch, la distance est d'environ 20 kil. Shaler dit l'avoir parcourue à cheval, d'un pas modéré, en 3 heures. Pendant les huit premiers kilomètres, la route traverse un pays peu couvert, fertile et légèrement ondulé; on y trouve plusieurs sources distantes l'une de l'autre de 800 mètres au plus. Des dernières sources au marabout de Sidi-el-Ferruch, cette dernière route prend une direction O.-N.-O., et traverse pendant 8 kil. un pays stérile, sablonneux et couvert de broussailles. Dans toute sa longueur, ce chemin est praticable à l'artillerie et à toute espèce de voitures. C'est l'ancienne voie romaine, que l'armée a réparée et réédifiée sur un nouveau plan.

Du café situé sur le chemin de l'Empereur, ou chemin romain, vous arrivez à

Staouëli, joli centre de population, et bien fortifié. Le 14 septembre 1843, Mgr l'évêque d'Alger posa la première pierre de l'église de cette naissante localité; elle est érigée sur le champ même où se livra la *bataille de Staouëli*, qui décida en grande partie de la prise d'Alger, et ses fondations reposent sur un lit de boulets ramassés dans l'enceinte de la nouvelle Trappe.

Une heure $^1/_2$ de marche nous conduit à travers un pays peu intéressant, à

Sidi-el-Ferruch, qui porte aussi le nom espagnol de *Torre-Chica* (petite tour), petite localité qui n'a d'importance que par sa position sur une baie remarquable où l'armée française débarqua en 1830 pour faire la conquête de l'Algérie. Cette expédition navale est une des plus mémorables des temps modernes.

« C'était, dit un témoin oculaire, dans la nuit du 13 au 14 juin. La mer était calme et belle, et les étoiles seules éclairaient le ciel de leur scintillante clarté. L'on n'entendait que le bruit monotone des vagues qui allaient mourir sur la plage, ou se briser contre les rochers qui ceignent le nord de la presqu'île. A trois heures, le signal est donné, et bientôt au léger bruissement de l'air se mêlent les voix sourdes des soldats qui s'embarquent dans les chalands, et à qui les officiers recommandent à chaque instant le silence. Les matelots n'agitaient les rames qu'avec précaution, car chez eux la circonspection est instinctive, et le danger les a, de longue main, assouplis. Malgré l'activité de la flotte et le mouvement d'une quantité innombrable d'embarcations, la rade présentait un aspect mystérieux qui avait quelque chose d'imposant et de solennel. Ce mouvement inaccoutumé, en présence d'une plage silencieuse, l'heure choisie pour cette opération, le recueillement où chacun paraissait jeté, la régularité de la marche, le calme des éléments, tout inspirait une sorte d'admiration, et concourait à rehausser la grandeur de l'entreprise.

» Plus d'un esprit dut alors se replier sur lui-même, consulter ses souvenirs, et juger d'une certaine hauteur de vue le drame dans lequel il allait jouer un rôle actif, et qui devait faire époque dans sa vie, dans l'histoire de sa patrie et dans les destinées de l'humanité. Combien durent évoquer les grandes ombres qui avaient autrefois illustré ces rivages, les Scipion, les saint Louis, les Charles-Quint! Un anneau merveilleux rattachait à ces idées les noms de Duquesne et de Napoléon; l'un comme un présage de la chute d'Alger, l'autre comme un motif d'émulation sur cette terre d'Afrique, où il avait laissé l'empreinte de ses pas. Il fallait s'associer à tous ces triomphes et venger les anciens revers. Toutes ces idées bouillonnaient dans les cœurs et exaltaient les imaginations. Elles se communiquèrent rapidement dans l'armée, par la solennité même des circonstances, et par l'effet de ces commotions instinctives qui saisissent les masses en présence de tout noble but. »

Ce sont ces souvenirs de 15 ans qu'on a fait revivre le dimanche 15 juin 1845. Toute la population d'Alger s'était réunie pour célébrer cette fête de famille. M. le colonel Marengo avait disposé le long de la côte plusieurs compagnies de zouaves, avec ordre de simuler la défense du littoral contre la milice arrivée d'Alger sur le vapeur le *Sphinx*. L'attaque commence sur toute la ligne, le canon gronde, la mousqueterie éclate; petit à petit les prétendus Arabes perdent du terrain, ils reculent, et le débarquement s'opère tout près de cette tour au pied de laquelle rampera bientôt un village moderne, comme la broussaille sous les grands chênes.

Regardez, c'est *Torre-Chica*, détruite en 1828 par l'artillerie du vaisseau la *Provence*; elle était à peine reconstruite en 1830. Chacune de ces pierres vous aurait autrefois raconté une page de l'histoire du pays. Le cachet des deys est encore écrit en gros caractères dans ce qui reste de ses anciennes lignes, dans son architecture : partout où l'esprit interroge, il répond; mais le silence, qui ne cesse de régner, avertit en même temps que l'on marche au milieu des fantômes, que les hommes d'autrefois ne sont plus, que les conditions de la société sont changées, et que ces murs à peine achevés seront bientôt emportés par le souffle des événements.

Comme dans toutes les fêtes qui font époque, la religion a eu son tour. Monseigneur Dupuch, officiant en plein air sur un autel improvisé, a joint la majesté du culte à la grandeur du souvenir. L'hostie consacrée par ses mains semblait descendre des cieux pour purifier cette terre d'Afrique perdue depuis tant de siècles; et quand, au moment de l'élévation, les salves ont recommencé, la puissance du passé unie au sentiment religieux du moment semblait projeter sur le prêtre et sur l'autel le reflet d'une triple couronne de religion, de souvenirs et de gloire.

Un nouveau centre de population s'est élevé en 1845 sur la presqu'île de *Sidi-Ferruch*, formant un village maritime composé d'abord de 21 familles de pêcheurs français et indigènes; le directeur de l'intérieur a décidé qu'il serait accordé à chaque famille pour une valeur de 800 fr. en matériaux, et qu'en outre une prime de 100 à 200 fr. serait attribuée aux habitants pour chaque bateau attaché au village.

ROUTE VII.

D'Alger a Cherchell et a Tenès, par Koléah.
150 kil. environ.

On ne pouvait autrefois se rendre d'Alger à Koléah qu'en passant à travers la partie basse de la plaine de la *Mitidja*;

maintenant on suit la jolie route par Douéra, récemment construite par nos troupes, qui se dirige d'Alger sur Bouffarik en passant par Douéra, et parcourt le massif dans toute sa longueur. Elle est plus longue que celle qui passe par la ferme-modèle ; mais elle fait éviter la portion de la plaine rapprochée du pied du versant sud des collines d'Alger, où le terrain est marécageux et la route presque impraticable pendant une partie de l'année. (Les travaux terminés en 1845 l'ont rendue tout à fait praticable aux voitures, mais elle n'offrira jamais les scènes pittoresques de la route stratégique.)

D'Alger il faut compter environ 6 heures de marche pour atteindre

KOLÉAH, située sur le revers méridional des collines du Sahel ; cette ville a été occupée le 29 mars 1838. A côté et à l'ouest de la ville, un camp a été sur-le-champ établi comme une sentinelle avancée, observant les débouchés des sentiers au sortir de la plaine, et surveillant le rivage de la mer. Les eaux sourdent de toutes parts, abondantes et pures, dans le petit vallon de Koléah ; elles sont distribuées avec art pour arroser de magnifiques vergers d'orangers, de citronniers, de grenadiers, et en général les jardins qui entourent la ville sont couverts de tous les arbres à fruits de l'Europe. Tout est riant dans ce vallon ; cependant la campagne des environs n'est pas encore bien cultivée.

Koléah est assez régulièrement percée ; le mur d'enceinte qui existait autrefois, et une partie des maisons, qui, comme à Blidah, sont construites en pisé, ont été renversées par le tremblement de terre de 1825, mais elles ont été bientôt relevées.

Cette petite ville est dans une jolie position, à 2 kil. environ de la mer, sur le versant septentrional de la chaîne qui longe le littoral. Le docteur Shaw pense que c'est le *Casæ Calventi* de l'Itinéraire d'Antonin.

Koléah prend de jour en jour de l'importance, ce qu'elle doit à sa jolie situation; on y trouve un *hôtel*. Pop. 900 h. européens, sans la garnison.

De Koléah la route suit le littoral pendant environ 24 kil., et conduit à

TEFFESSAD, petite localité située sur les bords du lac du même nom, et tout près d'une des courbures du *Mazafran*. On voit au pied d'une éminence les ruines d'une ancienne ville, qui s'étendent parallèlement au rivage de la mer, mais à une distance d'environ 3 kil.; elles consistent généralement en briques d'une belle terre et d'une belle couleur. Chaque brique peut avoir 8 centimètres d'épaisseur et à peu près 30 centimètres carrés. Tout porte à croire que Teffessad est la *Tipasa* des anciens.

Au milieu de ces ruines immenses, explorées par M. Berbrugger, et à côté d'une nécropole chrétienne dont les tombeaux ont presque tous été profanés, s'élevait un édifice de même forme que la basilique d'Orléansville, avec double rang de colonnes et une galerie supérieure dont trois arcades sont encore debout. Les belles colonnes de pierre et de granit qu'on y foule à chaque pas, sa forme, son orientation, tout indique que c'était l'église de *Tipasa*.

A quelques minutes de marche, sur le bord de la mer, s'élève un *tumulus* appelé par les Arabes *Qobo-el-Roumyed*, tombeau de la Chrétienne.

« Il s'élève au bord de la mer, sur une petite colline qui est la continuation de ces terres accidentées qu'on appelle *Sahel*, et qui s'étendent de la *Maison-Carrée*, près d'Alger, jusqu'à la montagne de *Chénouan*, à quelques lieues de *Cherchell*. Sa forme est pyramidale ; la terre qui recouvre une partie de sa base ne permet pas d'en mesurer facilement la largeur ; on remarque sur les côtés la place des incrustations ou revêtements en marbre qui ont disparu, et sur lesquels étaient sans doute quelques bas-reliefs ou inscriptions. Le *tombeau de la Chrétienne* se voit de très-loin en mer, ainsi que de tous les points de la plaine de la *Mitidja* et du versant septentrional de l'Atlas. Nous avons consulté sur l'origine de ce monument les *Hadjoutes*, qui depuis plusieurs siècles habitent la contrée, et chez qui la tradition orale se conserve si fidèlement, puisque toute leur histoire n'est écrite que dans leurs souvenirs; et ils nous ont répondu d'une voix unanime que ce lieu, célèbre dans tout le pays par les prodiges qui s'y sont opérés, est en grande vénération chez les Arabes ; ils racontent de singulières et effrayantes punitions arrivées, disent-ils, à ceux qui, de tout temps, ont voulu violer ou détruire ce tombeau ; enfin ils assurent, sur le témoignage de leurs ancêtres, que celle qui y repose fut chrétienne, et que les catholiques, autrefois habitants ou pèlerins de la contrée, lui donnaient le nom de *Sainte*. Il y a lieu de croire que le monument date de cette époque dont parle Tertullien, où les fidèles remplissaient l'empire romain tout entier. »

La route ne quitte pas le littoral : à droite, les ondes azurées de la Méditerranée ; à gauche, un amphithéâtre de collines plus ou moins pittoresques, entrecoupées de vertes vallées où se trouvent des ruines qui prouvent que les Romains ont habité ces contrées si solitaires aujourd'hui.

Après quatre heures de marche, nous traversons

Zimala, et une heure de plus nous conduit à *Jhiami-Ismaïl*. Bientôt nous sommes à

Cherchell, chef-lieu de cercle, ville maritime, à 72 kil.

à l'ouest d'Alger, l'ancienne *Julia Cæsarea* des Romains, n'occupe aujourd'hui qu'une très-petite partie de l'enceinte encore visible tracée par ces conquérants. L'existence de *Julia Cæsarea* sur l'emplacement de Cherchell a été prouvée par plusieurs inscriptions trouvées sur place. Les traces de la ville romaine sont : les restes de ses remparts, les ruines d'un amphithéâtre, de nombreux pans de murs et des débris d'édifices. La magnificence de ces ruines et de celles que l'on voit dans les environs atteste que les Romains avaient fait de *Julia Cæsarea* le principal siége de leur puissance dans cette contrée. La position de Césarée leur ouvrait l'accès des plaines et des vallées situées entre le Chéliff et le Mazafran. C'est par là qu'ils pénétraient sans peine jusqu'à Médéah et Milianah. Le 16 mars 1840, l'armée française a pris possession de Cherchell, abandonnée de ses habitants, qui depuis cette époque y sont rentrés peu à peu. Il y a peu de positions plus belles et plus avantageuses que celle de cette ville ; son port est presque circulaire, et son diamètre peut avoir deux cents mètres. L'industrie de cette ville, avant l'occupation, était renommée pour ses fabriques d'acier et de poteries de terre, dont les Kabyles et les Arabes des environs faisaient un grand usage. — Le jour n'est pas loin où cette antique cité recouvrera toute son industrie et son commerce maritime.

Outre ces ruines imposantes, Cherchell possède une jolie mosquée à trois nefs et un hôpital immense supporté par 99 colonnes romaines de granit, dont quelques-unes, les chapiteaux surtout, sont de la plus grande beauté. Cette cité possède aussi une église catholique. Pop. 1,000 hab. civils et une garnison.

A 16 kil. ouest, près de l'embouchure de l'*Oued-Tef-sert*, rivière peu considérable dans l'été, mais qui dans l'hiver est profonde, rapide et difficile à passer, se trouvent les ruines grandioses de BRERK, situées au fond d'une baie que forme l'embouchure de la *Tef-sert*.

En suivant toujours le versant nord d'une chaîne de montagnes parallèle au rivage, on rencontre au pied même de ces montagnes des indices de stations romaines. Trois heures de marche nous conduiront à

DAHMOSS, peuplade sans importance, dans une situation agreste. On y trouve des ruines qui attestent son ancienne importance ; c'était probablement le *Castra Germanorum* des Romains. A 14 kil. de ces ruines nous rencontrons

VACOUR, petite peuplade située près de l'extrémité méridionale d'une baie assez profonde. Ici encore des ruines romaines. Enfin, à 22 kil. ouest, en suivant toujours le littoral de la Méditerranée, nous arrivons à

TENÈS (l'ancienne *Cartena*), ville chétive et sale, située au fond d'une baie sombre, sur la rive droite du cours d'eau de ce nom, qui forme un petit port dont la rade offre peu de sécurité aux bâtiments. Cette ville, avant Barberousse, était la capitale de l'un des petits royaumes du pays : elle faisait jadis un commerce de blé assez considérable. Une colonne française l'a visitée le 27 décembre 1842 ; mais elle s'est hâtée de s'éloigner de cette misérable bourgade, qui ne présentait aucune ressource pour le logement et l'approvisionnement des troupes, et est entourée de montagnes stériles. Voici ce que Sidi-Ahmed-ben-Youssef a dit en parlant de Tenès :

Tenès
Ville bâtie sur du cuivre,
Son eau est du sang,
Son air est du poison ;

Certes, Ben-Jousse ne voudrait pas passer une seule nuit
dans ses murs.
(*Traduction libre de l'arabe.*)

Malgré le peu de charme qu'offrent ses alentours, Tenès a repris depuis quelque temps une certaine importance ; son commerce maritime s'est agrandi, et cette ville peut être considérée comme le port d'*Orléansville*, cité nouvelle, et avec laquelle elle communique actuellement par une belle route que nos soldats ont construite : Orléansville, dont nous allons bientôt parler, est à 28 kil. sud. de Tenès.

Non loin de cette localité se trouve le cap du même nom ; c'est une haute montagne qui semble s'élever du sein de la mer, et qui, vue de loin, présente un aspect tout à fait pittoresque.

On a découvert à Tenès les premiers carreaux d'une mosaïque fort grande, mais moins précieuse que celle d'Orléansville ; l'on ne sait pas encore à quel édifice ils ont pu appartenir. Malgré ce que dit Youssef en parlant de cette ville, elle n'en possède pas moins 1,500 habitants civils, plus une garnison de 2,000 hommes, et une *église catholique*, jolie construction en pierre. Son commerce maritime est assez actif, et il ne se passe guère de semaine qu'il n'entre dans son petit port quelques bâtiments marchands venant d'Europe. Le *steamer* de l'État d'*Alger* à *Oran* relâche à *Tenès* le mercredi à 1 heure du soir, et repart à 3 heures de relevée, s'arrêtant 2 heures pour prendre les voyageurs et les dépêches.

ROUTE VIII.

D'ALGER A ORAN, PAR MILIANAH ET ORLÉANSVILLE.

Environ 320 kil.—9 journées de marche.

Sur tout le parcours de cette partie de la route jusqu'à *Milianah*, le voyageur trouvera des auberges ou des cafés dans lesquels il pourra se reposer.

En quittant Alger, le voyageur suit maintenant la belle route de *Douéra*, qui traverse les parties élevées de la *Mitidja*, passe par *Douéra* et *Bouffarik*, et incline ensuite vers l'ouest sur un terrain presque horizontal; puis, traversant quelques bouquets d'oliviers sauvages, elle va rejoindre la *Chiffa* à 20 kil. (5 lieues de poste) de *Bouffarik*, et à 8 kil. (2 lieues) du point où cette rivière reçoit l'*Oued-Jer*, son affluent de gauche. C'est en cet endroit que le camp de la Chiffa avait été établi. Après avoir passé la rivière à gué, la route traverse la partie nord de la *plaine des Hadjoutes*, pénètre dans l'Atlas par la vallée de l'*Oued-Jer*, et franchit cette chaine de montagnes. Mais, avant de quitter le sommet de ces hautes régions, le voyageur doit jeter les regards sur le beau panorama qui se déroule à ses pieds : devant lui se présentent les vastes plaines et le cours sinueux du pittoresque fleuve le *Chéliff*. La route descend alors, et conduit à

MILIANAH, petite ville que les Français trouvèrent abandonnée et livrée aux flammes en 1840. Mais c'était un point trop important pour ne pas s'y établir; car, par sa position, cette vieille cité romaine est la clef de l'intérieur des terres, et ouvre l'accès des riches plaines et des fécondes vallées situées entre le Chélif et le Mazafran. Cette petite ville, à 108 kilomètres environ d'Alger et à 60 de Blidah, est située dans une montagne de l'Atlas, sur le versant méridional du *Zaccar*, à 900 mètres au-dessus du niveau de la mer. Suspendue en quelque sorte au penchant de la montagne, elle est bâtie sur le flanc d'un rocher dont elle borde les crêtes. Sous la domination romaine, Milianah, l'antique *Miniana*, par sa position centrale au milieu d'une riche contrée, devint un foyer de civilisation, une florissante cité, résidence d'une foule de familles de Rome. On y retrouve encore aujourd'hui des traces non équivoques de la domination romaine; un grand nombre de blocs en marbre grisâtre, couverts d'inscriptions, et quelques-uns de figures et de symboles. Un de ces blocs offre sur ses faces une urne ou un cercle; un second représente un homme à cheval, ayant une épée dans une main et un rameau dans l'autre; deux autres portent chacun deux bustes romains d'inégale grandeur. Les maisons de Milianah, toutes composées d'un rez-de-chaussée et d'un étage, sont construites en pisé fortement blanchi à la chaux et renforcé habituellement par des portions en briques; elles sont couvertes en tuiles. Presque toutes renferment des galeries intérieures et quadrilatérales, de forme irrégulière, soutenues assez souvent par des colonnades en pierre et à ogives surbaissées. La ville renferme vingt-cinq mosquées, dont huit sont assez vastes. Comme celles de toutes les villes arabes, ses rues sont étroites et tortueuses; mais des eaux abondantes alimentent, par une multitude de tuyaux souterrains, les fontaines publiques et celles des maisons, pourvues d'ailleurs de plantations d'orangers, de citronniers et grenadiers. La garnison a construit de grandes places et percé deux larges rues aboutissant, l'une à la porte Zaccar, l'autre à celle du Chéliff. Elle a cherché à tirer parti des richesses naturelles du sol : c'est ainsi qu'elle a établi un four à chaux et une charbonnière, une suiferie, une poterie qui en peu de temps a fourni tous les ustensiles de cuisine et autres dont la ville manquait ; une tannerie ; enfin une grande usine avec manége, distillateur, réfrigérant, pressoir à vis, etc., où l'on a fabriqué de la bière, du cidre et de l'eau-de-vie de grain. Toutes ces tentatives, qui ont eu le double avantage d'utiliser les loisirs des troupes et d'augmenter leur bien-être, prouvent de quelle importance peut devenir Milianah, envisagée seulement au point de vue industriel.

Pop. européenne, 700 ; — Arabes, environ 2,000 ; — garnison, 2,000 hommes.

Eaux d'Hammam-Righa (Aquæ Calidæ).

Il existe, à 20 kil. de Milianah et à 48 de Blidah, une source d'eau thermale appelée *Hammam-Righa* (Aquæ Calidæ), en grande vénération parmi les indigènes, qui, de temps immémorial, s'en servent pour la guérison des maladies chroniques, et lui reconnaissent une grande efficacité.

Dans le but de constater les propriétés curatives de ces eaux, M. le gouverneur général y fit envoyer, en 1844, une trentaine de militaires malades. Les résultats ayant été satisfaisants, M. le maréchal ordonna, en 1845, la création d'un hôpital militaire qui peut recevoir un grand nombre de malades.

Les routes de Cherchell et de Blidah à Milianah passent au pied du coteau sur lequel sont les bains, et cet endroit forme une station obligée pour les voyageurs et les voitures qui suivent ces deux routes.

COMMUNICATION.

DE MILIANAH A CHERCHELL.

48 kil. — Une forte journée de marche.

Au sortir de Milianah, le voyageur gravit le *Djebel-Zicker* qui se trouve au nord de cette ville, et arrive sur le plateau de la chaîne de ces montagnes, d'où la vue est magnifique. Au pied du versant méridional, surgit l'antique *Malliana*; vers la droite, s'étend la riche et verte *vallée du Chéliff*, à travers laquelle le fleuve promène gracieusement ses ondes, en répandant sur son passage la fraîcheur et la fertilité. Vers le nord la vue n'est pas moins pittoresque; c'est une suite d'ondulations aux formes variées, que le voyageur franchit successivement jusqu'à

Guneass, petite peuplade. De là on arrive sur un terrain accidenté jusqu'à

Fimmel, et deux heures après on entre à

CHERCHELL. (Voy. route 7.) Sur cette route le voyageur ne rencontre ni la petite auberge française, décorée souvent du nom d'hôtel, ni le *fonduk arabe* (auberge); mais les différents *douars* qu'il traverse lui offriront une franche hospitalité; le repas sera frugal, mais sain.

A partir de Milianah, la route que nous suivons traverse des campagnes bien arrosées où l'on cultive beaucoup de riz; mais le pays est en général malsain : les Arabes qui habitent cette contrée vivent sous des tentes, et reçoivent le voyageur avec hospitalité.

Après avoir quitté Milianah, la route descend dans le bassin du *Chéliff*, qu'elle traverse sur un beau pont de pierre à

El-Kantara, qui date du temps des Romains : le fleuve peut avoir dans cet endroit environ 40 mètres de largeur et peut porter bateau. Ce pont est à 48 kil. environ de Milianah. Suivant ensuite la rive gauche du fleuve, 8 kil. de marche nous conduisent sur les bords de l'*Oued-Rouma*, que nous traversons avant d'entrer à

Chadara, petite peuplade sur la rive gauche du Chéliff. A une heure de marche environ, nous passons à gué l'*Oued-Fodah*, avant d'entrer à

Tmoulga. Notre route longe toujours le fleuve; les vallées que nous traversons offrent quelques ondulations et de belles récoltes en riz, seigle, coton, olives, etc.; et, après environ dix heures de marche, nous entrons dans la nouvelle cité de

ORLÉANSVILLE, peu considérable encore, située sur la rive gauche du *Chéliff*, au milieu d'une belle et fertile plaine qu'arrose l'*Oued-Isly*, et communiquant, comme nous l'avons déjà dit, par une belle route, avec *Tenès*, port sur la Méditerranée. (Voy. route 7.) Cette jeune cité est construite sur des ruines romaines dont l'origine est douteuse. Les Arabes appellent ce lieu *El-Esslam* (la ville aux statues), à cause de la grande quantité qu'on en tira de ses ruines. Les *casernes*, les *hôpitaux*, les *écuries* pour *la cavalerie*, les *magasins* et les autres établissements sont entièrement terminés, et méritent l'attention du voyageur par le goût qui a présidé à leur construction. Les fouilles faites pour l'érection de ces divers établissements ont amené une découverte des plus intéressantes : une ancienne église chrétienne a été retrouvée dans ses fondations et dans ses mosaïques intérieures ; l'inscription ci-dessous, placée sur le seuil même de l'édifice, ne laisse pas de doute à cet égard. La voici telle que quatorze siècles et plus nous l'ont léguée :

HIC REQUIESCIT SANCTÆ
MEMORIÆ PATER NOSTER
REPARATUS EPISCOPUS
QUI FECIT IN SACERDOTIUM
ANNOS VIII MENSES XI ET
NOS PRECESSIT IN PACE
DIE UNDECIMA K. A. L. A'G. PR.
OV. NC. CCCC XXX ET SEXTA.

Ce qui s'explique ainsi :

« *Ici repose notre père* RÉPARAT, *évêque de sainte mémoire, qui exerça huit ans onze mois le sacerdoce, et qui nous a précédés dans la paix de Dieu le onzième jour des calendes d'août, l'an 436 de la naissance de J.-C.* »

« La belle mosaïque retrouvée à *El-Esslam* (Orléansville), dit Mgr l'évêque d'Alger, était bien en effet le pavé d'une des plus anciennes basiliques de la chrétienté; à en juger par son inscription, écrite en grands caractères, elle daterait des premières années du troisième siècle. Cette mosaïque n'a pas moins de 40 pas de longueur sur 22 de largeur, sans y comprendre les bas-côtés, qui étaient séparés de la nef par deux rangs de colonnes.

» A l'extrémité est de cet admirable pavé, et au milieu d'un hémicycle, se trouvait l'autel; l'hémicycle est remarquable par son élévation d'un mètre et quelques centimètres, mais bien plus par la perfection de la mosaïque qui le décore. Au-devant de l'autel est un agneau percé d'une flèche, et un peu au-dessous, des deux côtés, des poissons d'un merveilleux travail. Le poisson, dans ces temps antiques, était, comme tous le savent, un signe symbolique du christianisme.

» Sous l'autel, dans une crypte voûtée, est un tombeau creusé dans du plâtre; il était ouvert au moment des fouilles : à droite et à gauche s'élevaient deux colonnes de marbre blanc.

» A l'extrémité opposée, et dans un hémicycle parfaitement semblable à celui où est l'autel, mais presque au niveau du pavé, orné comme le premier de deux colonnes de marbre, on lit, au milieu d'une belle rosace entourée de guirlandes de feuillages, l'inscription tumulaire que nous avons citée plus haut. »

Indépendamment de cette basilique, l'archéologue pourra visiter l'emplacement et les ruines d'une seconde *église chrétienne*, au lieu même où s'élève l'*hôpital militaire*, et à un kil. environ, au milieu de cette *nécropole chrétienne*, les restes de deux *chapelles* ou *oratoires*, dont la construction ne laisse aucun doute sur leur destination.

Orléansville possède aussi, depuis le 1er mai 1844, un *théâtre*, une pépinière. Une citerne romaine parfaitement conservée vient d'être disposée pour le service public de cette cité; elle peut contenir 344 hectolitres; de plus, on continue de réparer un conduit romain, dont près de 3,500 mètres sont déjà terminés.

Les quatre marchés qui ont eu lieu dans cette petite cité pendant le mois de janvier 1845 ont été fréquentés par 2,600 Arabes, qui y ont amené 40 bœufs, 125 moutons, 6 chevaux, 24 mulets et ânes, 325 pièces de volailles, 1,845 hectolitres d'orge, 1,070 douzaines d'œufs et 100 pièces de laine. Pop. civile, 500 hab.

Les alentours de cette naissante localité se sont couverts de jeunes plantations faites par l'administration militaire, et les défrichements se continuent avec activité; un bataillon est presque toujours occupé à ces utiles travaux (1).

(1) Depuis 1844, il a été planté dans l'arrondissement d'Oran, par

En sortant d'Orléansville, la route continue toujours dans la *vallée du Chéliff*, traversant plusieurs cours d'eau presqu'à sec dans l'été, mais en général d'un aspect tout à la fois agreste et pittoresque : çà et là, des peuplades plus ou moins considérables. Nous quittons enfin le père des fleuves de l'Algérie (le Chéliff) (1), et nous suivons une direction sinueuse à travers un pays très-accidenté, arrosé par plusieurs cours d'eau, dont les plus considérables sont la riante *Oued-Mina*, que le voyageur traverse à gué ; l'*Oued-Hill*, l'*Oued-Habrah* et l'*Oued-Sig*. — Toutes ces rivières sont généralement bordées de bois taillis plantés de saules, de peupliers, etc. — Elles sont aussi très-poissonneuses, mais le poisson n'en est pas fort délicat : les Arabes de ces districts pêchent avec leurs manteaux, les filets leur étant complétement inconnus.

Le neuvième jour de marche nous amène aux portes d'*Oran* ; mais, avant d'entrer dans cette capitale de la province, nous allons faire connaître au voyageur les mœurs et les coutumes des nombreuses tribus qui habitent ces vastes contrées. Nous mettrons sous ses yeux un fragment que nous empruntons de nouveau à M. l'abbé Suchet, grand vicaire d'Alger.

l'administration civile et par les propriétaires, 12,772 pieds d'arbres et 24,175 ceps de vigne. Le chiffre des arbres se divise ainsi : 1,495 pommiers, 1,688 poiriers, 498 cerisiers, 1,444 pêchers, 246 abricotiers, 2,041 mûriers, 1,682 oliviers, 504 pruniers, 421 amandiers, 729 orangers, 249 citronniers, 210 ormes, 140 acacias, 14 vernis du Japon, 25 azédaracs, 354 peupliers-platanes, 15 cédrats, 57 raisins d'Amérique, 220 noisetiers, 51 saules-pleureurs, 2 acassis, 477 figuiers, 140 grenadiers, et 175 forestiers d'espèces diverses.

(1) Son cours est d'environ 24 myriamètres (60 lieues).

Après avoir raconté toutes les fatigues qu'il eut à endurer sous ce ciel brûlant, M. Suchet continue son récit de la manière suivante :

« Quelquefois pourtant nous suspendions notre marche au milieu du jour, mais le plus souvent nous ne nous arrêtions que le soir, dans le *douar* où nous devions passer la nuit. Là, nous faisions l'unique repas de la journée ! C'était du *couscoussous* et toujours du *couscoussous*, espèce de pâte préparée avec de la farine roulée en forme de grains de millet; point de pain, il est inconnu dans cette contrée. Notre boisson était constamment de l'eau bourbeuse et saumâtre; aucun fruit, aucun légume. D'ailleurs je ne pouvais me plaindre, ce que m'offraient mes hôtes était ce qu'ils avaient de mieux. Ne vivant pour la plupart que de blé détrempé dans l'huile, ou d'un peu d'orge comme leurs chevaux, ces pauvres gens croyaient me traiter en grand seigneur.

» Dès que j'étais descendu dans un *douar*, les femmes de la tribu se rassemblaient pour me préparer ce repas extraordinaire; souvent on ne le servait qu'à onze heures ou minuit. En attendant, on allumait au milieu du camp un grand feu avec des herbes sèches, et à sa lueur, qui tenait lieu de flambeaux, nous nous laissions aller à d'interminables causeries. Les Arabes aiment beaucoup à raconter ou à entendre des histoires; ils prennent aussi le plus vif intérêt aux affaires de l'État. Ce serait un tableau à faire que tous ces Bédouins d'un *douar*, jeunes gens, vieillards, petits enfants, accroupis autour d'un vaste foyer avec un prêtre d'une nation étrangère et ennemie, mangeant et causant avec lui jusqu'à ce que le dernier tison s'éteigne, et, dans un coin du tableau, des ombres de femmes s'agitant de toutes manières pour nous servir, ou tendant la tête à une certaine distance, pour nous écouter et nous voir;

puis des chevaux, des moutons, etc., couchés pêle-mêle autour de nous, et tout à fait dans le fond quelques *gourbies* ou cabanes de branchages, quelques tentes noires et déchirées. Il est inutile de vous dire que nous couchions toujours en plein air et sur la terre nue.

» Mon guide était assez attentif à me faire arrêter de bonne heure dans le *douar* où nous devions passer la nuit; il n'aurait pas voulu s'exposer à coucher loin d'un lieu habité, à cause des lions, qui sont assez communs dans le pays, et dont il avait grand'peur. Je profitais des dernières clartés du jour pour soigner les malades de la tribu. Il eût fallu me voir, docteur improvisé, au milieu de ces infirmes qu'on m'amenait de toutes parts, pansant leurs plaies, préparant la quinine, frictionnant les membres endoloris, distribuant à chacun le remède que je jugeais le plus utile, et, pour ma récompense, béni par tous ces malades qui me quittaient à regret, et se retiraient, sinon guéris, au moins consolés.

» Au début de ce voyage, quand nous étions plus rapprochés du théâtre de la guerre, nous rencontrions presque à chaque pas des tribus fugitives, qu'Abd-el-Kader faisait émigrer avec leur bagage et leurs troupeaux, afin de ne laisser que la solitude au pouvoir de notre armée. Tous ces exilés, hommes, femmes, enfants même, me saluaient avec respect; les plus curieux s'approchaient de moi, et me demandaient dans quel but je me hasardais au milieu de leurs déserts; et, sur ma réponse que j'allais chercher nos prisonniers auprès d'Abd-el-Kader, ils me disaient : « Que Dieu t'accorde bon voyage et plein succès !…. Pour nous, ajoutaient-ils tristement, nous fuyons, nous quittons nos belles campagnes, car on dit que les Français approchent. » J'avais pitié de ces pauvres fugitifs, et eux étaient résignés ils se contentaient de répéter en levant les yeux au ciel : *Dieu le veut!*

» Partout où je passais, j'étais, à mon double titre de Français et de prêtre, un objet de curiosité et de vénération. Ma soutane, ma ceinture, et principalement le christ qui brillait sur ma poitrine, tout, jusqu'à ma tonsure et à la coupe de mes cheveux, fixait l'attention des Arabes et provoquait mille questions de leur part. Ils voulaient toucher chaque chose, savoir le nom et la signification qu'elle avait parmi nous, etc. En vérité, ce sont de grands enfants. Ma montre surtout avait le privilége de les émerveiller ; ils se perdaient en conjectures sur la cause du petit bruit qui s'échappait de ses rouages, et sur le mouvement de ses aiguilles.

» Les principales tribus que j'ai traversées en suivant le cours du *Chéliff* sont les *Beni-Ataf*, le *Beni-Skhir* et les *Ouled-Abbas*. Les *Beni-Skhir* étaient réunis en grand nombre au pied d'une longue colline ; ils accoururent tous sur mon passage, les marabouts à leur tête, en me demandant *la paix! la paix!* Ils avaient appris que j'allais auprès d'Abd-el-Kader, et ils me conjuraient, par l'organe de leur chef, qui me baisait la main avec une sorte de frénésie, de solliciter *la paix*; la guerre les rendait trop malheureux. Les mêmes démonstrations se renouvelèrent chez les *Ouled-Abbas*. C'est au milieu de cette dernière tribu, la plus riche et la plus belliqueuse de la contrée, que réside le fameux Miloud-ben-Aratch, beau-frère du sultan, et son *agha* ou ministre de la guerre. Il me reçut en grand seigneur, me fit dresser une superbe tente, fournir de riches tapis et de beaux coussins. Comme tous les Arabes, il me parut bien fatigué de la guerre sainte : il venait même de refuser, m'a-t-on dit, de conduire sa cavalerie à Abd-el-

Kader. Son fils, beau jeune homme de vingt-un ans, fut constamment à nos côtés, et nous accompagna le lendemain pendant plus de deux heures.

» Çà et là, sur notre route, nous rencontrions des Kabyles qui coupaient leur orge. D'aussi loin qu'ils nous avaient aperçus, ils accouraient avec leur faucille à la main et leur grand tablier de peau; et comme mon guide me précédait toujours à une certaine distance, après lui avoir demandé qui j'étais et où j'allais, ils me saluaient avec bienveillance et respect.

» A toutes les demi-lieues, nous trouvions des *douars*, car ces déserts sont plus peuplés que les Européens ne le supposent. Il est vrai que la plupart des hordes qui errent aujourd'hui dans ces vastes solitudes se composent d'anciens habitants des villes que la conquête a soumises aux Français, telles que *Milianah*, *Médéah*, *Mascara*, et, depuis plus longtemps, *Coléah*, *Blidah*, *Cherchell*; *Alger* même a puissamment contribué à grossir le nombre de ces bannis. Le *Moniteur Algérien* comptait, pour cette ville seulement, deux cent sept chefs de famille qui avaient émigré avec leurs femmes, leurs enfants et leurs esclaves. Il n'est donc pas étonnant de voir cette partie de l'Afrique si bien habitée, et je ne suis plus surpris des troupes nombreuses qu'Abd-el-Kader peut mettre sous les armes.

» Je me suis souvent entretenu avec ces bannis de villes, qu'il m'était facile de distinguer à la blancheur de leur teint et à l'élégance de leur costume : ils étaient en général profondément tristes, regrettant leurs maisons, les habitudes de la cité, leurs fêtes et leurs plaisirs; ils déploraient plus que les autres Arabes les malheurs de la guerre, tout en s'y soumettant comme eux avec une parfaite résignation. *Dieu l'a voulu!* me disaient-ils. J'ai remarqué aussi, dans toutes les tribus qui s'offraient sur mon passage, beaucoup d'hommes jeunes et robustes, grand nombre de superbes chevaux : et pourtant la guerre sainte était déclarée, deux armées ennemies ravageaient le pays. Je ne pus m'expliquer cette tranquille inaction. »

Dans une autre circonstance, nous dit encore notre voyageur philanthrope, « après avoir traversé de nouveau le *Chéliff* sur son unique pont (*El-Kantara*), qui venait d'être reconstruit sur d'anciennes fondations romaines; du mont *Doui*, que nous gravissions à pied, nous apercevions dans le lointain, à l'ouest, le mont *Zakar* et *Milianah* occupé par les Français. Il me semblait rentrer dans un pays civilisé; je respirais plus librement, je n'étais plus qu'à une quarantaine de lieues d'Alger. Un *douar* des Beni-Zeg-Zeg nous donna l'hospitalité la nuit suivante. J'y trouvai plusieurs femmes, naguère prisonnières, que monseigneur avait confiées à mes soins pendant leur séjour dans la colonie, et que le premier échange avait rendues à leurs tribus. Elles me reconnurent et se firent une fête de me revoir. L'une d'elles, entre autres, ne se possédait pas de joie; elle m'apporta ses deux petites filles en bas âge, et me dit : « Le *Baba-el-Kebir* (l'évêque), en m'obtenant la liberté, a sauvé la vie à mes deux enfants. Tu le vois, elles ne pouvaient pas se passer de leur mère. » Bientôt elle eut rassemblé tout le *douar* pour lui raconter de nouveau ce que mon maître avait fait pour les captifs. « Celui-là, ajoutait-elle en me montrant, celui-là était avec le *Baba-el-Kebir*, c'est son *kalifat* (son vicaire). » Il n'en fallut pas davantage pour me signaler à la reconnaissance de toutes ces mères : ce fut à qui apporterait de la farine, de l'huile, de la viande, pour me préparer un bon repas. On tua un agneau, qu'une d'elles dépeça avec le yatagan de son mari; on m'offrit du lait, des crêpes et l'inévitable *couscoussous*; et tout cela me fut servi à minuit, au moment où je tombais de fatigue et de sommeil. Ces femmes m'avaient d'abord cru prisonnier, et m'avaient dit : « Sois tranquille, ne te chagrine pas ; tu as eu soin de nous, nous prendrons soin de toi ; tu seras ici comme dans ta famille. » Elles me virent partir avec peine ; j'emportai avec leurs bénédictions des vœux pour que je revinsse bientôt dans leur désert, où je ne trouverais que des amis.

» A *Mahalla*, premier camp ou dépôt de l'armée arabe, nous fûmes très-bien accueillis par les chefs, qui étaient presque tous de notables Algériens émigrés. Nous passâmes la nuit au milieu d'eux. Comme la chaleur était excessive, nous ne pûmes pas rester sous la tente, et nous nous endormîmes en plein air. Pendant notre sommeil une énorme hyène vint nous flairer les uns après les autres. Je ne savais pas d'abord ce que c'était ; mais, quand je reconnus sa tête hideuse penchée sur mon visage, je poussai un cri qui la mit en fuite et réveilla mes compagnons. Effrayés du danger que nous venions de courir, nous rentrâmes au plus vite sous notre tente, que nous fermâmes à triple lien, au risque d'y étouffer. »

ORAN (1), chef-lieu de la division de ce nom, est la rési-

---

(1) La province d'Oran jouit d'un climat très-salubre. Les chaleurs s'y font bien sentir, mais on peut du moins les supporter à cause des brises périodiques qui y règnent pendant l'été. Les principes qui ailleurs donnent naissance à des fièvres intermittentes, souvent mortelles, n'existent point dans cette province.

Une pareille température contribue nécessairement à rendre les habitants dispos, agiles et robustes ; tous jouissent en effet d'une bonne santé. Le typhus, la fièvre jaune, leur sont inconnus ; et la sobriété, la diète

dence d'un lieutenant général, d'un sous-directeur civil, d'un tribunal de 1re instance, d'une justice de paix, d'un commissaire de police et d'une milice bourgeoise. *Hôtels* : de France, place Napoléon ; de l'Univers, rue Louis-Philippe ; tous deux bien tenus, et qui prennent des pensionnaires. — Il y a plusieurs autres petits hôtels ou auberges où l'on paye meilleur marché, mais dans lesquels on est nécessairement moins bien. Il vaut mieux descendre à l'un des deux que nous indiquons.

La ville d'Oran, située au fond du golfe de ce nom, est assise au pied est du pic Sainte-Croix ou Mergiagio, des deux côtés du ruisseau de l'Oued-el-Rahhi (rivière des Moulins), coulant dans une petite gorge, et dont les eaux arrosent les jardins et font tourner 6 à 7 petits moulins. Il n'y a qu'une petite rade ; le port est à *Mers-el-Kebir*. On ne voit point à la surface du sol des vestiges de la domination romaine ; les fortifications qui existaient à l'arrivée des Français sont dues aux Espagnols, que l'on peut regarder comme les fondateurs de cette ville.

Il ne reste aujourd'hui de traces des premières fortifications maures qu'une portion du Château-Vieux. Des travaux prodigieux de communications souterraines et de galeries de mines, un magnifique magasin voûté avec un premier

et quelques plantes aromatiques sont les seuls moyens curatifs dont les plus graves maladies nécessitent l'emploi. Aussi y existe-t-il peu de médecins. Si la dyssenterie incommode parfois l'armée, c'est à l'abus des liqueurs fortes et des fruits qui abondent dans le pays, et au défaut de précautions contre le passage subit du chaud au froid, qu'on doit l'attribuer. Une ordonnance toute récente (octobre 1845) vient de prohiber dans l'armée la vente de l'*absinthe*, liqueur dont l'usage immodéré produisait des effets déplorables sur la santé des troupes.

étage sur le quai Ste-Marie, une darse et sept autres magasins taillés dans le roc, des casernes, trois églises, un colysée ou salle de spectacle, tel est l'ensemble des ouvrages élevés par les Espagnols, pendant une possession de près de trois siècles, dans un lieu qui avait mérité d'être appelé pour ses agréments la *Corte-Chica*, la Petite-Cour. Telle était la position des Espagnols, lorsqu'après un tremblement de terre et les attaques de *Bey-Mohammed*, en 1791, ils se décidèrent à évacuer la ville. Ainsi finit l'occupation espagnole.

Les Turcs, maîtres d'Oran, s'empressèrent, suivant leur coutume, de démolir les constructions des Espagnols. Il est à remarquer qu'Oran n'avait pas de corsaires, mais ceux d'Alger venaient relâcher à Mers-el-Kebir.

Après la conquête d'Alger, le commandant de l'armée française envoya des troupes prendre possession d'Oran, que lui abandonna le bey Hassan. La ville était à cette époque dans un tel état de dévastation, qu'il fallut adopter un système de destruction pour édifier de nouveau.

La ville est bien percée et dans un site varié. La rue St-Philippe, bordée de beaux trembles, en pente assez douce, joint les deux grandes portions entre elles, conduisant de la petite place Kléber, où se trouve un pont en pierre sur le ruisseau, à la place du Marché. Il y a plus haut un autre pont à l'entrée des jardins, qui lie par un mauvais chemin le Château-Vieux au fort Saint-André : toutes les communications se font par ces deux ponts.

Oran est la seconde ville chrétienne de l'Algérie; on y compte, avec la banlieue, près de 9,000 catholiques. Voyez la jolie chapelle des *Sœurs Trinitaires* et la nouvelle *Église paroissiale*, naguère la plus belle mosquée des musulmans; l'*ancienne Église*, construite sous Charles-Quint, dont les nobles armes la décorent, et sont aujourd'hui aussi bien conservées qu'aux premiers jours : elle est destinée à servir de chapelle à l'un des plus remarquables *hôpitaux* de l'Algérie, nouvellement érigé par le génie militaire, et pouvant contenir 1,400 malades.

Nous engageons le voyageur à visiter aussi les travaux exécutés dans Oran, en 1844, par les ponts et chaussées.

Les *Quais*, terminés ; la *Rampe*, qui joint la *place Kléber* au quartier de l'*Hôpital* et de l'*Eglise*; la *place du Marché*, livrée au commerce; la *rue de l'Arsenal*, ouverte t garnie de maisons; la *rue de Turin*, livrée à la circulation en janvier 1845; le bas de *la Marine*, élargi; la *rue de Vienne*, ouverte et rendue carrossable; la *Mosquée* de la place des Carrières, réparée et livrée au culte catholique; le *boulevard du Ravin*, presque terminé, et la majeure partie des rues empierrées. — Hors de la ville, il admirera plus de 1,000 mètres de la route de *Mezerghin*, terminés; la jolie route de *Senia*, plantée d'arbres; la *Fontaine* et l'*Abreuvoir* de cette localité, terminés; la route de *Mers-el-Kebir*, très-avancée; le quai de cette ville, presque construit, etc. — Oran possède un journal, l'*Echo d'Oran*.

L'importance d'Oran repose encore sur le port de *Mers-el-Kebir*, éloigné de cinq milles par mer, ou d'une lieue trois quarts de marche par terre dans la direction du nord. Ce port naturel est entouré de hauteurs et remarquable par sa profondeur; la tenue de son fond est bonne, et les plus gros vaisseaux peuvent s'y abriter.

La distance qui sépare le port militaire de *Mers-el-Kebir* de la ville d'Oran, et la difficulté de l'ancien chemin passant par *Saint-Grégoire*, ont fait songer à y remédier en construisant une route nouvelle qui suit le bord de la mer. Cette route, commencée sous le commandement du général Boyer, est enfin terminée.

Oran acquiert chaque jour une importance commerciale assez considérable ; ses exportations et importations peuvent s'élever maintenant à 17 millions de francs environ ; son port reçoit des navires marchands de tous les pays de l'Europe. Un service régulier de bateaux à vapeur a lieu entre *Alger* et *Oran* ; ils arrivent dans cette ville le jendi à 8 h. du soir, et en partent le samedi à pareille heure. Trajet, 50 heures. (*Voy.* Introduction.)

Population civile, 9,200 hab.

Prix moyen du pain.

1re qualité, 40 centimes le kilogramme.
2e — 35 —
3e — 25 —

De la viande.

Bœuf, 1 fr. le kilog.
Veau, —
Mouton, —

EXCURSIONS. Les environs d'Oran offrent des sites charmants, surtout près de la ville, où les jardins qui se trouvent dans la gorge du grand ravin sont couverts des plus belles plantations d'amandiers, grenadiers, orangers, etc., et une végétation vigoureuse y est entretenue par des eaux abondantes. — Cette ville est une des plus saines de la côte; les chaleurs s'y trouvent tempérées par la brise de mer.

Dans le *ravin d'Oran* coule le ruisseau de ce nom, remarquable par les accidents qui signalent son cours. Il prend sa source au S.-O. de la ville, dans le prolongement des montagnes du Raminsa; il sort de ces montagnes en suivant une vallée dirigée de l'ouest à l'est, et dans laquelle il est conduit par un aqueduc souterrain. Au sortir de la ville, ce ruisseau, coulant toujours sous la terre, se dirige constamment vers le nord en suivant un ravin peu large, mais très-escarpé, qui longe le pied des montagnes ; à une distance de 1,000 mètres avant d'entrer dans Oran, à l'endroit appelé *la Fontaine*, une ouverture latérale faite au conduit permet à une portion de l'eau de s'échapper pour couler dans le fond de la vallée, arroser les jardins qui s'y trouvent, faire tourner plusieurs moulins, et se jeter ensuite à la mer dans le golfe d'Oran : le reste, conduit par l'aqueduc sur le flanc occidental de la ville, se rend dans un bassin, d'où l'eau est ensuite distribuée dans toute la vallée.

Sidi-Chamy, à 12 kilom. d'Oran. Ce nouveau village a été créé en 1845, et tout porte à croire qu'il deviendra un jour assez important.

MESSERGUIN. C'est un village situé aux environs d'Oran, où les beys allaient passer une partie de l'été. Il est situé à dix milles au S.-O. de la ville, sur le versant méridional d'une colline au bord de la Sebgha. La route qui y conduit, fréquentée et en bon état tant qu'elle est protégée par les ouvrages avancés de la garnison, cesse d'être exactement tracée à 1,200 mètres de la place. A sa droite est le versant du *mont Gomara*, qui ne présente qu'un aspect aride et sauvage ; à gauche, les pentes sont faibles, et les terres voisines de la route sont presque entièrement cultivées. Dès que la route traverse un pays plus accidenté, la culture cesse, et l'on ne rencontre plus que quelques broussailles. Le génie militaire a fait disparaître ces inconvénients ; une nouvelle et jolie route a été percée en 1845, dont le parcours est d'environ 16 kil., que le touriste peut faire en 2 heures $^1/_2$ de marche à travers une riante contrée.

Le *vallon de Messerguin* est arrosé par un ruisseau qui prend sa source à 12 kilomètres N.-O. Ce ruisseau rafraîchit de nombreux et fertiles jardins plantés de beaux oliviers, de grenadiers et de cactus. La plaine qui s'étend en avant de Messerguin fournit encore d'assez bons fourrages, malgré son abandon. La salubrité de cet endroit et sa position sur la route de Tlemcen, au bord du grand lac, en font un point important.

Le voyageur verra avec plaisir les bords du *ruisseau de Messerguin*, qui sont d'une fertilité remarquable. Ils sont plantés de citronniers et d'arbres fruitiers de toute espèce ; les eaux, qui abondent aux environs de ce village, sont excellentes, et font de cette petite localité un des points non-seulement les plus utiles, mais aussi les plus agréables des environs d'Oran. — Sa pépinière a reçu, en 1845, 40,000 plants ou boutures d'arbres fruitiers ou forestiers ; l'administration compte en fournir un nombre considérable, à la fin de 1846, aux cultivateurs de ce district.

Vers la fin de 1837, il a été établi à Messerguin une colonie militaire dont le corps des spahis réguliers, composé en grande partie d'hommes mariés, a fourni les premiers éléments. Cet établissement, assis auprès des ruines de l'ancienne maison de plaisance du bey, et défendu par un fossé et quelques retranchements, est peuplé exclusivement de cultivateurs combattants : c'est une expérience qui pourra profiter aux indigènes aussi bien qu'aux colons.

ROUTE IX.

D'Oran a l'embouchure de la Tafna, du Rio-Salado, et a l'ile d'Harchgoun.

120 kilomètres. — 4 jours environ.

On quitte Oran par la *porte du Ravin;* on laisse à sa gauche le *fort St-Philippe*, et la route continue vers le sud jusqu'au *lac Sebgha* (terre salée); puis elle incline vers l'ouest, suit pendant quelque temps la rive nord de ce lac, et à 10 kil. environ arrive sur les bors du *Rio-Salado*. La route que le voyageur suit est celle qui conduit à Tlemcen; elle est carrossable.

Le voyageur, pour se former une idée de cette contrée limitrophe de l'empire de Maroc et de la Tafna, que le traité avec Abd-el-Kader a rendue mémorable, se rendra au golfe de Harchgoun, dont l'extrémité ouest est fixée au cap Figalo : il a 45 kilomètres d'ouverture, et 9 kilomètres dans son plus grand enfoncement. Ce superbe golfe est divisé en deux parties inégales par le cap *Hassa*. La première, à l'est, reçoit le *Rio-Salado*, qui par la qualité de ses eaux justifie son nom. Dans la baie de l'ouest se jette la Tafna. A 2 kilomètres au N.-O. de l'embouchure de la Tafna, et à 12 kil. à l'ouest du cap Hassa, est une petite île qui porte aussi le nom de

Harchgoun. Elle est à 120 kil. environ S.-O. d'Oran, et à peu près à la hauteur de Carthagène en Espagne. Elle était nommée *Acra* par les Romains.

La Tafna. C'est la plus grande rivière de la province

d'Oran, à l'ouest du Chéliff; elle prend sa source dans les montagnes, à plusieurs journées au sud de son embouchure. Après un cours d'environ 130 kilomètres, elle vient se jeter dans une anse de 1,800 mètres d'ouverture, située à l'extrémité occidentale du golfe de Harchgoun. La partie ouest de cette anse est terminée par une pointe entourée de rochers. L'extrémité est formée par une langue de terre étroite, sur laquelle on voit une tour carrée en pisé de construction mauresque.

La Tafna a une barre trop élevée pour pouvoir être franchie par des barques, quoique son lit soit plus profond au delà. Le vallon a environ 500 mètres d'embouchure; sur la rive droite, le terrain présente plusieurs mamelons d'environ 100 à 120 mètres de haut, ayant des pentes assez roides; la rive gauche est plus ouverte. L'horizon est borné par des montagnes élevées, éloignées d'environ 20 à 25 kil., qui semblent s'étendre parallèlement à la côte.

Le pays est couvert de broussailles et de taillis; on y remarque très-peu de grands arbres; beaucoup d'endroits sont cultivés par la tribu kabyle qui habite les deux rives de la Tafna.

Sur la rive droite, auprès de l'embouchure, existent encore quelques ruines portant aujourd'hui le nom de *Tikambrin*; c'est ce qui reste de *Siga*, jadis la résidence de Siphax, et plus tard colonie romaine, qui fut saccagée à plusieurs reprises, et détruite de fond en comble dans le XVe siècle.

ILE DE HARCHGOUN. Cette île est séparée du continent par un intervalle de 2,000 mètres; elle a près de 800 mètres de long sur 200 dans sa plus grande largeur; elle est escarpée à pic sur tout son pourtour, à l'exception de la partie sud-ouest, et paraît être un produit volcanique; elle est couverte d'une couche assez épaisse de terre végétale où croissent des lentisques, des palmiers nains, des buissons et beaucoup d'herbes.

Une petite ruine s'aperçoit dans la partie la plus déprimée, seules traces qui restent des constructions anciennes que l'on attribue aux Romains.

Sur la partie sud-est de la côte de l'île il y a un petit bassin naturel pour les bateaux, et un débarcadère très-praticable avec les vents du nord et de l'est.

Au commencement de l'année 1836, on a mis une garnison sur cette île. On avait aussi formé un établissement militaire sur la rive droite de l'embouchure de la Tafna, au sud-ouest de la pointe de la Tour-Carrée; ce camp est devenu maintenant un petit centre de population.

ROUTE X.

D'ORAN A MOSTAGANEM, PAR ARZEW ET MAZAGRAN.

Environ 80 kil. — 2 jours de marche.

Cette route se dirige vers le nord-est, et traverse une plaine autrefois entièrement dépouillée d'arbres, et couverte presque partout de palmiers nains et de broussailles; elle se couvre aujourd'hui de jeunes plantations. Les collines dérivent de la *montagne des Lions*, qu'on laisse à gauche à moitié chemin. On rencontre de l'eau en divers endroits; le seul passage difficile pour les voitures est celui d'*Ain-Souerz*.

On rencontre quelques vestiges romains près de la plage et du puits principal, en deçà de la rivière. On y a construit un blockhaus destiné à protéger les hommes qui viennent y chercher de l'eau. Entre le magasin et la rivière se trouvent six puits le long de la mer; les plus éloignés sont à 8 ou 900 mètres du môle.

Ruines romaines. — Vers le sud, à 6 kil. du port, on aperçoit des assises en pierres taillées d'une longue muraille regardant la mer, des fragments de murs, des citernes, des tronçons de colonnes épars, et quelques inscriptions que le voyageur doit aller voir. Tout porte à croire que ce sont les restes d'une ville romaine (sans doute *Arsenaria*), placée entre deux ports, celui plus haut décrit, et celui de l'embouchure de l'*Habrah.* Elle était dans une belle position, et c'est sur l'emplacement de cette antique cité qu'est

ARZEW, située sur une colline, à peu de distance de la mer, entre *Oran* et *Mostaganem.* C'est une petite ville construite sur des ruines. Elle a été occupée par l'armée française le 3 juillet 1833. La baie offre un excellent mouillage pour toutes les saisons aux bâtiments ordinaires du commerce, et en général à ceux qui sont au-dessous de la force des frégates.

Port d'Arzew. — Le port d'Arzew est un point très-important; il est excellent, et il peut être gardé à peu de frais. Il s'y fait et s'y fera toujours des exportations de grains considérables, et ses salines sont très-renommées. Malgré l'incertitude qui jusqu'ici avait existé sur sa conservation, quelques établissements s'y sont formés; un plan d'alignement a été tracé, et des édifices ont été construits.

La ville possède une petite *chapelle catholique*; son commerce maritime, dans ces derniers temps, a pris une certaine importance.

Les *paquebots* d'*Alger à Oran* arrivent dans ce port le jeudi à midi, et repartent à 1 heure. Ceux venant d'Oran arrivent le dimanche à 1 heure du matin, et repartent à 2 heures. Pop. 500 hab., dont 100 Européens. Il y a une garnison et un capitaine de port. — Comme l'eau est généralement mauvaise dans cette localité, M. Fournel a été chargé par le gouvernement, en 1845, de plusieurs forages de puits artésiens, mesure qui doit donner un nouvel élan à l'accroissement de ce port.

SALINES D'ARZEW.

Ces salines, dignes de la curiosité du voyageur, sont situées à une petite distance sud de la ville ; leur étendue est d'environ 12 kil. de longueur sur 6 de largeur. Le sel s'y cristallise sans aucune main-d'œuvre ; la nature seule fait tout. La cristallisation commence par les bords avec la saison des chaleurs, et à la fin de juillet elle est complète ; alors bêtes de somme et voitures peuvent circuler sur ce vaste miroir, dont les reflets sont éblouissants, et qui fournit un sel d'une blancheur éclatante. — Les couches y sont entassées depuis un mètre jusqu'à un mètre 50 cent. d'épaisseur. La quantité de sel produit annuellement est considérable.—La compagnie qui exploite ces précieuses salines le livre à raison de 15 fr. les 1,000 kilog., rendus sur le quai d'*Arzew*.

En quittant Arzew, le voyageur suit le littoral du beau golfe de ce nom ; traverse l'embouchure de la rivière *Oued-Sig*, en laissant le petit village de *Segaid-ben-Sultana* ; continue à suivre le rivage dans un pays assez uni, excepté vers la droite, où s'élève à quelque distance une chaîne de collines sur laquelle croissent des arbustes : on trouve çà et là des champs de riz ; et, après une marche d'environ 8 heures, on arrive à

MAZAGRAN, dont l'héroïque valeur d'une poignée de Français a immortalisé le nom. Située à l'ouest et à une distance d'environ 7 kilom. de Mostaganem, cette petite ville ruinée occupe le versant d'une colline assez roide, et forme un grand triangle au sommet duquel se trouve un réduit. Ainsi exposé, ce réduit domine la plaine, la mer et le bas de la ville. Lorsqu'une garnison française fut, en 1833, placée à Mostaganem, les habitants de Mazagran abandonnèrent leurs maisons. C'est sur Mazagran qu'après la rupture du traité de la Tafna, Abd-el-Kader, à deux reprises, a dirigé ses premiers coups et ouvert les hostilités dans la province d'Oran. La première attaque des Arabes eut lieu le 13 décembre 1839, et la deuxième dura quatre jours et quatre nuits, du 2 au 6 février 1840. Cent vingt-trois soldats du premier bataillon d'infanterie légère d'Afrique ont tenu tête à plusieurs milliers d'Arabes et vaillamment repoussé quatre assauts.

Ces braves étaient commandés par le capitaine Lelièvre. Le mur d'enceinte de cette petite ville est relevé et réparé Sa situation devient de jour en jour plus prospère : elle possède une *église catholique* et une population estimée à 1,000 ou 1,200 hab.

De *Mazagran*, une heure de marche dans une plaine unie et couverte de beaux vignobles nous conduit à

MOSTAGANEM, qui a pour citadelle Matamore (Matmoura), communiquant avec la ville par une route carrossable protégée par le *fort de l'Est*, est assise à un kilomètre de la mer, à 85 mètres au-dessus de son niveau. Elle est entourée par une enceinte crénelée qui borde la crête du rocher sur lequel elle est bâtie, et l'on n'y pénètre que par une seule porte appelée *Bab-el-Djerad* (porte des Sauterelles), qui donne sur la place du Marché. Cette ville est arrosée par différents cours d'eau. Son territoire est un des plus fertiles de la province. La vigne y est cultivée, et ses produits non-seulement suffisent à la consommation locale, mais sont encore l'objet d'un commerce assez considérable. Les chroniques musulmanes font remonter au douzième siècle la fondation de la ville arabe de Mostaganem. Gouvernée d'abord par le chef sarrasin Yousouf, elle serait ensuite tombée aux mains d'un autre chef, Ahmed-el-Abd, dont les descendants auraient conservé cette place jusqu'au seizième siècle, époque à laquelle les Turcs s'en emparèrent sous le commandement de Khïr-Eddin, surnommé Barberousse. Un corps français a pris possession de Mostaganem le 29 juillet 1833.

Mostaganem, comme chef-lieu d'une subdivision militaire, est la résidence d'un maréchal de camp, d'un sous-directeur civil, d'un juge de paix, d'un commissaire de police, d'un capitaine de port. On y trouve un hôtel et plusieurs cafés. Visitez son *église catholique* et ses *mosquées*. La pépinière de Mostaganem, fondée en 1845', peut avoir une étendue de 10 à 12 hectares; on calcule qu'elle produira annuellement 40 à 50,000 pieds d'arbres au moins; elle est située sur la route de Mostaganem à Mazagran.

Cette ville ne renferme encore qu'un petit nombre d'Européens; on porte sa population à 3,000 habitants avec la garnison. Son commerce maritime est assez actif; le paquebot partant d'Alger pour Oran s'arrête dans ce port le jeudi, à 5 h. du matin, pendant 4 h. environ; et, à son retour d'Oran, passe le dimanche à 5 h. du matin par ce port, et part à 7 h.

Les peuples qui habitent cette partie de la province d'Oran

sont en général, comme les autres Maures et Arabes, fort religieux, observant strictement la loi du Koran, ce qui ne les empêche pas d'avoir des mœurs très-dépravées. Les femmes sont tout pour eux; ils s'y livrent sans réserve, et ne respectent rien pour satisfaire leurs passions brutales. Celui qui n'a point de femme ne se fait point scrupule d'enlever celle de son voisin; ceux qui ne peuvent s'en procurer ou se marier, faute d'argent, s'adressent aux hommes, ce qui n'est point réputé crime parmi ces tribus. Leurs amusements favoris sont l'exercice du cheval, le tir au fusil, et ce qu'ils appellent la *fantasia*, amusement qui consiste à faire caracoler le cheval et à le faire courir dans la ville ou sous la tente; leur lieu ordinaire de réunion est le café, où se trouvent toujours des musiciens qui jouent différents airs et chantent ce qu'ils improvisent. Les femmes restent toujours chez elles et ne se mêlent jamais à leurs jeux. Comme tous les Arabes, ils sont stricts observateurs des lois de l'hospitalité.

ROUTE XI.

D'ORAN A TLEMCEN, 1re ROUTE.

12 myr. environ.

En quittant Oran, la route se dirige vers le sud jusqu'à *Oaen-el-Beida*, petit village situé sur le *lac Sebgha* (terre salée). Elle continue, dans un pays plat, à suivre la rive nord de ce lac pendant environ 30 kil.; ensuite, s'inclinant vers le sud, elle traverse la rivière *Salado*, puis une contrée fertile et bien cultivée, sur laquelle se dessinent quelques collines et coteaux. Plus loin, elle conduit le voyageur dans le pays des *Beni-Amer* (1), divisé en 12 tribus toutes adonnées à l'agriculture ; le sol est extrêmement fertile, et produit de beau blé ; il nourrit un grand nombre de chameaux, de bœufs, de moutons, de chèvres, etc. Ensuite vous franchissez une chaîne de montagnes assez élevées, et, redescendant vers la plaine, vous traversez l'*Oued-Isser*, un des plus grands affluents de la *Tafna*, rendue trop fameuse par le traité qui porte son nom, conclu le 30 mai 1837 entre le général Bugeaud et Abd-el-Kader. La route, praticable aux voitures, continue au milieu d'un pays plat, traverse deux

(1) Les *Berbères* occupent les montagnes du petit Atlas, depuis la régence de Tunis jusqu'aux extrémités du désert d'Angad, sur la frontière de l'empire de Maroc ; ils sont divisés en tribus, et chaque tribu porte le nom général de *Beni* (les enfants), nom auquel on ajoute la dénomination de la montagne qu'habite la tribu : ainsi sont les tribus de *Beni-Zéroual* (les enfants de Zéroual), de *Beni-Sala*, de *Beni-Mida*, de *Beni-Amer*, etc. etc. Ces peuplades, que l'on appelle encore *Kabyles* ou *Kabaïles*, sont les barbares les plus belliqueux et les plus indomptables de toute l'Algérie. Ils ne sont pas en général d'une haute stature leur teint est foncé et leurs cheveux sont bruns et lisses. Leur corps maigre, mais par suite très-nerveux et fort robuste, offre des lignes et des poses qui ne sont pas sans élégance. La rondeur de leur tête est prononcée, les traits de leur visage sont courts, et c'est surtout en cela qu'ils diffèrent des Arabes. L'expression de leur figure est rude et sauvage ; leurs yeux témoignent même d'une sorte de cruauté, que du reste les actes de brigandage auxquels ils se livrent sans répugnance ne confirment que trop chaque jour. Il est rare qu'une caravane passe sur leur territoire ou dans leur voisinage, sans qu'ils se réunissent en bon nombre pour l'attaquer à l'improviste. Les Arabes, leurs compatriotes, ne trouvent pas même grâce auprès d'eux.

ou trois petits cours d'eau, et conduit le voyageur aux portes de

TLEMCEN, à 48 kil. de l'embouchure de la *Tafna*, à 120 kil. environ sud-ouest d'Oran. Cette ville occupe une admirable position qui domine tout le pays compris entre le cours inférieur de l'*Isser*, la *Tafna* et la frontière du *Maroc*, ce qui lui a fait donner le nom de *Bab-el-Gharb* (porte du Couchant). Elle faisait autrefois partie de la Mauritanie césarienne. Les Romains s'y établirent, et la nommèrent *Tremis* ou *Tremici Colonia*. Tlemcen a été longtemps capitale d'un État arabe qui comprenait les villes de *Nedroma*, *Djidjeli*, *Mers-el-Kebir*, *Oran*, *Arzew*, *Mazagran*, *Mostaganem*. Au huitième siècle, Edris, khalife du Maghreb et fondateur de l'empire du Maroc, régnait à Tlemcen. En 1515, elle fut prise par Haroudj-Barberousse; les Espagnols l'en chassèrent en 1518, et elle resta sous leur domination jusqu'en 1543. Les Turcs, à cette époque, s'en emparèrent, et la réunirent en 1560 à la régence d'Alger, dont elle n'a point été depuis séparée. En 1670, Tlemcen ayant pris parti pour les Marocains contre le bey Hassan, et celui-ci ayant été vainqueur, la ville fut presque entièrement détruite. Elle est mal percée; les rues, étroites, sont souvent couvertes de treilles, et toujours rafraîchies par de nombreuses fontaines. Les maisons n'ont qu'un étage, et sont pour la plupart couvertes en terrasse; quelques-unes, comme à Alger, communiquent par des voûtes jetées d'un côté d'une rue à l'autre. La citadelle de Tlemcen, nommée *Méchouar*, située au sud de la ville, est de forme rectangulaire, d'environ 460 mètres sur 280 mètres. Il existe dans l'intérieur une centaine de maisons et une mosquée. Voisine de l'empire de Maroc, dont la limite n'est qu'à douze heures de marche; voisine également du désert, qui n'en est guère plus éloigné, Tlemcen est l'entrepôt naturel et en quelque sorte obligé des caravanes venant de Fez. Après l'expédition du 26 novembre au 8 décembre 1835, qui fit tomber Mascara en notre pouvoir, l'armée française marcha sur Tlemcen, et y fit son entrée le 13 janvier 1836. Mais, le 12 juillet 1837, nos soldats l'évacuèrent, en vertu du traité conclu à la Tafna, le 20 mai 1837, entre le général Bugeaud et Abd-el-Kader, qui en est resté maître pendant plus de quatre années, et qui en avait fait la capitale de la région occidentale ou du Gharb, à la tête duquel il avait placé un khalifah. Tlemcen a été de nouveau occupée, le 30 janvier 1842, par les troupes françaises, et de nombreux établissements y ont été créés pour installer convenablement les autorités civiles et militaires, ainsi que la garnison, qui résident dans cette ville.

Quelques voyageurs portent la population de cette ville à 15,000 habitants; mais nous croyons ce chiffre trop élevé. Sa population civile, en 1845, était de 6,000 hab., 3,000 arabes, et 2,000 hommes de garnison.

Industrie. — Ouvrages en fer, fabriques d'armes, maroquin, tapis de pied, diverses étoffes en laine, lin et coton.

Tlemcen est le chef-lieu d'une subdivision militaire, et la résidence d'un maréchal de camp, d'un sous-directeur civil, d'un juge de paix et d'un commissaire de police.

Excursions. — A environ 1,600 mètres à l'est de Tlemcen, se trouve le village de *Habbed*, où est le tombeau de *Sidi-Boumaidian*, qui y attire toujours un grand concours d'individus des lieux voisins; et à 40 kil. ouest, se trouve *Nédroma*, très-petite ville située sur le penchant d'une montagne, à 16 kil. du cap Hone.

A peu près à la même distance vers le sud-ouest, se trouvent les ruines de la ville de

MANSOURAH, qui n'a plus ni maisons ni habitants, mais

dont la plus grande partie des murailles subsiste encore. Ces murs peuvent avoir 3 kilomètres de circuit, et il y a environ la moitié de sa superficie en bonne culture. Au milieu de *Mansourah* s'élève une haute et belle tour ; mais la mosquée à laquelle elle appartenait a disparu, comme le reste de la ville.

Tout ce district de la province d'Oran est agréablement diversifié par plusieurs chaînes de collines, des plaines et des vallées qu'arrosent et rafraîchissent de nombreux cours d'eau.

D'ORAN A TLEMCEN, 2ᵉ ROUTE.

14 myr. environ.

D'*Oran* on peut aussi aller à Tlemcen en prenant par le *camp du Figuier*, à l'extrémité nord du lac. On traverse une portion de la vaste plaine des *Beni-Amer*, où se trouve *Tafaroni* ; ensuite le sol s'ondule vers le sud, la route franchit le sommet des *Beni-Amer*, entre dans le bassin de l'*Oued-Sig*, traverse *El-Meadi* sur le versant sud de la chaîne, franchit de nouveau ces montagnes d'un aspect pittoresque et d'où l'œil parfois jouit d'une vue admirable ; puis descend dans l'immense plaine d'*Ouled-Mimoun*, traverse l'*Oued-Isser*, affluent de la *Tafna*; laissant non loin de là *Sidi-Abdeli*, six heures de marche à travers une belle et riche plaine nous conduisent à *Tlemcen*. Cette route est un peu plus longue que la première, mais elle est plus pittoresque.

ROUTE XII.

DE TLEMCEN A MASCARA, PAR SIDI-ABDDALLA.

160 kil. — Cinq jours de marche environ.

Au sortir de Tlemcen, la route traverse une vaste plaine bien cultivée, à l'extrémité de laquelle le voyageur franchit une chaîne de collines, traverse l'*Oued-Isser* et plusieurs de ses petits affluents, continue dans une espèce de vallée, et avant d'arriver à

Sidi-Abddalla, village assez important, situé dans la *plaine de Teleouit*, il passe à gué l'*Oued-Sig*. Alors la route longe une ramification de collines qui se trouve à la droite du voyageur, et qui se joint à une autre chaîne à l'extrémité de la plaine, que l'on franchit avant d'arriver au village de

Maley-Aba, situé sur le versant opposé. De là jusqu'à Mascara, la route serpente dans une contrée assez ondulée, mais, comme le restant du pays, dépourvue pour ainsi dire de végétation, n'ayant sur le flanc des montagnes que de pauvres arbustes et des broussailles.

Le voyageur arrive bientôt dans la belle plaine d'*Eghress*, assez fertile en blé, au milieu de laquelle se trouve la ville de

MASCARA, ancienne ville arabe située à 84 kilomètres sud de Mostaganem et à 92 kilomètres sud-est d'Oran. Cette ville, comparée aux autres villes de la province, pourrait presque passer pour pittoresque. On n'a que des données fort incertaines sur l'origine de Mascara. Selon les traditions locales recueillies par les Thalebs (savants), elle aurait été construite par les Berbères sur les ruines d'une cité romaine. L'étymologie du mot *Mascara*, soit qu'elle vienne d'*Om-m'âsker* (la mère des soldats), ou, plus simplement, de *M'âsker* (lieu où se rassemblent les soldats), atteste une réputation guerrière qui semble justifiée par tout ce que nous savons de son histoire. Mascara se divise en quatre parties bien distinctes : *Mascara* proprement dit, *Rekoub-Ismail*, *Baba-Ali* (le père Ali) et *Aïn-Beidha* (la source Blanche). Ces trois dernières parties peuvent être regardées comme des faubourgs de la ville, qui se trouve à leur centre. La ville est percée de trois rues principales ; elle a deux places publiques, une mosquée, deux fondouks (marchés) et des auberges. Les maisons, bâties comme celles des autres villes de l'Algérie, s'élèvent rarement au-dessus du rez-de-chaussée. Mascara, du temps des Turcs, était la résidence des beys de la province, jusqu'au moment où les Espagnols évacuèrent Oran. Abd-el-Kader l'avait placée sous l'autorité immédiate d'un kaïd. L'industrie, dans ces dernières années, était presque nulle à Mascara ; on y fabriquait cependant encore quelques-uns de ces burnous noirs, renommés par leur élégance et leur solidité, des tapis, des burnous blancs et des kaïks (tuniques de laine) de qualité inférieure.

L'armée française s'empara de Mascara le 5 décembre 1835, et s'en éloigna le 8, après avoir détruit l'artillerie et le matériel de guerre qu'Abd-el-Kader y avait déposés. Elle en a pris de nouveau possession le 30 mai 1841, et depuis une forte garnison y a été constamment laissée. Sa population, avant l'occupation, était estimée à 12,000 habitants. Maintenant on y compte 900 Européens, 3,000 Arabes et 2,000 hommes de garnison.

Mascara a de bonne eau, un air pur et sain et une vue fort belle ; elle est située à 400 mètres au-dessus de la mer.

ROUTE XIII.

DE MASCARA A ORAN.

92 kil. nord-ouest.— Deux bons jours de marche.

Le voyageur qui de Mascara ne voudrait pas continuer à suivre la grande route d'Alger par la vallée du Chéliff, et qui préférerait se rendre à la capitale de la colonie par mer, ou bien encore qui, bornant ici son voyage dans cette antique terre africaine, retournerait sur le continent d'Europe, pourra gagner Oran, où il trouvera des paquebots soit pour Alger, soit pour la France.

A quelques myriamètres nord de Mascara, le voyageur franchit une chaîne de montagnes sur laquelle il n'aperçoit que des broussailles; ensuite, longeant le versant occidental, il pénètre dans un pays de plaines, traverse l'*Oued-Habra*, joli cours d'eau; quelques collines se dessinent à droite et à gauche de sa route, et non loin de là il traverse une belle plaine qu'arrose l'*Oued-Fig*, jolie rivière qu'on passe à gué au sud du *fort d'Orléans*. Alors le sol devient plus accidenté; à gauche s'élève une chaîne de montagnes, et devant, *la forêt de Muley-Ismaël*, que vous traversez avec un plaisir difficile à exprimer, car, depuis que nous parcourons ces contrées brûlantes, notre œil est peu accoutumé à la verdure des arbres. Ensuite la scène change; le pays redevient plat et nu, quoique cultivé, et l'on arrive à

Bir-el-Hassi, petite peuplade située à 5 kil. nord-est du *Camp du Figuier*, élevé à l'extrémité orientale *du lac Sebgha*. De là jusqu'à Oran il faut compter environ 1 heure 1/2 de marche.

ROUTE XIV.

DE MASCARA A ALGER, PAR TAKADEMPT, SINAUB, LE PONT
D'EL-KANTARA, MÉDÉAH ET ALGER.

En sortant de Mascara, le voyageur traverse vers l'est la plaine d'*Eghress*, à l'extrémité de laquelle se trouve
Teknifd, petite localité située sur le penchant d'une montagne. Pendant une bonne heure le pays est en quelque sorte alpin, mais sans offrir ces belles scènes de la nature qu'on rencontre généralement dans les terrains accidentés.

A 8 kil. nord, au pied du col de *Djebel-Ouled-Halonia*, montagne élevée et d'un accès très-difficile, se trouve la jolie petite ville de *El-Bordj*, que les Arabes appellent *Tsen-Oued-Atch*; elle est arrosée par un ruisseau frais et limpide, dont le voyageur savoure les eaux avec un plaisir inexprimable, car il est rare d'en trouver d'aussi bonnes dans ce district. Cette charmante localité est presque déserte, ses habitants l'ayant abandonnée à l'approche des Français, lors de la prise de *Mascara*; le temps n'est sans doute pas éloigné où tous ces fugitifs se décideront à rentrer dans leurs foyers.

La route redescend; on traverse un assez fort cours d'eau qui suit la base des collines que nous venons de quitter, et va se jeter, à 8 ou 9 kil. nord, dans l'*Oued-Mina*, rivière tributaire du *Chéliff*. Le pays alors est uni, peu boisé, et serait très-fertile s'il était mieux cultivé. Après avoir traversé quelques ruines, sans doute celles de l'ancienne *Mina*, ville épiscopale qui, d'après l'étendue de ces débris, devait être fort importante, nous passons bientôt après non loin de *grands cimetières arabes* depuis longtemps abandonnés;

ensuite nous apercevons, après une heure ou deux de marche, l'*Oued-Mina* qui serpente dans la plaine : nous la traversons à gué, et, suivant sa rive droite, trois heures de marche nous conduisent à

TAKADEMPT, établissement formé en 1835, et qui, par sa position sur la route d'*Alger* à *Tlemcen* par *Mascara*, et presque au centre de tribus peu soumises, promet d'être un jour un point important pour la colonie.

Takadempt était autrefois une ville importante, qui a été abandonnée par les Arabes il y a environ un siècle ; chaque pas qu'on fait dans ses murs atteste leur mauvais goût en fait d'architecture ; tout ce que leurs prédécesseurs avaient fait de beau, ils ont eu soin de l'abattre ou de le gâter.

A 20 kil. sud se trouve

Souama, village également en ruine ; et à 32 kil. plus au sud encore, se trouve

NADOUR, ville considérable des Arabes gétuliens ; elle est située dans le désert et bâtie sur une colline.

De Takadempt, une route praticable pour les chevaux et les mulets y conduit.

Loha, petite ville en ruine, située sur la rive droite de l'*Oued-Archon*, rivière qui se jette dans le Chéliff. De ce point, la route prend une direction presque nord ; nous passons près de quelques sources d'eau chaude, puis à *Méjeddah*, ancienne station romaine, où était naguère un des camps d'Abd-el-Kader. Ensuite nous suivons la *vallée du Chéliff*, en longeant la rive gauche de cette belle rivière jusqu'au pont de pierre d'*El-Kantara*. Toute cette partie de la plaine que nous venons de parcourir est riante et fertile ; on y trouve de bons pâturages et huit ou dix petites localités qui n'offrent que des ruines, mais peu intéressantes, et dont les habitants s'adonnent à l'agriculture. Toutes les tribus qu'on rencontre sur cette route ne diffèrent guère de celles que nous avons déjà visitées et décrites.

Au lieu de continuer toujours vers le nord pour gagner *Milianah*, que nous avons visitée en allant, notre route se dirige vers l'est ; nous passons par un ancien camp d'Abd-el-Kader, et environ deux heures de marche nous conduisent à

Harbene. Ici nous quittons la province d'*Oran* et entrons dans celle d'Alger. Cette petite ville est située dans une agréable position au confluent de la rivière de son nom et du Chéliff ; la route jusqu'à Médéah suit la rive droite de l'*Oued-Harbene*. De là nous gagnons vers le nord pour franchir le *col de Téniah*, lieu illustré par les faits d'armes de nos soldats.

De cette hauteur, le point de vue est magnifique. A nos pieds se déroule la vaste plaine de la *Mitidja*, sillonnée par plusieurs rivières, telles que l'*Oued-el-Kébir*, l'*Oued-Ger* et la *Chiffa* ; plus loin, c'est le *Sahel* avec ses collines peu élevées, qui bordent le rivage de la mer depuis Alger jusqu'au mont *Chénouan* ; vis à vis, sur le versant du *Sahel*, on distingue les blancs minarets de *Coléah*. Au milieu de la plaine déserte, *Bouffarik* apparaît semblable à une verdoyante oasis ; sur la droite s'élève *Blidah*, avec ses bois d'orangers, ses forts, le blokhaus et le fossé de sa vaste enceinte ; tout à fait à l'horizon, au nord-est, on aperçoit à peine le fort de l'Empereur et quelques maisons de campagne qui avoisinent Alger ; enfin la vue se perd sur la Méditerranée.

Ensuite des pentes admirables nous conduisent à *Blidah*.
De Blidah à Alger, voyez routes I et VI.

Nous avons conduit notre voyageur sur les points les plus intéressants de cette grande province ; mais nous ne quitterons pas cette contrée sans mettre sous ses yeux l'ensemble du brillant panorama que nous lui avons indiqué en détail.

PROVINCE D'ORAN.

Limites. — La partie de la province d'Oran que la France s'était réservée par le traité de la Tafna est située sur la côte septentrionale du continent de l'Afrique. Elle se compose de *Mostaganem*, *Mazagran* et leurs territoires, d'*Oran*, d'*Arzew*, et d'un territoire ainsi délimité : à l'est par la rivière de la *Macta*, au sud par une ligne suivant le bord sud du *lac Sebgha*, et se prolongeant jusqu'à l'*Oued-el-Malah* (Rio-Salado) dans la direction de *Sidi-Saïd*, et de cette rivière jusqu'à la mer. Mais, depuis la rupture de ce traité par Abd-el-Kader, cette province contient non-seulement tout le territoire qui formait l'ancienne *Mauritanie Césarienne*, mais de plus une grande partie du bassin du *Chéliff*; ses limites sont aujourd'hui : au nord, la Méditerranée ; au sud, le désert ; à l'ouest, le Maroc ; et à l'est, l'ancien beylick de Titteri.

DIVISION CIVILE ET MILITAIRE.

ORAN est le chef-lieu de la deuxième division de l'Algérie; les subdivisions sont :

Subdivision d'Oran. — *Oran*, chef-lieu, *Arzew*, *Mers-el-Kebir*, *Messerguin*, *Camp du Figuier*.

Subdivision de Mascara. — *Mascara*, chef-lieu, *Tiaret*, *Saïda*, et les pays au sud jusqu'au petit désert.

Subdivision de Mostaganem. — *Mostaganem*, chef-lieu, *Mazagran*, l'embouchure du Chéliff jusqu'à la hauteur et non compris *Mazouna*.

Subdivision de Tlemcen. — *Tlemcen*, chef-lieu.

Le territoire de Mazagran et de Mostaganem est de petite étendue et situé sur la côte ; celui d'Oran et d'Arzew est plus considérable. Cette côte se compose du golfe d'Oran et du golfe d'Arzew. Les territoires de Tlemcen et de Mascara sont d'une vaste étendue.

Aspect du pays. — La nudité presque complète et le déboisement à peu près général de la partie de la province qui avoisine la mer frappent désagréablement les yeux. Les arbres fruitiers, qui environnent ordinairement les villes et quelques lieux habités, sont les seuls que l'on aperçoive. Les peuples nomades qui parcourent ce pays sont la cause de cette désolation. Les Arabes n'ont jamais planté, mais constamment détruit par le parcours des troupeaux et l'incinération des pâturages ; mais, à mesure que le voyageur s'éloigne du littoral, le pays s'ondule et les fraîches vallées s'ombragent d'une jolie végétation.

Golfe d'Oran. — Ce golfe s'enfonce à 16 kil. dans les terres, entre la pointe de l'*Abuja* et le *cap Falcon*, distants l'un de l'autre de 36 kil.

Golfe d'Arzew. — Ce golfe est compris entre le *cap Jari* et le *cap Carbon* ; il a 52 kil. d'ouverture et 22 kil. de profondeur. Les côtes sont généralement basses, et les plages accessibles dans les deux tiers de son développement.

En outre, la baie de *Falcon* et celle de *Bouzoudja*, à l'est du *cap Firaco*, sont d'une belle étendue et très-sûres.

Rivières. — Les principaux cours d'eau de la province d'Oran sont : le *Chéliff*, le *Rio-Salado* (Oued-el-Malah), l'*Habrah*, surnommé *Macta* (gué), le *Sig*, l'*Oued-Hamman* (rivière du Bain), la *Mina*, l'*Oued-Sessaf*, la *Heddah*, l'*Arion* et le *Khissa*.

Eaux thermales. — Il en existe dans le pays ; on les

nomme *Hamman* (bains). Le voyageur trouvera auprès de quelques-unes des restes d'établissements thermaux maintenant abandonnés.

PROVINCE DE CONSTANTINE.

SITUATION ET LIMITES.

La province de Constantine est bornée au nord par la Méditerranée, s'étend vers le sud jusqu'au grand désert de Sahara, et n'a de ce côté aucune limite tracée; à l'est elle touche à la régence de Tunis; le chaînon long, haut et escarpé du Jurjura, qui se détache du grand Atlas dans la direction du S. au N., va aboutir au cap Bougie, et la sépare des provinces de Titteri et d'Alger. La longueur de cette province, en suivant les sinuosités de la côte, est d'environ 130 lieues (520 kil.); sa profondeur peut être considérée comme ayant une moyenne de 200 kil.

Chaînes de montagnes. — Les chaînes de montagnes parallèles qui distinguent le N. de l'Afrique sont plus prononcées dans cette partie de la province que dans les autres parties de la régence. L'Atlas, qui a ses sommets les plus élevés dans l'empire de Maroc, s'abaisse en s'avançant vers l'E. Le petit Atlas touche à sa fin après avoir prolongé ses contre-forts pour former le bassin de *la Méjerda*. Les montagnes sont presque toutes couvertes de bois ou de broussailles, tandis que les plaines et les collines sont dépouillées de toute végétation.

Au delà des montagnes d'*Acires*, sont les versants de l'*Oued-el-Djedid* et les plaines de *Biscara*; plus loin le désert, dont les solitudes sont cependant fréquentées par des caravanes dirigées du centre de l'Afrique vers *Tunis*, et surtout vers *Tripoli*, qui, ayant des relations continuelles avec la Turquie, offre des débouchés plus avantageux aux productions des tropiques.

Côtes. — Dans la province de Constantine, la côte est généralement plus relevée que dans le reste de la régence; les rameaux des collines voisines se prolongent jusque sur le rivage, et la mer, arrêtée par cet obstacle, a pénétré dans les vallées qui les séparent, et a formé un plus grand nombre de baies et de golfes.

Depuis l'*Isser*, le *Jurjura* étend ses appendices jusqu'à *Bougie*; des monts élevés de 1,000 à 1,500 mètres, abrupts, inaccessibles, et couverts en grande partie de bois, bordent le littoral; ils se prolongent jusqu'à *Bône*, où cette chaîne s'enfonce à 7 ou 8 lieues (32 kil.) dans les terres, et le rivage à l'est de cette ville n'est plus occupé que par des collines hautes de 200 mètres, jusqu'à ce qu'un nouveau rameau de la chaîne vienne vers *Tabarca* l'élever encore.

Caps. — Les caps doivent être nombreux et élevés sur cette partie de la côte d'Afrique; les plus remarquables sont le cap *Carbon*, le cap *Cavallo*, le cap *Boujarone* ou les *Sept-Caps*, massif considérable et très-élevé, le cap de *Fer*, le cap de *Garde* et le cap *Rosa*.

Golfes. — Les principaux golfes auxquels ces caps servent de limites sont les golfes de *Bougie*, de Stora et de Bône, et la plage de Djigelli. Après le cap *Cavallo* est le port de Djigelli; la côte est élevée sur ce point. Le golfe de Bougie, compris entre le cap Carbon à l'O., et le cap Cavallo à l'E., a 45 kilomètres d'ouverture sur 20 kil. de profondeur. Il a pris son nom de la ville de Bougie, qui occupe la partie N.-O.: la côte a un grand relief et est abritée des vents du sud; elle reçoit la *Summam*, l'*Oued-Mansouriah* et quelques autres cours d'eau.

Golfe de Stora.—Le golfe de *Stora*, autrefois golfe de *Numidie*, est formé par le cap *Boujarone* et le cap de *Fer*, séparés par un intervalle de 72 kilomètres (18 lieues), et s'enfonce dans les terres de 26 kilomètres (6 lieues 1/2). Un promontoire intermédiaire plus reculé, le cap des *Singes*, le divise en deux baies. Celle de l'O. a pris le nom de baie de *Collo* ; la côte est très-élevée dans toute cette partie : la baie de l'E. porte le nom de *Stora*. A l'O., N.-O., S.-O., la côte est formée de montagnes abruptes, rocailleuses et incultes.

Golfe de Bône.—Le golfe de *Bône*, entre le cap de *Garde* et le cap *Rose*, éloignés l'un de l'autre d'environ 40 kilomèt. (10 lieues) sur 14 kilomètres (3 lieues 1/2) de profondeur, est abrité à l'O. par les derniers contre-forts du mont *Edough*. Les terres sont arides et sillonnées de grands déchirements. La partie méridionale de la côte est une immense vallée ; la *Seybouse* et l'*Oued-Mafragg* viennent en ce point se jeter dans la mer.

Bastion de France.—A l'ouest du cap Rose se trouvent le bastion de *France* et la *Calle*.

Principaux ports. — Les principaux ports de la province sont les ports de *Bougie*, *Djigelli*, *Collo*, *Stora*, *Bône* et *Philippeville*.

Rivières. — De nombreux cours d'eau sillonnent la province de Constantine ; les uns se jettent dans la Méditerranée, les autres se perdent dans les terres. Les plus considérables sont :

La *Summam*, l'*Oued-el-Kebir* (l'*Ampsagas* des anciens), l'*Oued-Zefzaf*, la *Seybouse*, l'*Oued-Boujimah*, le *Mafragg*, le cours supérieur de la *Méjerda* et l'*Oued-Djedid*.

La *Summam* (*Oued-Adame* ou *Nazabath*) coule du sud-ouest au nord-est ; elle prend sa source dans la province de Tittéri, et traverse la chaîne du Jurjura, qui sépare ce beylick de celui de Constantine; elle a son embouchure auprès de Bougie, et se termine à la mer par le cap Carbon, vis-à-vis le fort d'Abd-el-Kader. L'*Oued-el-Kebir*, nommée *Oued-Rummel* dans la partie supérieure de son cours, prend sa source dans un des contre-forts de l'Atlas, appelé *Djibel-Gellah-Snaan*, à six journées de marche de Constantine; elle coule d'abord du nord au sud, tourne autour des murs de Constantine, et, arrivée à la pointe El-Kantara, ses eaux s'engouffrent pendant quelques instants sous terre, et reparaissent ensuite pour disparaître de nouveau : il y a jusqu'à quatre pertes successives qui forment des ponts naturels de cinquante à cent mètres de large; elle entre enfin dans une vallée, et se jette dans la mer sur la plage, entre Djigelli et le cap Boujarone. L'*Oued-Zefzaf* se rend, par un cours d'environ 12 lieues (48 kilom.), dans le golfe de Stora, auprès de Skikida. *La Seybouse*, qui porte dans le haut de son cours plusieurs noms, après avoir coulé dans une vaste plaine du nord au sud, va se jeter dans le golfe de Bône, où elle est très-profonde. Les grosses embarcations peuvent y naviguer jusqu'à une assez grande distance de la mer; cependant à son embouchure on ne trouve que quatre pieds neuf pouces d'eau sur la barre.

La *Méjerda*, dont le cours supérieur est à l'extrémité de la frontière orientale, n'acquiert d'importance que dans la régence de Tunis. C'est le *Bagradas flumen* des anciens, sur les bords duquel une armée romaine, sous les ordres de Régulus, fut inquiétée par un serpent monstrueux, sur la peau duquel glissaient les flèches des soldats, et contre qui Régulus fut obligé d'employer les balistes et les béliers. Le sang de ce serpent, rougissant la terre, infecta tout le camp romain ; sa peau, longue de cent vingt pieds, fut envoyée à Rome comme un objet de curiosité.

Conduite des eaux. — Les travaux de conduite qui doivent amener à Constantine les eaux de Sidi-Mabrouk sont assez avancés. La seule opération qui retarde l'achèvement de cet intéressant travail est le percement d'un rocher sur une longueur de 96 mètres. Ce travail ne peut malheureusement avancer que très-lentement.

Il est à regretter que des travaux de la nature de celui dont nous parlons ne soient pas menés d'une manière continue, et souffrent ainsi de l'éloignement où ils se trouvent du gouvernement central.

Bois. — La partie de cette province la plus fréquentée manque presque partout de bois. Les arbres n'y sont pour la plupart que des taillis, et souvent que des broussailles d'une hauteur médiocre ; les plaines surtout en sont dépourvues. Il est cependant des points de la côte, à Collo par exemple, où l'on trouve du bois à brûler en abondance.

Minéraux. — Un pays aussi étendu et coupé de montagnes d'une nature si variée ne peut être que très-riche en minéraux. On cite plusieurs parties où se trouvaient jadis des mines en exploitation, les montagnes de l'ouest, vers la Méjara, par exemple, où sont des mines d'argent et de plomb.

Il résulte d'un mémoire de M. A. Burat (1), que nous citons dans notre appendice, que plusieurs explorations ont été déjà dirigées dans le but de constater cette richesse du sol.

Climat. — La province de Constantine, par sa configuration même, présente sur plusieurs points quelquefois peu

(1) Ce mémoire a été lu à l'Académie des sciences le 13 octobre 1845.

distants les uns des autres les températures les plus opposées. C'est ainsi que le plateau de Constantine a quelquefois des neiges au mois de mai, tandis qu'à Bône il règne déjà une chaleur de 25 degrés. C'est surtout à l'automne que les intempéries ont le plus de durée. Les trois mois d'hiver y sont généralement secs, ce qui donne ordinairement un beau printemps. La température dans l'été a quelquefois dépassé 44° centigrades.

DIVISION CIVILE ET MILITAIRE.

3e *division*. — *Constantine*, chef-lieu.

Subdivision de Constantine. — *Philippeville*, centre de cercle comprenant Philippeville et les camps de *Smendou*, des *Toumiettes*, d'*El-Arrouch*, *Djigelli*.

Subdivision de Bône. — *Bône*, chef-lieu; *Guelma*, centre de cercle comprenant les *Maqrzen*, les *Goums*, les *tribus*; la *Calle*, centre de cercle comprenant les *Maqrzen*, les *Goums*, les *tribus*.

Subdivision de Sétif. — *Sétif*, comprenant la *Medjana*, *M'silah*, et les pays au sud jusqu'aux marais salants dits *El-Chott*.

Villes de la province. — Non-seulement la province de Constantine est la plus grande, mais elle est aussi la plus peuplée de l'ancienne régence. On y compte plusieurs villes, centres de population et de relations commerciales.

Les villes du plateau inférieur entre le petit Atlas et la mer sont : *Bougie*, *Djigelli*, *Collo*, *Stora*, *Philippeville*, *Bône* et la *Calle*, qui sont l'objet de notices distinctes.

Outre ces points principaux du littoral, la province compte encore un certain nombre de villes sur les plateaux supérieurs entre le *grand* et le *petit Atlas*, savoir :

1° *Constantine*, la capitale de la province ; 2° *Milah*, ville, près du confluent du Rummel et du Dzaal, à 40 kil. de Constantine; 3° *Sétif*, ville autrefois florissante, à 120 kil. (30 lieues) O.-S.-O. de Constantine, et sur la route d'Alger ; 4° *Tifflech* (*Tepaza*), *Bal* ou *Bul* (*Bulla Regia*), *Zammoreh*, qui sont encore peu connues ; enfin, vers le sud, *Biscara*, située sur le versant méridional des montagnes du *Tell*, à 18 journées de marche de Constantine ; *Boussada*, etc.

Routes romaines.—L'Itinéraire d'Antonin et la Table de Peutinger font connaître que la surface de la province de Constantine était traversée par un grand nombre de routes romaines dont on retrouve des traces en beaucoup d'endroits.

La fertilité de la province de Constantine a été reconnue par tous ceux qui l'ont visitée, et les auteurs anciens, tels que Strabon et Pline, en ont fait mention.

ROUTE XV.

D'ALGER A PHILIPPEVILLE, PAR HAMZA, LES PORTES-DE-FER, MÉJANA, SÉTIF, MILAH, CONSTANTINE ET PHILIPPEVILLE.

320 kil., qu'on divise ordinairement en dix journées de marche.

Cet itinéraire est celui que suivit l'infortuné duc d'Orléans de Philippeville à Alger.

Le voyageur quitte la capitale de notre belle colonie en se dirigeant vers la partie E. de la plaine de la *Mitidja*, passe par la *Maison-Carrée* et *Fondouk*, nouveau village qui s'agrandit de jour en jour : sa position sur l'*Oued-Hamise*, cours d'eau abondant en toutes saisons, assure une prospérité durable à cette jolie localité ; il possède une fontaine, un abreuvoir et des lavoirs ; un maire y est installé, ainsi qu'un médecin, une brigade de gendarmerie, un instituteur et une salle d'asile. On compte déjà dans ce village plus de 50 familles, bien que toutes les maisons ne soient pas encore terminées ; un mur d'enceinte bien bâti et flanqué de quatre bastions garantit Fondouk des attaques nocturnes des Arabes. Au delà de Fondouk, le pays s'élève ; on atteint bientôt la chaîne de *Dj-Benimoussah*, une des ramifications du petit Atlas, qu'on met six heures environ à traverser : cette montagne est pierreuse et d'un triste aspect. Ensuite la route redescend vers la plaine, traverse à gué l'*Oued-Isser;* une heure plus loin, elle franchit une autre chaîne de montagnes, et trois heures de marche conduisent le voyageur, à travers une jolie plaine, à

Hamza, petite localité située dans la plaine de ce nom, et n'ayant d'importance que par son fort, qui sert de station militaire.

Le pays que suit le voyageur est assez uni, mieux planté que ne le sont les contrées de la province d'Oran ; et, après avoir traversé quatre ou cinq cours d'eau, quatre petits hameaux d'une quinzaine de cabanes chacun, il arrive au fameux passage des

Portes-de-Fer. C'est une gorge étroite et profonde, bordée de chaque côté par une chaîne de montagnes dont les roches s'élèvent perpendiculairement à une très-grande hauteur, et forment un sentier parfois si étroit, qu'un mulet peut à peine y passer. On compte six heures pour traverser ce triste défilé, que nos soldats ont franchi avec un courage digne des plus grands éloges, conduits par le jeune prince que pleure la France.

C'est ordinairement quatre jours après avoir quitté Alger, que le voyageur passe ce sombre col ; de là, la route incline un peu vers le sud sur un sol accidenté, longe la base d'une montagne, traverse l'*Oued-el-Zianin*, et passe par

Dra-el-Ahmaz, situé dans une plaine assez bien cultivée. Une heure 1/2 plus loin, vous passez l'*Oued-el-Zenin*, petit cours d'eau presque à sec pendant l'été, et puis vous entrez à

MÉJANA, peuplade au milieu de la plaine de ce nom, avec un camp retranché formant une bonne position militaire, où le voyageur trouvera souvent des convois avec lesquels il pourra voyager jusqu'à

SÉTIF, situé sur un terrain élevé, au milieu de belles plaines d'une terre excellente et bien cultivée, et couvertes de beaux troupeaux et de beaucoup de mulets.

Sétif est une petite localité, mais qui ne peut manquer d'acquérir une certaine importance, comme étant le chef-lieu d'une subdivision militaire et du *fort d'Orléans*, qui sert de résidence au général commandant et au sous-intendant civil.

Sétif était la *Sitipha* des anciens et la métropole de cette partie de la Mauritanie. Cette ville pouvait avoir une lieue (4 kil.) de circuit, et était située sur une éminence exposée au sud. Les Arabes l'ont détruite de fond en comble, et l'on n'y retrouve plus ni murailles, ni citernes, ni colonnes antiques : le petit nombre de maisons qui restent sont l'ouvrage des nouveaux habitants. Il existe au centre de la ville plusieurs sources d'une onde pure et d'un aspect très-agréable.

Sétif possède *une chapelle militaire* nouvellement construite, et une population civile de 500 hab. Sur ce nombre on ne compte que 42 femmes.—Sa milice se compose de 200 hommes, dont un tiers habillé. — Le nombre des maisons est déjà de 71, dont le plus grand nombre avec un étage. — Sétif possède une belle promenade dite d'*Orléans*, une *pépinière*, 4 *tuileries* et *briqueteries*, deux *moulins à farine*, construits sur l'*Oued-bou-Slam*; de beaux jardins entourent cette cité naissante.—Jolie pépinière.

De Sétif à Constantine, le voyageur trouve des stations assez rapprochées les unes des autres. D'ordinaire, ce sont des douars, quelquefois des tribus entières. Les Arabes sont, comme partout ailleurs, responsables des événements fâcheux qui arrivent sur leur territoire : ils présentent aux voyageurs un tarif du prix de leurs objets de consommation; on se fait servir ce qu'on désire, et le règlement du compte n'entraîne jamais aucun débat.

A une journée environ vers le sud, sur les frontières du désert, se trouve

BOUSSADA, ville d'origine et de construction entièrement arabes; on n'y trouve aucune trace de ruines romaines. D'après les traditions conservées parmi les habitants, elle fut bâtie dans le cinquième siècle de l'hégire; ses maisons sont en terre battue, et recouvertes d'une terrasse aussi en terre, supportée par des rondins de bois de genévrier.

Un grand nombre ont un étage; les portes sont faites avec des madriers taillés dans les tiges de palmier. La distribution de ces maisons, quoique fort irrégulière, est cependant celle des maisons de presque toutes les villes musulmanes. Les habitants couchent sur des lits de feuilles de palmier élevés d'un mètre au-dessus de terre; ils prennent cette précaution contre les nombreux scorpions, dont la piqûre est fort dangereuse.

Un mur d'enceinte de six à sept mètres d'élévation entoure la ville ; il est percé d'un grand nombre de petits trous qui servent de créneaux. Douze portes établissent la communication avec l'extérieur ; la principale est au nord. Dans quelques points élevés et au-dessus des portes principales, sont des espèces de forts crénelés qui servent aux habitants à se défendre contre les attaques des Arabes nomades.

La ville de Boussada, qui présente une superficie de 21,075 mètres, s'élève en amphithéâtre sur la rive gauche de l'Oued-Boussada; elle fait face au nord ; et de tous les côtés, excepté vers l'ouest, elle est entourée de magnifiques jardins qui s'étendent sur les bords de la rivière, vers le nord-est, jusqu'aux plaines de sable qui couvrent une grande étendue de pays, et rappellent avec exactitude les descriptions du Sahara.

Les jardins de Boussada ne sont que des plantations de palmiers qui croissent avec une grande vigueur et produisent de bons fruits; on en compte cinq ou six espèces ; la superficie de ces jardins peut être évaluée à 1,400 hectares.

Les habitants de Boussada sont Arabes et du rit maleki ; il n'y a que dix ou douze Beni-Aizzab. Un grand nombre d'entre eux sont habitués à nos mœurs, et connaissent quelques mots de notre langue, ayant habité pendant quelque temps Alger ou d'autres villes occupées par nous en Algérie.

Trente-cinq familles juives sont établies à Boussada depuis un temps fort reculé ; elles paraissent être venues du pays des Beni-Mzzab. Une quinzaine d'autres familles ont quitté la ville à cause des mauvais traitements qu'elles recevaient des habitants musulmans ; elles se sont retirées, les unes à *M'Silah*, d'autres à *M'Doukal* et dans les villages du *Djebel-Bou-Tabb*, à 15 lieues (60 kil.) au sud de Sétif.

Le nombre des habitants de Boussada peut être évalué à

4,500, dont 1,000 sont armés de fusils. La ville est divisée en sept quartiers.

A 12 kil. nord de Sétif se trouvent les ruines de *Mége*, que le voyageur pourra visiter, si le temps le lui permet.

De Sétif, la route que nous suivons incline vers le nord-est, au milieu de vastes plaines entrecoupées de collines qu'occupent diverses tribus adonnées à l'agriculture et au soin des troupeaux. On traverse plusieurs petites bourgades, où l'on trouve diverses ruines, avant d'arriver à

DJÉMILAH, située à 35 kilom. de Sétif. Cette petite ville est l'ancien *Cuiculum* des Romains ; les abords en sont difficiles ; des sentiers étroits, pratiqués sur les flancs de pentes rapides et entrecoupées de ravins profonds, conduisent au plateau où s'élève Djémilah, dont l'emplacement même se trouve resserré entre deux ravins au fond desquels coulent deux ruisseaux, en sorte que son horizon, peu étendu, est borné par des montagnes d'un aspect triste, et dont les fronts se couvrent souvent de neige pendant l'hiver. Le pays d'alentour est absolument nu et d'une monotonie extrême. Mais cette localité renferme des ruines d'un haut intérêt; celles qui doivent surtout fixer l'attention du voyageur sont : un théâtre, un temple quadrilatère à six colonnes, les restes d'une basilique chrétienne, avec une belle mosaïque; des bas-reliefs, des inscriptions en grand nombre ; enfin le forum, renfermant un temple dédié à la Victoire, et où l'on arrivait en passant sous un arc de triomphe élevé à la gloire de l'empereur Caracalla, à sa mère Julia Domna, et à son père Septime Sévère. On y lit l'inscription suivante :

IMPERATORI CÆSARI MARCO AURELIO SEVERO ANTONINO,
PIO, FELICI, AUGUSTO,
PARTHICO MAXIMO, BRITANNICO MAXIMO, GERMANICO MAXIMO,
PONTIFICI MAXIMO, TRIBUNITIÆ POTESTATIS XVIIIJ CONSULI III

IMPERATORI III, PATRI PATRIÆ PROCONSULI ;
ET JULIÆ DOMNÆ, PIÆ, FELICI, AUGUSTÆ, MATRI EJUS, ET SENATUS
ET PATRIÆ ET CASTRORUM.
ET DIVO SEVERO AUGUSTO, PIO, PATRI IMPERATORIS
CÆSARIS MARCI AURELII
SEVERI ANTONINI PII, FELICIS, AUGUSTI, ARCUM TRIUMPHALEM,
A SOLO, DECRETO DECURIONUM, RES PUBLICA FECIT.

A l'empereur César Marc Aurèle Sévère Antonin, le pieux, l'heureux, l'auguste, — le vainqueur très-grand des Parthes, le vainqueur très-grand des Bretons, le vainqueur très-grand des Germains, — souverain pontife, jouissant pour la dix-neuvième fois de la puissance tribunitienne, consul pour la quatrième fois, revêtu pour la troisième fois du titre d'*imperator*, père de la patrie, proconsul ; — et à Julia Domna, la pieuse, l'heureuse, l'auguste, mère de l'empereur, et du sénat,—et de la patrie, et des armées ; — et au divin Sévère, l'auguste, le pieux, père de l'empereur César Marc Aurèle — Sévère Antonin, le pieux, l'heureux, l'auguste, la République a élevé cet arc de triomphe en vertu d'un décret des décurions.

On prétend qu'il y a peu d'années encore, ce monument, dont l'origine remonte au commencement du troisième siècle, était presque complet. Voici ce que l'on raconte à ce sujet dans le pays : Ahmed, le dernier bey de la province, celui-là même que la France a dépossédé en 1837, envoya à Djémilah, à l'époque où il faisait bâtir son palais à Constantine, des ouvriers chargés de démolir l'arc de triomphe qu'il croyait de marbre, et dont les matériaux devaient servir à ses propres constructions. Ce ne fut qu'après la chute de la portion de l'attique qui se trouve au-dessus des pieds-droits, que les ouvriers arabes reconnurent que le monument était de pierre, et la démolition fut alors abandonnée.

La hauteur totale du monument est de 12 mèt. 65 cent. sur une largeur de 10 mèt. 60 cent. Il est d'une seule arcade de 7 mèt. 32 cent. de hauteur et de 4 mèt. 35 cent. de largeur. Deux pilastres de chaque côté reposent sur un stylobate commun, et encadrent les trumeaux, creusés chacun d'une niche destinée sans aucun doute à des statues.

Comme on le voit, ce n'est point par des dimensions gigantesques que ce monument est remarquable, mais par sa conservation, après seize siècles d'existence, marqués par de si grandes révolutions et au milieu de peuplades barbares.

Mais, au milieu de ces souvenirs de l'antiquité, le voyageur n'oubliera pas qu'en décembre 1838 un bataillon d'infanterie légère soutint, pendant douze jours, les attaques de 3 ou 4,000 Kabyles malgré les plus grandes privations.

Le corps d'armée qui se rendit de Constantine à Alger par les célèbres Portes-de-Fer traversa Djémilah le 19 octobre 1839. M. le duc d'Orléans visita avec un vif intérêt les ruines de la vieille cité romaine, et admira surtout l'arc de triomphe. Le prince en fit exécuter le dessin, et grava son chiffre sur la face interne du pilier gauche de l'arcade. Une lettre qu'il adressa à cette époque au roi son père contenait le passage suivant : « Je demanderais que l'arc de triomphe de Djémilah, le plus complet des monuments romains que nous ayons visités en Afrique, fût démonté pierre par pierre et transporté à Paris, comme consécration et trophée de notre conquête de l'Algérie. »

Si nous sommes bien renseignés, les vœux du prince seraient remplis, et ce trophée de granit ornerait bientôt un point de la capitale.

La route que nous suivons se dirige toujours vers le nord-est, au milieu d'une contrée peu accidentée, jusqu'à

BONANASSE, petite peuplade à une forte journée et demie

de marche de Djémilah : de là, inclinant vers le nord, après cinq heures de marche, nous entrons à

MILAH, petite ville dont le général Galbois prit possession le 21 octobre 1838; elle est située au nord-ouest de Constantine, à une journée de marche de cette dernière ville. Milah est dans une situation charmante, entourée de jardins délicieux, de vergers, de citronniers, d'orangers et de grenadiers; les vignes s'entrelacent aux arbres fruitiers; les fleurs couvrent le sol, et une eau pure et abondante entretient la fertilité et la fraîcheur dans cette riante localité, dont l'importance s'augmente chaque jour par suite de son heureuse position sur la route militaire, qui est l'ancienne voie romaine d'Alger à Constantine. Pop. 4,000 hab. environ.

De Milah, la route de Constantine incline vers le sud-est. Le pays que nous parcourons est fort beau; nous traversons deux cours d'eau tributaires de l'*Oued-Rummel*, dont notre route suit la rive gauche, et une bonne journée de marche nous conduit aux portes de l'ancienne et forte cité de

CONSTANTINE. *Hôtels* : le voyageur en trouvera plusieurs excellents, ainsi que des cafés bien tenus et à des prix modérés, et des auberges arabes ou *fondouks*. Cette ville est la *Cirta* des anciens, la *Cossentina* des Arabes, capitale de la province ou beylik de son nom; elle est située au delà du petit Atlas, sur l'*Oued-Rummel*, au point où cette rivière traverse des collines élevées, contre-forts de l'Atlas, et pénètre du bassin supérieur dans la plaine de Milah.

Constantine est le chef-lieu de la riche province de son nom et d'une division militaire; elle est la résidence d'un lieutenant général, d'un sous-directeur civil, d'un tribunal de première instance, d'une justice de paix, d'un commissaire de police, d'une milice bourgeoise assez nombreuse, etc.

Cette ville est placée entre Tunis et Bône, à 160 kil. de distance de cette dernière, à 88 kil. de Stora et à 40 kil. de Milah.

Constantine est bâtie dans une presqu'île entourée par la rivière et dominée par les hauteurs de Mansourah et de Sidi-Mécid, dont elle est séparée par une grande et profonde anfractuosité où coulent les eaux de l'Oued-Rummel, qui au-dessus de la ville reçoit le Bou-Marzoug dans un lieu appelé El-Kouas (les Arceaux, aqueducs antiques qui existent encore), ruisseau d'un cours de 28 à 30 kil. qui aboutit à la rive droite du Rummel.

Au S.-E. de la ville s'étend le plateau de Mansourah, qui la domine. Au N.-E. de Constantine s'élève le mont Mécid.

Cette ville est bâtie sur un plateau élevé de 600 mètres au-dessus de la mer, qui a la forme d'un trapèze dont les angles font face aux quatre points cardinaux, et dont la plus grande diagonale est dirigée du S. au N. La température s'y élève quelquefois à 44° centigrades. Elle est presque entièrement entourée de rochers. L'*Oued-Rummel* s'approche de la ville par son angle S., à *Sidi-Rachet*, où elle forme une cascade, et coule dans un grand ravin qui règne le long des côtés S.-E. et N.-E. Arrivée à l'extrémité septentrionale, où est bâtie la Casbah, elle peut être considérée comme un immense fossé qui défend l'approche des murailles sur ces deux côtés. L'Oued-Rummel coule au fond, sur le troisième côté, entre l'angle N. de la Casbah et l'angle O., nommé Assous; le terrain est aussi très-escarpé, mais cependant on peut le gravir. Reste le quatrième côté, entre le point Assous et Sidi-Rachet, par lequel la presqu'île tient au massif dont elle n'est qu'un appendice. Ce côté est bordé de rochers à ses deux extrémités; mais ils diminuent de hauteur à mesure que l'on s'éloigne du ravin. C'est là le seul point par lequel la ville soit facilement abordable.

Portes de la ville. — La ville de Constantine a quatre portes, dont trois se trouvent sur le même côté au S.-O.; la plus rapprochée vers *Bordj-Assous* se trouve dans un angle rentrant sur le point le plus élevé du contre-fort, où les rochers ne se montrent plus : on nomme cette porte *Bab-el-Djedid*; le chemin d'Alger y aboutit. Celle du centre s'appelle *Bab-el-Oued*; elle conduit vers le S., et peut gagner par un embranchement le chemin d'Alger dit *du Garb* (de l'Ouest). La troisième porte, nommée *El-Ghabia*, communique avec la rivière El-Rummel; elle est un peu dominée par la porte et le rempart *Bab-el-Oued*. Ces trois portes sont unies par une muraille antique haute de 10 mètres, souvent sans fossés. Entre la porte El-Ghabia et l'angle saillant de Sidi-Rachet existait autrefois la porte de Hennecha; elle est murée depuis longtemps. Le reste de l'enceinte est formé par des murailles peu solides qui, élevées sur des rochers à pic, présentent une bonne défense. La quatrième porte, dite d'*El-Kantara*, est à l'angle en face du vallon compris entre le mont Mansourah et le mont Mécid. Le pont d'où elle tire son nom se trouve vis-à-vis; large et fort élevé sur trois étages d'arches, il est de construction antique dans sa partie inférieure.

Les chemins qui conduisent sur le littoral et ceux venant de l'E. aboutissent à cette porte, laquelle est, comme les autres portes, construite en pierre d'un grain aussi fin que le marbre, et est ornée de sculptures d'une grande délicatesse.

Sur l'angle N. du plateau, point le plus élevé de la ville, se trouve la *Casbah*, édifice antique qui sert de caserne : c'est une petite citadelle défendue par quelques pièces de canon; elle domine Constantine et couronne les rochers à pic qui entourent presque toute la ville, où se trouvent les plus grands escarpements, qui atteignent plus de 100 mètres de haut.

Des maisons. — Constantine a trois places publiques de peu d'étendue; les rues sont pavées, mais étroites et tortueuses; elles sont en pente rapide de la Casbah vers le pont. Les maisons, pour la plupart, ont deux étages au-dessus du rez-de-chaussée; elles sont généralement bâties en briques creuses et en pisé. Les plus belles seulement le sont en briques cuites et en pierres tirées des constructions romaines. Toutes ont des toitures en tuiles creuses posées sur des roseaux.

En général, les maisons ressemblent à toutes celles des États barbaresques, c'est-à-dire sans fenêtres extérieures, avec des portes basses, ce qui leur donne l'aspect de prisons. Quant à l'intérieur de ces habitations, c'est toujours une cour carrée autour de laquelle s'élèvent des colonnes en bois, en pierre, quelquefois en marbre tors, qui supportent une galerie sur laquelle les appartements ont leur grande porte et leurs petites fenêtres : qui en voit une, en voit mille, à la grandeur près, ou au plus ou moins de décoration. Les rues, qui autrefois étaient, comme celles d'Alger, très-sales, sont, depuis l'occupation des Français, dans un état convenable de propreté.

Un pont sur le Rummel va être jeté pour faciliter aux promeneurs l'accès des jardins d'Englis-Bey. Pour s'y rendre, il fallait passer le Rummel à gué, et souvent se mouiller plus que les pieds; et pourtant les visiteurs ne manquaient pas, tant cette promenade offre d'attraits. Englis-Bey, l'un des premiers personnages de Constantine, a adopté les usages et même le costume français. Ses fils suivent la religion catholique et reçoivent une instruction classique.

MONUMENTS REMARQUABLES. — Le monument sans contredit le plus intéressant et en même temps le mieux conservé de Constantine, est le *beau pont romain* construit sur le Rummel. Cependant on peut dire avec assurance que c'est plutôt une construction moderne qu'antique, puisqu'il a été aux trois quarts refait à neuf, toutefois suivant l'ancien modèle. Cette réparation ou plutôt cette nouvelle construction paraît remonter à une cinquantaine d'années ; sa hauteur est évaluée à 50 mètres ; en somme, c'est un beau monument, dont les arches et les colonnes sont enrichies de caducées, de têtes de bœuf, de guirlandes, de festons.

Ensuite le *palais de l'ancien bey*, édifice qui ne se distingue guère, à l'extérieur, des autres habitations, que par son étendue, mais qui dans l'intérieur est orné de colonnes de marbre recueillies dans la ville : cette vaste résidence a été construite par *Achmet-Bey*, depuis la prise d'Alger par l'armée française. Les quatre *portes* de la ville, dont nous avons déjà parlé, méritent aussi une mention particulière ; elles sont construites en pierre dite *rossiccia*, et revêtues de sculptures élégantes dont la délicatesse révèle le ciseau romain. Dans les 12 ou 14 *mosquées* que possède Constantine, plusieurs sont dignes de la curiosité du voyageur, qui n'oubliera pas de visiter surtout la belle *église catholique* (l'ancienne mosquée du palais des beys), l'*hôpital*, monument digne des anciens vainqueurs de *Cirta*, avec sa modeste chapelle ; l'*école* dirigée par un frère coadjuteur, qui instruit les petits garçons chrétiens, arabes ou juifs, sans distinction de religion ; la *maison des sœurs*, leur pensionnat, leur école et leur infirmerie, etc. ; la pépinière du gouvernement, qui est fort bien tenue.

Plan en relief de Constantine. — Une des curiosités de Constantine, cette ville si curieuse à tant d'égards, est sans contredit le plan en relief que M. Duclaux y exécute depuis quatre ans. Le liége est la substance dont cet habile artiste fait usage pour reproduire la physionomie si pittoresque de ce nid d'aigle. Les édifices les plus considérables, comme les habitations les plus modestes, et, dans chaque habitation, les moindres détails, une porte, une croisée, une lézarde dans un mur, tout est figuré avec un soin scrupuleux et une exactitude religieuse.

Malgré le peu d'encouragements qu'il a reçus, les résistances même qu'il a rencontrées dans l'origine, M. Duclaux en est arrivé aux deux tiers environ de son œuvre. Son travail, s'il figurait parmi les plans en relief des Invalides, ne serait pas le morceau le moins intéressant de ce musée national.

Il serait à désirer que le gouvernement comprît tout ce qu'il y a d'intéressant dans ce travail, qu'il acceptât les charges de l'exécution pour en avoir l'honneur, et ne laissât pas M. Duclaux dans la triste nécessité de recourir à la spéculation privée, comme cela paraît malheureusement avoir lieu.

Nous espérons qu'il suffira d'avoir éveillé la sollicitude du ministère en faveur d'un artiste laborieux et habile, et d'une œuvre si intéressante, pour faire revenir à l'État un travail qui ne saurait appartenir à d'autres.

RUINES ROMAINES.

Les traces de constructions romaines restées sur le sol de la ville méritent l'attention des voyageurs, et prouvent que ces constructions ont dû être colossales. Elles étaient comprises dans l'enceinte actuelle, qui est parfaitement déterminée par la nature ; car, sur son développement qui est d'environ 3,000 mètres, près de 2,800 sont défendus par des escarpements de rocs inabordables.

On rencontre aussi dans les environs, à chaque pas, de nombreuses ruines romaines, telles que des pierres sépulcrales, une grande quantité d'autels, des bas-reliefs, des débris d'aqueducs et de colonnes qui rappellent les magnifiques constructions qui décoraient cette ville, autrefois l'une des plus florissantes de l'Afrique.

POPULATION, COMMERCE. — On comptait à Constantine, avant l'occupation française, environ 40,000 âmes, *Maures*, *Turcs*, *Kabyles* et *Juifs*; maintenant cette ville compte, sans la garnison, 25,500 habitants, dont 1,500 Européens, 2,000 juifs, et elle se livre principalement au commerce de la cire, de la laine, du blé. Les habitants élèvent des bestiaux, trafiquent de pelleteries, cultivent des jardins et des vergers superbes. Les environs de Constantine possèdent quelques riantes maisons de campagne.

Le commerce des habitants de la ville et de la province était autrefois bien plus étendu : il consistait principalement dans l'envoi de caravanes au *Djérid* et dans le pays des nègres, qui allaient y porter des draps, des étoffes, du coton, de la soie et de l'huile ; elles rapportaient de ces contrées de la poudre d'or, des dattes et des esclaves, etc.

Le climat de Constantine est très-sain, mais un peu froid en raison de sa position élevée, 600 mètres au-dessus de la mer. Dans les plaines qui l'avoisinent, il règne au contraire une température douce pendant une grande partie de l'année, et parfois le thermomètre s'est élevé au-dessus de 44° centigrades.

RÉSUMÉ HISTORIQUE. — Les Romains regardaient la ville

de Constantine comme la plus riche et la plus forte de toute la Numidie, dont elle était en quelque sorte la clef. Les principales routes de la province y aboutissaient. Elle avait été la résidence royale de Masinissa et de ses successeurs. Strabon nous apprend qu'elle renfermait alors des palais magnifiques, et que sur l'invitation du roi Micipsa, une colonie grecque s'y était établie, et y avait apporté les arts industriels de la Grèce. Dans la première guerre punique, le premier soin du roi Masinissa fut de s'en emparer. Jugurtha employa tous les moyens possibles pour s'en rendre maître, et c'est de cette position centrale que Metellus et Marius dirigèrent avec tant de succès contre lui tous leurs mouvements militaires.

Ruinée en 311 dans la guerre de Maxence contre Alexandre, paysan pannonien qui s'était fait proclamer empereur d'Afrique, rétablie et embellie sous Constantin, cette ville quitta alors son ancien nom de Cirta pour prendre celui de son restaurateur, qu'elle porte encore aujourd'hui.

Lorsque les Vandales, dans le V⁰ siècle, envahirent la Numidie et les trois Mauritanies, et détruisirent toutes leurs villes florissantes, Constantine résista à ce torrent dévastateur. Les victoires de Bélisaire la retrouvèrent debout, et la conquête musulmane semble l'avoir respectée, à en juger par les ruines délaissées dont le pays est partout ailleurs couvert.

Constantine, à cause de sa forte position, était restée dans la possession du bey Achmed, qui gouvernait cette province. Le gouvernement d'Alger s'était contenté jusqu'alors d'une soumission simulée qui n'avait aucun résultat; mais, après la pacification de la Tafna, pouvant disposer d'un corps de troupes considérable, et d'ailleurs fatiguée par ses subterfuges, la France résolut de se rendre maîtresse de ce dernier refuge de la puissance musulmane. Le maréchal Clauzel n'ayant pas réussi dans les tentatives qu'il fit pour s'en emparer, le nouveau gouverneur, général Damrémont, avec un corps de 10,000 hommes, à l'avant-garde duquel marchait le second fils du roi, prit, le 13 octobre 1837, la ville d'assaut ; mais le général en chef paya de sa vie cette éclatante victoire. Depuis cette époque, Constantine, que les Arabes avaient regardée comme imprenable, est restée dans la paisible possession des Français.

« *Constantine,* disait un Arabe dans le mois de septembre 1837, est une pierre au milieu d'un fleuve, et, d'après l'avis de nos prophètes et de nos marabouts, il faut autant de Français pour enlever cette pierre, qu'il faut de fourmis pour enlever un œuf du fond d'un pot de lait. »

Les Français ont fait mentir la prophétie ; ils ont enlevé la place et laissé l'œuf au fond du pot de lait.

Un arrêté du 1er octobre 1838 interdit aux Européens l'acquisition d'immeubles à Constantine, et leur défend de louer des propriétés pour plus d'une année. On croit que cette disposition a été prise par le maréchal Vallée dans l'intention de concentrer à Stora tout le commerce européen, et de réserver le commerce intérieur qui se fait avec Tunis et le désert de Sahara aux indigènes de Constantine, qui se trouvent en meilleure position pour faire prendre un grand développement à ces relations. Du reste, ce commerce sera toujours placé dans un port de mer.

Mais ces dispositions ont été modifiées depuis par M. le maréchal Bugeaud.

Nous pensons ne pouvoir mieux compléter le panorama de Constantine qu'en mettant sous les yeux du lecteur l'extrait d'une lettre de M. Boblaye, capitaine d'état-major, à l'Académie des sciences, sur son exploration de la ville et de la province de Constantine. Les renseignements fournis par ce savant officier sont des plus curieux et des plus authentiques.

« Si l'on veut se faire une idée de Constantine, dit-il, il faut se figurer un quadrilatère incliné vers le sud, recouvert d'une masse de maisons à toits rouges dont on distingue à peine les solutions de continuité, et qui sont surmontées d'une douzaine des plus grêles minarets. Le sol de la ville est formé par la surface d'une roche calcaire, dure et sombre, dont la masse s'est détachée de la montagne voisine, laissant dans sa cassure un fossé naturel à parois verticales dont la profondeur varie de 100 à 250 mètres, avec une largeur beaucoup moindre. C'est dans ce fossé que le Rummel s'est creusé un lit, qui n'est pas plus navigable qu'une autre rivière qui forme avec lui les deux seuls cours d'eau de la province.

» Des nuées de corneilles, des vautours, des aigles, et surtout des grues, planent sur l'abîme et sur la ville ; quelques cactus végètent entre les brisures des rochers voisins ; puis se déroule un tableau de verdure aussi loin que la vue peut s'étendre, sans pouvoir se reposer sur un seul arbre.

» Dans l'intérieur de la ville, c'est un dédale de petites rues de 4 à 5 pieds de largeur, et souvent recouvertes de voûtes ; les maisons, généralement bâties en boue, reposent sur des fondations romaines ; la moitié en est écroulée ou prête à s'écrouler. Alger, Bône, Oran, Bougie même, vous rappellent quelquefois l'Europe ; mais Constantine est la Numidie dans toute son étrangeté ! Ces ruines sont désolantes par l'absence de goût, et l'on ne trouve dans les œuvres qui ont résisté à l'action destructive du temps que le caractère de la force, de la solidité et de la durée, sans autre ornement que la régularité et cette uniformité qui fait plus d'honneur à la discipline qu'au goût des armées romaines. Rien de plus fertile que ce territoire, où l'on cherche en vain ces sables mouvants et brûlants. M. Boblaye pense que cette absence de grands végétaux vient des mœurs et des habitudes des peuplades qui les parcourent et y fixent leurs tentes. La contrée littorale est très-montueuse; les mouvements du sol y sont fort prononcés, et la terre n'y est fertile que dans les vallées. La zone intérieure, au contraire, est formée d'immenses plaines aux plateaux ondulés, surmontés de massifs de rochers. Les bois sont nuisibles aux peuples nomades, en ce qu'ils occupent la place des pâturages et qu'ils serviraient de retraite aux bêtes féroces, dont le nombre diminue en raison de la rareté des arbres. Les Arabes donc coupèrent ou brûlèrent les arbres partout, ainsi que les broussailles, à mesure qu'ils dépossédaient les Kabyles. Ceux-ci, agriculteurs non moins que pasteurs, n'ont pas eu le même intérêt à détruire les bois, qu'ils ont laissés subsister sur les hauteurs où il devenait plus difficile de les abattre. Ils ont au contraire planté dans ces forêts quelques arbres fruitiers; ils ont clos de haies vives ou sèches certains domaines, et ont ainsi moins altéré la physionomie primitive du pays.

» Ceux des Kabyles qui sont du nom de *Chaouia*, divisés en tribus diverses, les *Hennecha*, les *Aractas*, les *Segnia*, etc., ont conservé la vie nomade et habitent les riches plaines qui s'étendent de Tunis au sud de Constantine; ils font aussi disparaître les arbres et jusqu'aux moindres broussailles.

» Ce qui prouve que les arbres croissent dans cette contrée aussi bien que dans celle du nord, c'est que partout où il y a une habitation stable, un marabout, une mosquée, une maison de campagne dans le voisinage de Constantine, on voit des palmiers, des mûriers, des citronniers, des figuiers réunis dans le même verger aux abricotiers, aux cerisiers et aux noyers. Sur le bord des ruisseaux et des fontaines on trouve de magnifiques peupliers-trembles, ce qui prouve que le territoire de Constantine est parfaitement propre à produire de grands végétaux, et les palmiers y acquièrent une grande croissance. Cependant cette ville est à 700 mètres au-dessus du niveau de la mer; il existe, dans le voisinage, des montagnes sur le sommet desquelles le baromètre indique une élévation de 1,200 mètres.

» La température moyenne du pays serait, d'après les indications données par quelques sources et citernes, de 15 à 16 degrés centigrades. Cette belle végétation des palmiers fournissant des fruits qui arrivent à leur maturité, est expliquée par leur position près des sources thermales, si nombreuses dans le voisinage de Constantine, et dont la température est de 27 à 29 degrés. Cette température du sol doit suppléer à ce que celle de l'atmosphère pourrait avoir d'insuffisant. M. Boblaye a rencontré dans la forêt qui couvre le sommet du *Mahonna*, à 1,150 mètres au-dessus du niveau de la mer, le chêne rouvre d'Europe mêlé au chêne-vert; le chêne-liége ne se rencontre pas dans des régions aussi élevées. Malgré une végétation aussi active, aucun de ces arbres n'atteint cinq pieds de circonférence. Ailleurs les crucifères dorent les pentes sèches des coteaux; les mauves et un joli liseron teignent en bleu ou en violet pâle le fond des vallons, surtout au lieu où les Arabes ont naguère campé. Mais, de toutes les plantes, celle qui produit le plus brillant effet est le sainfoin, surtout quand il est au milieu des autres plantes. Tel est du moins au printemps, dit M. Boblaye, l'aspect de cette aride solitude, couverte de sables brûlants, au dire des poëtes voyageurs. Après tous ces végétaux, viennent les chardons, que l'on pourrait nommer la manne du pauvre Arabe, car il en mange non-seulement l'artichaut, mais encore les jeunes tiges, qu'il dépouille de leur écorce amère. Ces chardons sont, à certaines époques de l'année, les plantes les plus répandues, et elles pourraient même servir à caractériser la région botanique.

» En revenant à Constantine, M. Boblaye a visité *Humman-Mescautin*. C'est un lieu d'un bien grand intérêt : c'est là qu'il faut étudier ces immenses dépôts de tufs à coquilles d'eau douce qui se sont étendus sur tout le nord de l'Afrique; ces cours d'eau chaude, dont la température varie de 50 à 55 degrés, et qui déposent deux substances non encore bien déterminées, l'une grasse, onctueuse, se colorant en orange, et que, dans ces derniers temps, on a nommée *barégine*, parce qu'on la retrouve en grande quantité dans les eaux minérales de Baréges; l'autre de beau vert, de *malachite*, qui se dépose également en croûtes épaisses à la surface de la rivière. C'est là qu'il faut étudier la formation de tout le sol tertiaire de cette partie du sol de l'Afrique, de ces beaux marbres roses, de ces vrais marbres numidiques de Constantine, de Ghelma, toutes productions diverses d'une même cause, l'action lente mais incessante d'anciens volcans depuis longtemps éteints. Ces renseignements, recueillis sur les lieux par un homme de mérite, rectifieront bien des opinions erronées sur la province de Constantine. »

Deux heures après avoir quitté cette ancienne cité de la Numidie, le voyageur passe à droite du camp de *Smendou*; une heure plus loin, il franchit une chaîne de montagnes sur le versant de laquelle se trouve

ERGARCH, petite peuplade. Le pays devient moins ondulé, une belle plaine commence à se dérouler à votre œil. Vous passez le *camp de l'Arouch;* de nombreux cours d'eau sillonnent la plaine que vous traversez, et qui offre de bons pâturages et un sol fertile. Passé *Lebkarch*, la route suit la rive droite de l'*Oued-el-Sefsaf*, traverse cette rivière au-dessus de

Moulmais-d'Arb, petite localité dans une riante situation, suit alors la rive gauche, et cinq heures de marche dans une vallée bien arrosée conduisent le voyageur à

Philippeville, nouvelle cité qui ne fait que de naître, et située proche des ruines de l'ancienne *Rusicada* et au sud de *Stora*, au fond de la baie de ce nom à l'embouchure de l'*Oued-Genil*. — Cette ville est bien percée, a de belles rues, surtout celle qui conduit au port est remarquable; elle possède une *église paroissiale* qui n'est encore qu'un vaste hangar en bois. Voyez la *belle chapelle* du grand *hôpital militaire*; le *port*, où se fait un commerce assez actif.

Philippeville est la résidence d'un maréchal de camp, d'un sous-directeur civil, d'un tribunal de première instance, d'une chambre de commerce, d'une justice de paix, d'un commissaire de police. Cette cité possède plusieurs places, dont les principales sont : la place *Bélisaire*, spacieuse et bien plantée de jeunes mûriers; la place *Hélène* est comme une espèce de plate-forme à laquelle on ne peut parvenir qu'après avoir gravi plus de 30 marches fort roides. — L'*horloge* placée sur l'hôpital produit un bel effet. — Une jolie pépinière. — Pop., sans la garnison, 4,000 hab., y compris *Stora* et le hameau de St-Antoine.

Le service des dépêches de Philippeville à Constantine se fait d'une manière assez curieuse. Il a lieu au moyen de mules; lorsqu'on charge celles-ci, on les maintient par le licou pour les empêcher de partir prématurément; puis, lorsque l'opération est terminée, des spahis partent en avant pour faire ranger le monde dans la grand'rue qui conduit à la porte et prévenir ainsi les accidents. Un peu après, on lâche les mules, qui, sans être montées ni dirigées par personne, partent seules au galop et ne s'arrêtent qu'au prochain relais. En 1844, l'escorte des dépêches ayant été attaquée, pendant que les spahis combattaient, les mules continuèrent leur course rapide et arrivèrent seules à leur destination.

MOYENS DE LOCOMOTION.

Depuis le mois de janvier 1845, trois diligences font un service régulier entre Philippeville et Constantine; le trajet se fait dans un jour.

NAVIGATION A VAPEUR.

Le *steamer* de l'État d'*Alger* à *Bône* relâche dans ce port les 11, 21 et 1er de chaque mois, à 8 heures du soir, et repart à 11 heures; celui de *Bône* à *Alger* passe les 5, 15 et 25, à 6 heures du matin, et repart à 9 heures.

De *Philippeville* à *Marseille*, une nouvelle ligne de *steamers* du commerce s'est établie en voie directe entre ces deux villes : c'est le 11 janvier 1845 que le premier bateau à vapeur venant de Marseille a mouillé sur la rade de *Stora*, à la grande satisfaction des habitants.

Stora. Les ruines de Stora, qu'on nommait autrefois *Rusicada*, sont à l'ouest de Collo, dans la baie qui a reçu plus particulièrement le nom de Stora.

Ce lieu mérite de fixer l'attention du voyageur; ce qui le frappera le plus sur cette côte, c'est la quantité de ruines qui s'y trouvent répandues. Vis-à-vis le milieu et tout auprès de la plage du port se voit un grand massif d'anciennes constructions : on y distingue des cintres, des voûtes, des restes de citernes, des pans de murailles : ce sont là les ruines de *Rusicada*, ancienne cité romaine, qui devait avoir des rapports fréquents avec Constantine, comme le port le plus rapproché de cette capitale.

Léon l'Africain dit que de son temps, de 1512 à 1514, on voyait encore entre ces deux villes une route pavée en pierres noires, semblable aux routes romaines d'Italie.

Les Français et les Génois commercèrent, à une époque très-reculée, avec Stora, qui peut redevenir en peu de temps ce qu'elle était sous les Romains, et ce qu'elle était encore il y a moins de trois cents ans, un établissement de grande importance. La baie offre encore un port spacieux, une rade sûre et fort étendue, une position agréable et salubre.

La distance de la mer à Constantine par Stora est moindre de moitié que par Bône ; on y va en deux jours à cheval, et en quatre au plus à pied, ce qui devrait lui faire donner la préférence.

ROUTE XVI.

DE CONSTANTINE A COLLO.

90 kilomètres.

Cette route, très-pittoresque d'ailleurs, est en général difficile à cause des montées et des descentes continuelles qui s'y succèdent. On compte deux jours et demi de marche.

A peine le voyageur a-t-il traversé l'Oued-Rummel, qu'il atteint *Sidi-Mécid* ; il laisse à droite la route de Philippeville, et continue dans un pays très-accidenté jusqu'à *Dra-el-Chevalet*, 4 heures de marche de Constantine. Au delà de cette petite localité, occupée par une peuplade indigène, vous traversez l'un des affluents du Rummel, et, après avoir franchi une montagne sur le sommet de laquelle la vue est fort belle, vous traversez *Massara*. Un pays plat se présente de nouveau ; seulement vers la droite on aperçoit une chaîne de montagnes qui semble courir parallèlement à la route, qui bientôt elle-même s'élève, franchit cette chaîne qui s'est inclinée ; 8 kil. de marche au milieu d'un pays montueux, et 18 heures environ après avoir quitté Constantine, vous conduisent à

Collo, ou le Colo (en arabe *Colla*), que les indigènes appellent aussi Coul ou Coullou. C'est une bourgade de 2,000 âmes, située au bord de la mer, près d'un mouillage où les bâtiments sont à l'abri des vents du nord-ouest, extrêmement dangereux sur cette côte. Elle est à 120 kil. de Bougie, à 60 de Djigelli, à 100 de Bône, à 40 de Philippeville, vers l'extrémité nord-ouest du golfe de Stora, et à environ 90 kil. nord de Constantine. Elle est bâtie au pied d'une montagne, sur les ruines d'une ville plus considérable, que les Romains avaient entourée de murailles, et dont l'enceinte, anciennement détruite par les Goths, n'a jamais été relevée. Ce bourg est défendu par un mauvais château, où les Turcs entretenaient d'ordinaire une petite garnison commandée par un aga. Collo a été occupée le 11 avril 1843 par les troupes françaises sous les ordres du général Baraguay d'Hilliers.

Vue de la mer, l'aspect de cette petite localité est des plus romantiques.

Collo est un des lieux où le commerce européen a le plus anciennement trouvé accès; les Vénitiens et les Génois y furent accueillis les premiers; les Flamands, les Français ne tardèrent pas à les suivre, et ces derniers ont toujours obtenu la préférence. La compagnie d'Afrique établie à Marseille y entretenait un agent, et en exportait des laines, de la cire, du miel, des cuirs, des fruits secs. Les habitants, moins grossiers, plus civilisés que ceux des autres points de l'Afrique, sont accoutumés au commerce des Européens.

Les environs sont très-pittoresques; toutes les collines sont couvertes de bois; un cours d'eau arrose cette vallée, et va se jeter à l'est dans la baie.

ROUTE XVII.

DE CONSTANTINE A DJIGELLI, PAR MILAH.

100 kil. environ.

Jusqu'à *Milah*, la route ne quitte presque pas les bords du Rummel (*v.* route XV); de là elle incline vers l'ouest, traverse l'*Oued-Jimmilah*, passe par *Ferdjionah*, qui se trouve sur la rive gauche de cette rivière, pénètre dans un pays alpin, franchit un cours d'eau, et environ 22 heures après avoir quitté l'ancienne *Cirta*, le voyageur arrive à

DJIGELLI, bourgade et petit port de mer avec station du bateau à vapeur d'*Alger* à *Bône*, et *vice versâ*. En allant, le paquebot y mouille les 11, 21 et 1ᵉʳ de chaque mois, à 8 heures du matin, et quitte à 9 heures; venant de *Bône*, les 5, 15 et 25, à 8 heures du soir, et repart à 9 heures. Elle fait un petit commerce maritime, possède un bel *hôpital* nouvellement construit, mais n'a pas encore d'église. Sa population civile peut s'élever à 500 habitants; la garnison est du double. Le voyageur devra visiter le bel *aqueduc* récemment construit. Les alentours de cette petite localité sont assez pittoresques, mais renferment peu de ruines romaines.

Louis XIV avait jeté les yeux sur *Djigelli* pour fonder un établissement en Afrique. Le duc de Beaufort s'empara de cette place en 1664, et c'est lui qui jeta les fondements du fort qui défend encore aujourd'hui le port.

ROUTE XVIII.

DE CONSTANTINE A BOUGIE, PAR MILAH.

120 kil., environ 5 jours de marche.

Sur tout le parcours de cette route solitaire, le voyageur ne doit compter que sur ses propres provisions, ou sur celles des peuplades hospitalières qu'il traverse, et qui offrent à l'étranger ce qu'elles ont de meilleur, bien que cela ne soit pas toujours de son goût. Un petit cadeau sans importance ou quelques pièces de petite monnaie les satisfont amplement.

De Constantine à *Milah*, voyez route ci-dessus. A *Ferdjionah*, la route se bifurque; on laisse à droite celle de Djigelli, et, se dirigeant vers l'ouest dans un pays de montagnes d'un aspect parfois romantique, du sommet desquelles la vue s'étend sur des plaines immenses et de vertes vallées, on traverse les peuplades de *El-Arb*, qu'arrose un cours d'eau; *Hamara*, sur le versant d'une montagne; *Hamini*, sur la rive droite de la rivière de ce nom; *Kramise*, sur la rive droite du cours d'eau de ce nom; et peu de temps après l'on passe à *Beni-Soliman*. Alors la route suit le littoral de la jolie baie de Bougie, que l'on atteint une petite heure après avoir traversé, à son embouchure, l'*Oued-Bou-Messaout*.

BOUGIE (voyez route XX).

ROUTE XIX.

DE CONSTANTINE A BISCARA, PAR BATNA ET EL-KANTARA.

Environ 280 kilom. — 6 bonnes journées de marche.

Cette excursion ne se fait guère qu'en compagnie de quelques convois ou expéditions militaires; cependant, bien que les nombreuses tribus qu'on traverse ne soient pas encore sous la domination immédiate de la France, le voyageur que des affaires de commerce ou que l'amour de la science porteraient à explorer cette curieuse contrée, pourra sans crainte se mettre en route, en ayant soin de se faire accompagner par un ou deux Arabes qui lui serviront tout à la fois de guide et d'interprète; les nombreux *douars* qu'il traversera lui donneront une franche hospitalité, et sa personne sera religieusement respectée.

On sort de Constantine par la *porte Bab-el-Djedid*. La route qu'on suit alors est accidentée; à droite sont des tombeaux, à gauche plusieurs marabouts ; et, vers la fin de notre première journée, nous franchissons une chaîne de montagnes près *El-Elhnania*. Ensuite nous traversons l'*Oued-Hammam*, et non loin de là le voyageur arrive au pied des ruines fort intéressantes d'un *mausolée* qu'on présume être le tombeau de Syphax ; mais rien ne justifie cette supposition. Plusieurs savants voyageurs pensent que c'est plutôt celui de quelque roi numide. Ce monument est construit tout en pierre de taille ; sa forme est conique, et ce qui est encore debout peut avoir une base de 35 ou 36 mètres de diamètre ; sa hauteur peut être d'environ 26 mètres, et, à en juger par les pierres d'attente, que supportent de grosses colonnes également en pierre, il devait être entouré d'une galerie circulaire et couverte. Bien que plus de vingt siècles aient passé sur cet édifice, on reconnaît parfaitement encore aujourd'hui que ces colonnes sont d'ordre dorique ; ce qui n'a rien de surprenant, car l'histoire rapporte qu'à cette époque des architectes de la Grèce passèrent en Numidie, contrée où il existait alors peu d'artistes capables d'élever de semblables monuments. Celui-ci se compose, à la base, d'un plan circulaire élevé au-dessus du sol d'environ 3 mètres, entouré de colonnes, et puis d'assises successives et circulaires en pierres de taille, qui peuvent avoir chacune deux mètres environ de longueur sur un mètre 1/2 de largeur, et pas tout à fait un mètre de hauteur. Chaque plan circulaire diminue progressivement jusqu'au sommet, qui a la forme d'un cône tronqué et seulement 4 mètres de diamètre. Çà et là quelques plantes ont poussé à travers les joints des pierres ; mais elles n'en ont nullement altéré les arêtes, qui sont dans un bon état de conservation. Cet édifice, bien que peu visité, n'en est pas moins fort intéressant pour l'architecte et l'archéologue.

La route continue à travers une série d'ondulations dont l'aspect change à mesure qu'on avance vers le désert ; la végétation devient plus active et l'air plus brûlant ; enfin, quatre jours après avoir quitté Constantine, on arrive à

BATNA, bourgade qui ne manque pas d'importance ; elle est située sur la route du grand désert, et son camp fortifié est établi sur le plateau de *Batna*, où le voyageur éprouve parfois des changements très-brusques de température capables d'occasionner de graves désordres dans l'économie animale. M. Fournel, bivouaquant le 16 mars 1845 sur ce plateau, éprouva pendant la nuit un froid de 6° au-dessous de zéro, tandis que dans le jour la température s'était élevée à 33 degrés au-dessus : différence, 39 degrés.

Non loin de cette peuplade, la route monte et franchit les hautes sommités du *Djebel-Muskouah*, chaîne du *grand Atlas*, redescend dans une plaine, traverse *Ksour-el-Gannaya* et sa petite rivière, et, le même jour, vers le soir, conduit le voyageur, à, 60 kilom. environ,

EL-KANTARA, petite ville située au pied du versant sud de l'Atlas et sur la rivière de son nom, qui semble avoir coupé dans les montagnes rocheuses qui entourent la ville un passage juste assez large pour l'écoulement de ses eaux ; mais le génie militaire, en élargissant ce défilé, l'a rendu propre au passage de l'artillerie. Ces roches déchirées, dont la hauteur ne dépasse pas 220 mètres, et le pays qui entoure El-Kantara, rendent cette localité on ne peut plus pittoresque.

Au sortir du défilé, une oasis de palmiers magnifiques étale sa luxuriante verdure à l'œil enchanté du voyageur ; autour de riches plantations s'élèvent trois riants villages ; la route suit alors la rive droite de l'*Oued-el-Kantara*, qui se grossit de plus en plus. On trouve sur ses bords *Zaïa*, *Dis*,

Glatt-el-Hamman, *Louataïah*, *Burgh*, peuplades appartenant à *Hyle-Ben-Aly*; ensuite on arrive au terme du voyage,

BISCARA, capitale du *Zaub*, ville située sur les pentes inférieures sud d'une chaîne de montagnes, ramification du grand Atlas, et sur la rive droite de l'*Oued-el-Kantara*, qui, après un cours sinueux dans le désert d'environ 50 kil., va se perdre dans l'*Oued-Ajédid*; les belles eaux de cette rivière sont tellement disposées dans le lit que la nature leur a tracé, qu'elles semblent devoir servir d'arrosoir à l'oasis sur laquelle s'élèvent plus de 100,000 palmiers et près de 20,000 oliviers. Beaucoup de ces palmiers atteignent une hauteur de 30 mètres, et produisent une immense quantité de dattes, dont une partie s'expédie pour l'Europe et l'autre est consommée sur les lieux. Non-seulement ce fruit est mangé par les hommes avec un certain plaisir, mais les chevaux des Arabes et leurs chiens même s'en accommodent fort bien et en sont très-friands; ils le mangent avec beaucoup d'adresse, et en rejettent avec soin les noyaux, qui sont fort durs. *Biscara* se compose de sept villages; *la Casba*, où loge la garnison, peut être considérée comme le centre et le point principal de cette importante localité, tellement disséminée, que trois heures suffisent à peine pour en faire le tour. Mais quel tour! une véritable promenade! toujours à l'ombre sous des palmiers et des oliviers d'une grande beauté, dont les verts feuillages garantissent la tête du voyageur des ardeurs d'un soleil de 30 à 34° centigrades. Ici se présente aux yeux du voyageur une nature toute nouvelle : vers le sud, c'est la plaine de Biscara; un peu plus loin, s'étend jusqu'à l'horizon un océan de sable brûlé, du sein duquel s'élèvent plusieurs *oasis*, telles que celles de *Sidi-Okba*, *Folgah*, etc., dont la vue soulage l'œil de l'aspect triste et silencieux du désert. D'après les observations barométriques de M. l'ingénieur Fournel, faites en 1845, le sol du désert ne serait élevé que de 75 mètres au-dessus du niveau de la mer, d'où notre savant conclut la possibilité d'y percer des puits artésiens, et de faire jaillir les eaux sur tel point qu'on choisirait, résultat qui justifierait ce que *Shaw* disait, il y a un siècle : « Les environs de *Nag-Reag* sont fournis d'eau d'une manière singulière ; ils n'ont, à proprement parler, ni fontaines ni sources, mais les habitants creusent des puits à cent, quelquefois deux cents brasses de profondeur, et ne manquent jamais d'y trouver l'eau en grande abondance. » Ce qui fait supposer à M. Fournel qu'au-dessous de cette mer de sable il en existe une réelle d'eau.

ROUTE XX.

DE PHILIPPEVILLE A LA CALLE, PAR BONE.

Environ 165 kil. — 4 bonnes journées de marche.

En quittant Philippeville, la route se dirige vers l'est, ayant à sa gauche une série de montagnes, et à droite une plaine assez fertile. Ensuite on traverse une chaîne de montagnes nues, après quoi le sol devient moins accidenté ; on traverse à gué plusieurs cours d'eau qui donnent au sol et la fraîcheur et la fertilité. Vers le troisième jour, on arrive à des ruines situées sur la rive sud du *lac Fetzara*, où l'on peut s'arrêter un moment pour les visiter, ainsi que le lac, qui n'est pas sans intérêt. Après cette exploration, la route suit encore les bords du lac, prend ensuite une direction nord, et conduit, après environ 4 heures de marche à travers la plaine, à l'antique cité de

BONE, appelée par les Arabes *Blaid-el-Aneb*, ou ville des jujubes, à cause de la grande quantité de ce fruit que l'on recueille dans ses environs.

La ville de Bône est bâtie sur la côte du golfe de ce nom ; elle est entourée d'une muraille sans terrassement, haute d'environ 8 mètres et de 1,600 mèt. de développement. Le côté E. de la ville est baigné par la mer, où se trouve le mouillage nommé *rade de Bône*. Au nord de Bône s'élève une colline de 105 mèt. de haut, où a été établie la *casbah* ou citadelle.

Cette cité est chef-lieu de subdivision et la résidence d'un maréchal de camp, d'un tribunal de première instance, d'un sous-directeur civil, d'une justice de paix, d'un commissaire de police, d'une milice bourgeoise, d'une chambre de commerce, etc.

Bône possède maintenant une grande quantité de *bornes-fontaines*, qui répandent l'eau dans la ville pour la rafraîchir, la nettoyer et servir aux besoins des habitants, qui auparavant étaient obligés de sortir des portes pour se procurer ce premier besoin de la vie ; sur la *place d'armes* s'élève une belle fontaine qui répand un volume d'eau assez considérable.

La ville, dont les rues sont étroites et tortueuses, a 4 portes. Depuis l'occupation des Français, on s'est empressé de mettre la ville à l'abri de toute tentative hostile, et on a augmenté les fortifications.

Le voyageur devra visiter le *couvent de Saint-Augustin*, la nouvelle *chapelle des Sœurs*, l'*hôpital militaire*, l'*aqueduc romain*, réparé ; la belle *plaine des Alcaracas* ; à deux kil. sud, les *ruines d'Hippone* ; la pépinière du gouvernement; et, s'il est ami de l'agriculture, il ne quittera pas Bône sans faire une petite visite à la ferme du *père Jeantet*, brave Alsacien, et à celle de son ami l'Arabe *Karezy*, toutes deux situées dans les *Carresas*, à 8 kilom. de Bône; il y trouvera des terres aussi bien cultivées que celles des meilleurs districts de France. La ferme de Jeantet est construite de manière à résister à une armée arabe.

Bône a été construite à peu de distance des ruines de l'ancienne *Hippone*, qui fut une résidence des rois de Numidie, et joua un rôle important dans la guerre de César en Afrique, dans celles des Vandales sous Genséric, et plus tard dans la campagne de Bélisaire.

L'épiscopat de saint Augustin répandit autrefois un vif éclat sur cette antique cité.

Dans le voisinage de Bône, la neige couvre, pendant l'hiver, la chaîne de l'Edough et celle du Jurjura. Aussi n'est-il point surprenant que cette province soit préservée de l'influence morbifique des chaleurs accablantes dont les autres parties de la colonie sont atteintes. N'oublions pas de dire cependant que les travaux d'assainissement exécutés à Bône ont suffi pour réduire de plus de moitié les cas de mort attribués aux fièvres locales.

La plaine de Bône est basse, sablonneuse, baignée en partie par les eaux, couverte de marécages. Des canaux recevaient autrefois les eaux pluviales; mais les Turcs, apathiques et insouciants, les ont laissé combler à la longue par les sables et les débris de rochers que charrient les torrents; aujourd'hui les eaux, ne trouvant plus d'écoulement, se répandent dans la plaine, y forment des marais, et les miasmes délétères qui s'en dégagent occasionnent des fièvres. Espérons cependant que la colonisation ne tardera pas à faire disparaître ces causes délétères (1).

COMMERCE. — La rade de Bône, bien que négligée depuis longtemps, peut encore devenir un des ports les plus florissants de l'Algérie. Des paquebots et des bâtiments à voiles font un service assez régulier entre cette ville, *Marseille*, *Toulon*, *Port-Vendres*, *Cette*, etc. On en exporte beaucoup de blé, de laine, de cuir, de cire, etc. On y fabrique une assez grande quantité d'étoffes de laine, des tapis, des selles, des manteaux-burnous, etc. On a calculé que l'on pourrait, année commune, exporter de ce port environ 500,000 kilog. de laine, 200,000 kilog. de cire, 40 à 45,000 peaux de bœuf, et 50,000 hectolit. de blé ; mais, depuis la conquête, il faut déduire sur ces données tout ce que consomme la colonie. En 1844, Bône a expédié pour une valeur d'environ 1,400,000 fr. Pop. 9,000 hab., dont 4,800 pour la population civile.

NAVIGATION A VAPEUR.

Le *steamer* de l'État, venant d'Alger, arrive dans ce port les 12, 22 et 2 de chaque mois, à 8 h. du matin.

Il quitte cette ville les 4, 14 et 24, à 8 h. du soir. (*Voyez* Introduction.)

De *Bône* à *la Calle* il faut compter environ 70 kilom. La route, bien qu'assez bonne pour les chevaux et les mulets, est triste et monotone ; à peine y trouve-t-on deux petites localités pendant ce long parcours ; mais il ne serait peut-être pas très-rare d'y rencontrer quelques lions et hôtes sem-

(1) Extrait de *l'Algérie illustrée*, par Fisquet, de Montpellier.

blables. Une heure 1/2 avant la Calle, vous passez un étang salé près duquel se trouve, sur le bord de la mer,

L'ancien bastion de France. De là, toujours sur un sol peu accidenté, vous arrivez à

La Calle. La Calle française, ancien établissement de la compagnie d'Afrique, est à 2 milles du *cap Gros*, où se trouvait ce que l'on appelait les concessions d'Afrique, qui étaient les établissements formés sur la côte de Barbarie, en vertu d'un traité de commerce dont la date remonte au règne de François Ier, en 1520, pour la pêche du corail, ruinée par le dernier dey d'Alger; ils sont occupés par l'administrateur actuel de l'Algérie pour le même objet.

Cette petite localité est située au fond d'une baie peu étendue, mais fréquentée annuellement par une centaine de navires destinés à la pêche du corail, et dont le plus grand nombre sont napolitains et toscans; cette pêche a produit en 1844 pour 900 mille francs environ. La population de la Calle peut s'élever à 250 habitants sédentaires, et près de 2,000 corailleurs, dont 300 seulement séjournent pendant l'hiver. Voyez l'*église*, autrefois l'ancienne chapelle; à côté se trouve l'*école*, et un peu plus loin l'*hôpital*, desservi par 15 frères de St-Jean-de-Dieu.

De nouvelles maisons s'élèvent dans le nouveau quartier situé sur la presqu'île, qui sera bientôt annexée à la vieille ville; les 60 premières familles qui s'y établiront recevront gratuitement des terrains à bâtir et des lots de terre pour la culture.

ROUTE XXI.

DE BONE A CONSTANTINE.

Environ 168 kil.

« Nous partons, dit un spirituel touriste, de la rue du Quatrième-de-ligne, et, passant fièrement sur la place Rovigo, au son des fanfares militaires et de la population accourue pour voir défiler cette belle cavalerie, nous quittons Bône, et me voilà sur la route de Constantine, affourché sur une bonne mule, et en compagnie d'employés de divers services. L'escorte se compose de 250 chasseurs, et le convoi n'a pas moins de 150 à 200 mulets chargés de blé et de provisions pour Constantine : chacune des bêtes de somme porte deux sacs pesant en tout 160 kil. L'on croit généralement que le service serait mieux fait, et plus économiquement, par des chameaux. Je pense que c'est une erreur : outre que cet estimable quadrupède craint l'odeur de la poudre, il ne serait pas capable, à cause de la conformation de ses pieds, de marcher aussi longtemps et aussi sûrement que le mulet dans les chemins escarpés et rocailleux : au chameau, la plaine de sable ; au mulet, les sentiers étroits et couverts d'aspérités.

» La distance de Bône à Constantine est environ de 168 kil.; on la divise ordinairement en quatre étapes occupées par de petits camps qui commandent et assurent la route, qui est semée de ruines romaines.

» Après avoir quitté la plaine des Alcaracas, et laissé à notre droite la route de Stora, et, quelque temps après, celle de la Calle, qui se trouve à notre gauche, nous rencontrons un terrain un peu montueux, couvert de bois d'oliviers, de sapins et de lentisques ; bientôt nous apercevons dans le lointain une suite de petites montagnes qui se rattachent à l'Atlas, et qui, dit-on, sont remplies de gorges profondes habitées par des lions, dont on entend souvent les rugissements à peu de distance. Enfin nous arrivons, après une courte journée, au but de notre première étape, c'est-à-dire au camp de *Dréan*, situé à peu près à six heures de Bône, à l'extrémité de la plaine de la Seybouse.

» Le lendemain, une plus longue étape nous attend; c'est celle qui nous permet de faire halte au camp de *Neck-mejor*, et qui n'est pas de moins de neuf heures.

» Le troisième jour, nous arrivons de bonne heure et par une pente douce dans un vallon où se trouvent, près de la source de la Seybouse, des sources d'eau chaude, appelées *Hammam meskoutinn* (les Bains enchantés) par les Arabes, et *Aquæ calidæ* ou *tibilitanæ* par les Romains. On y retrouve encore des restes de constructions, entre autres un bassin de pierre carré, qu'on s'accorde à reconnaître pour un ouvrage de ce peuple, ainsi que des débris de bains antiques. »

Sur cette route se trouve *Guelma* ou GHELMA, dont notre touriste ne parle pas. C'est un point important qu'on a fortifié en 1836 ; les ruines de cette localité offrent un vif intérêt. Mgr l'évêque d'Alger a retrouvé à *Ghelma* et à *Announah*, qui est situé dans le voisinage, trois églises chrétiennes encore debout ; ces précieux débris offraient des tombeaux, des voûtes renversées, de sombres cryptes, et le signe de la Rédemption encore incrusté sur la façade. Cette ancienne *Calame* possède un bel *hôpital militaire*, une bonne garnison, et une petite population civile de 300 habitants.

Un arrêté du directeur général, de février 1845, porte qu'une ville européenne sera créée à Ghelma, et qu'elle sera composée de 300 familles environ. Sa situation au centre d'un pays fertile, au milieu de tribus très-riches, en fera naturellement le centre de toutes les relations commerciales et politiques de cette partie de la province.

Ghelma, l'ancienne *Calama*, fut sous les Romains une cité riche et puissante, un séjour de plaisance où les nobles patriciens venaient retrouver les délices de Rome. C'est près de ses murs, de l'autre côté de la *Seybouse*, qu'étaient situées les fameuses villas romaines, couvertes maintenant de lierre et d'arbustes : là se trouvaient des bains magnifiques, dont l'un s'appelle encore *Hammam-Berda* (bains froids). Le voyageur visitera la belle et immense vallée, qui n'a rien perdu de sa splendeur ancienne et de sa fertilité naturelle.

En 1845, les Arabes ont découvert dans les environs de Ghelma une belle mine de plomb, dont les échantillons, à l'état de protoxyde, ont fourni, par un simple grillage à l'air libre, 250 grammes de métal pour un kilog. 1/2 de minerai. L'exploitation de cette mine sera facile. Le pays est accessible, et des bois assez importants couvrent une montagne voisine; des ruines romaines et une belle source d'eau thermale sont à côté. Cette mine est située chez les *End-Bey-Addour*.

PROGRÈS DE LA CIVILISATION.

De nombreuses fêtes avaient réuni dans cette localité les colons, les officiers de la garnison et les chefs indigènes, à l'occasion du carnaval de 1845.

Les chefs indigènes, touchés des attentions dont ils avaient été l'objet dans ces circonstances, se sont réunis spontanément, et d'un mouvement unanime ont offert à leur tour un bal aux colons et à la garnison. Cette offre gracieuse et inattendue a été acceptée avec empressement, et la fête, la première de ce genre en Algérie, a été des plus brillantes. Quinze cheiks ou caïds, richement costumés, en ont fait les honneurs de manière à nous prouver qu'ils étaient bons observateurs de nos usages. Le bal a été ouvert par six d'entre eux avec une aisance toute française; et en voyant les prévenances attentives dont ces montagnards au teint bronzé entouraient nos dames françaises, on se réjouissait en pensant que de nouvelles idées avaient germé chez eux, et qu'ils emporteraient sous la tente un souvenir durable de ces fêtes. C'est avec plaisir que nous racontons ce fait, qui nous a été garanti par une personne digne de foi; il semble prouver que les Arabes n'éprouvent pas pour nos mœurs et nos habitudes une répugnance insurmontable, et que cette répugnance s'affaiblit de jour en jour.

Ce n'est pas seulement dans le goût des plaisirs que ces peuples progressent à notre contact; mais une tendance générale les porte de plus en plus vers tout ce qui est bien et utile, soit au commerce ou à l'agriculture. Ils ont prié M. l'ingénieur d'élever plusieurs ponts sur divers points, et de percer de nouvelles routes de communication à leurs propres frais. Mais continuons le récit, un moment interrompu, de notre voyageur :

« Le terrain calciné et brûlant ne laisse échapper que des eaux chargées de soufre et de bitume : c'est du haut de quelques élévations qu'elles s'échappent, pour se réunir ensuite en un petit ruisseau qui grossit dans sa course. N'ayant pas de thermomètre, je ne pus vérifier le degré de chaleur de ces eaux; mais le major m'assura plus tard que dans certains endroits le mercure montait à 76° et même 78° Réaumur.

» Ces eaux sont réputées excellentes pour les rhumatismes, les douleurs aiguës et les maladies de peau.

» *Medjez-el-Hammar*, où nous terminons notre troisième journée, est encore à 76 kil. de Constantine. Son camp ne jouit pas d'une grande réputation de salubrité, et passe pour être décimé par la fièvre.

» De Medjez-el-Hammar on aperçoit un pays magnifique, couvert d'une végétation abondante et bien arrosé, qui s'étend jusqu'au pied du mont Raz-el-Ackba, dont on estime le sommet à 1,000 mèt. au-dessus du niveau de la mer.

» En arrivant à *Raz-el-Ackba*, on trouve des forêts d'oliviers sauvages, de pistachiers, de tamariniers, qui ornent les collines d'un vert toujours varié, mais qui disparaissent dès qu'on a dépassé la montagne : la nudité la plus grande les remplace, et jusqu'à Constantine l'œil ne trouve plus rien pour se reposer. La plus brillante végétation a été remplacée par de vastes plaines arides, espèce de désert où cependant l'eau abonde, à cause des nombreux ruisseaux qui traversent ces plaines.

» A quelque distance en avant de Raz-el-Ackba, l'on trouve les ruines d'*Announah*; on y remarque un grand nombre d'inscriptions latines sur des tombes; mais je n'eus pas le temps d'en copier une seule, le convoi s'avançant toujours : on reconnaît aussi à cet endroit les traces d'une voie romaine dans la direction de Constantine.

» Le lendemain, la colonne arriva au marabout de *Sidi-Tam-tam*, où gisent quelques tombeaux arabes; l'horizon est borné par des hauteurs incultes : la plupart des petits ruisseaux que nous rencontrons se dirigent vers l'est. L'*Oued-el-Aria*, l'un d'eux, fournit une eau très-limpide sur laquelle nous comptions ; mais, quand nous y arrivâmes, il était desséché, et son lit n'offrait qu'un fond de sable et de cailloux, et çà et là un peu de fange ; il est vrai que la chaleur était excessive (nous étions en septembre), et que dans cette saison la plupart des ruisseaux tarissent.

» Le pays dans lequel nous avancions est très-élevé ; les vallées que nous traversions, quoique parfois très-vastes, n'offraient presque aucune végétation. Le soleil dardait d'aplomb sur nos têtes ses rayons brûlants ; j'étais exténué de chaleur, de soif, et surtout de fatigue ; nous étions au cinquième jour de notre départ, et je n'avais pas l'habitude de rester si longtemps à cheval : j'étais moulu.

» Pour me remettre, mon aimable major, qui voltigeait incessamment de la tête à la queue du convoi, vint me dire en passant que l'on rencontrait parfois des lions dans ces vallées, et que la nuit il n'était pas rare d'entendre leurs rugissements. Heureusement nous n'eûmes pas ce genre d'harmonie, et, à l'exception de quelques aigles, nous ne vîmes aucun animal.

» Cependant la végétation reparaît ; quelques touffes d'herbes se dressent çà et là ; nous découvrons enfin le sommet d'une hauteur sur laquelle dominait jadis un temple d'origine romaine dont les restes paraissent assez bien conservés. Nous distinguons enfin la patrie de *Jugurtha* et de *Masinissa*, l'antique *Cirtha*, la moderne Constantine, célèbre dans notre siècle à deux fois différentes, par le revers glorieux que notre première expédition, en proie aux rigueurs d'une saison inouïe dans ces climats, eut à éprouver, et par la conquête glorieuse qui signala plus tard les armes françaises.

» Les ruines, les débris de murs renversés, les restes

d'aqueducs et de citernes qui s'étendent dans la plaine, dans la direction du sud-ouest, tout donne à croire que l'antique Cirtha était plus grande que la moderne *Constantine*. A l'exception du côté par lequel on peut entrer dans la ville, le reste de la montagne est un précipice affreux qui a plus de quatre cents mètres de profondeur ; au-dessous coule le *Rummel* ou *Suffegmar* (l'ancien Ampsaga), qui va se jeter dans la Méditerranée à quelques lieues est de Djigelly. En dirigeant ses regards vers l'est, on aperçoit le canal souterrain d'où sort le Rummel, qui va ensuite faire une cascade que domine une partie de la ville. La coutume de précipiter de ce lieu les criminels et les femmes adultères s'était conservée sous les beys, comme autrefois sous les rois numides : un escalier taillé dans le roc permet de descendre jusqu'au bas du fleuve.

» Constantine, bâtie comme l'aire d'un de ces aigles qui habitent les environs, s'élève sur un rocher immense qui surgit du fond d'une vaste plaine : on est saisi d'étonnement et comme stupéfait en voyant cette ville jetée par une main puissante sur ce rocher, et qu'entoure une longue ceinture de murailles en pierres noires.

» D'abord on ne distingue que quelques maisons, puis le marabout de *Sidi-Mabrouck*, qui est bâti sur le mont *Mansourah*, et plusieurs autres édifices disséminés sur *Condiat-Aty*. Arrivés, non sans fatigue, à la colline dont je viens de parler, nous pûmes admirer les ruines du monument romain dont j'ai parlé plus haut, et au pied duquel gisent un grand nombre de pierres qui peuvent donner une idée de ce que devait être cet édifice, qui, du reste, est encore assez bien conservé.

» Les Arabes l'appellent *Semmâh*, et il m'a été impossible de savoir à quelle divinité il a été dédié ; car, pour être un arc de triomphe, comme quelques personnes le croient, rien ne peut en rappeler l'idée, ni sa construction ni sa position ; autant que j'ai pu estimer sa hauteur actuelle, il peut avoir de 12 à 14 mètres.

» De cet admirable observatoire, l'œil embrasse plusieurs chaînes de l'Atlas dont les sommets atteignent presque tous la même hauteur : la vue s'étend au nord sur une plaine pittoresque sillonnée par le tortueux Rummel, et où des bouquets de cyprès se détachent admirablement en noir du vert feuillage des nombreux citronniers, grenadiers, etc. La vaste étendue des prairies, des vallées, est entrecoupée par une foule de ruisseaux, de rochers qui, du côté de l'est, dominent Constantine, en raccourcissant l'horizon, et s'étendent au sud de la ville, partie moins cultivée, peut-être à cause du voisinage du désert.

» Après avoir fait une halte de quelques heures sur cette colline, et avoir joui à notre aise de la beauté magique de ce merveilleux panorama, sur lequel un soleil d'Afrique versait ses flots d'une lumière éblouissante, tandis que quelques fonds de vallées restés dans l'obscurité formaient un contraste admirable, nous descendîmes la colline dans la vallée qu'arrose le *Rummel*, et, après quelques heures de marche, la colonne arriva, hommes et bêtes exténués de chaleur, au pied du *Mansourah*, que j'eus la plus grande peine à gravir ; je fus bien récompensé par le tableau qui s'offrit à mes regards avides de contempler cette fameuse cité. Arrivés au marabout de Sidi-Mabrouck, on nous fit voir la petite maison qu'avait occupée le général Damrémont lors de la deuxième expédition, et l'emplacement des premières batteries qui ouvrirent le feu.

» Du plateau de Mansourah, qui domine Constantine,

l'on voit la ville au-dessous de soi : l'on n'est séparé d'elle que par un précipice.

» Constantine, assise sur son rocher escarpé et isolé de toute terre, excepté du côté de la colline de *Condiat-Aty*, à laquelle il communique par une haute jetée, Constantine s'élève légèrement en amphithéâtre du côté du désert ; ses maisons sont loin d'avoir l'éclat éblouissant de celles d'Alger; elles sont noirâtres et comme harmonisées avec leur base ; la plupart, au lieu d'avoir des terrasses découvertes, ont des toits en briques du milieu desquels se détachent en blanc les nombreux minarets des mosquées. Quelques noirs cyprès qui percent entre ces masses grisâtres achèvent de donner à la ville l'apparence d'un vaste cimetière. Constantine enfin était bien loin de me présenter le même coup d'œil ravissant que m'avait offert la séduisante Alger, huit mois auparavant.

» Avant de franchir le pont (el-Kantara) qui doit nous donner l'entrée de la ville, faisons une halte de quelques instants, pour signaler aux lecteurs un point et un fait également remarquables.

» Pour aller du plateau de Mansourah, par lequel on arrive devant Constantine, à la colline de Condiat-Aty, qui est située derrière cette ville et qui domine au sud-ouest la route du désert, il faut passer le Rummel : c'est au passage de ce fleuve que périt un grand nombre de Français, foudroyés d'un côté par les batteries ennemies, ou massacrés isolément par les Bédouins, qui fondaient sur eux du haut des collines.

» Des officiers de notre escorte nous montrèrent la place où le général Damrémont fut renversé par un boulet, le 12 octobre 1837 : c'est à l'extrémité occidentale de la colline où il s'était avancé pour observer, à l'aide de sa longue-vue, l'effet du feu des batteries de 24 et des mortiers qu'il y avait fait établir le 10 avec tant de peine. On avait été obligé d'atteler jusqu'à vingt chevaux à une seule pièce pour les monter sur le plateau de Condiat-Aty.

» La porte de Constantine qui ouvre sur Condiat-Aty est celle que fit enfoncer le brave colonel Duvivier, lors de la première expédition, et par laquelle il entra dans la ville, où il se serait maintenu s'il n'eût reçu l'ordre de la retraite. »

Le voyageur entre dans Constantine par la porte *Bab-el-Kantara*.

ROUTE XXII.

D'Alger a Bougie par Dellys et le littoral.

200 kil.—environ 6 jours de marche.

Cette route, bien que pittoresque et curieuse, est peu suivie maintenant; on préfère généralement la voie de mer, et surtout depuis l'établissement de la navigation à vapeur, dont un service régulier est établi entre Bougie et Alger; le trajet se fait, terme moyen, en 18 à 20 heures.

Le voyageur quitte Alger par le beau faubourg de Bab-Azoun, suit la partie marécageuse de la Mitidja, passe par la Maison-Carrée, laisse à gauche le cap Matifoux, et suit les bords de la mer jusqu'à

DJENNET, petite bourgade située sur la rive gauche de l'*Oued-Isser*, à l'entrée d'une riante vallée. Le gué de cette rivière franchit la route, longe le littoral sur un sol peu accidenté pendant environ 4 heures, traverse l'*Oued-Nissa* à son embouchure, et l'on entre à

DELLYS, bourgade et petit port dont le commerce est assez actif; elle est adossée à une montagne qui a tout au plus quatre cents mètres de hauteur. Ses maisons sont bâties en pierre et recouvertes de tuiles. On y trouve beaucoup de restes d'antiquités et d'anciennes murailles. Les habitants font un commerce suivi avec Alger, où ils apportent tous leurs produits agricoles.

A côté de l'ancienne Dellys, ville arabe, une nouvelle cité européenne s'élève, composée déjà de 200 familles. Cette petite ville ne peut manquer d'avoir un développement rapide, placée qu'elle est au centre d'une contrée riche en denrées d'exportation : elle entrera en relations suivies, tant par mer que par terre, avec Alger. Pop. européenne, 150; indigène, 1,050; garnison, 600. Total, 1,800 hab.

NAVIGATION A VAPEUR.

Le paquebot de l'État, venant d'Alger, mouille dans ce port les 10, 20, 30 ou 31, à 3 heures du soir; repart à 4 h.; et, venant de Bône, passe à 2 heures du soir, et quitte le port à 3 heures.

En quittant Dellys, la route suit toujours le rivage; le pays s'ondule; vers la droite, s'élève en amphithéâtre le *Djebel-Afoun*, avec ses pentes tantôt nues et stériles, tantôt couvertes d'une belle végétation, avec ses sommets aux formes parfois abruptes et déchirées. C'est un panorama tout à la fois âpre et pittoresque. Des ruines que l'on rencontre en petit nombre sur le parcours de cette route prouvent suffisamment que les Romains ont occupé cette contrée. On traverse quatre ou cinq petits cours d'eau qui sont ordinairement à sec dans l'été, puis les petites peuplades de *Churfan*, *Tacksibt*, *Luffoune*, *Sidi-Hamed*, *Sidi-Daoud*, dont les habitants s'occupent d'agriculture et de commerce. Tout porte à croire que ces localités furent des places de quelque importance sous les Romains, par leur situation sur la route d'*Alger* à *Constantine*.

BOUGIE. Cette ville est située sur la côte N.-O. du golfe de son nom, à 50 lieues (200 kil.) environ d'Alger, et à 30 lieues (120 kil.) de Constantine. Elle est bâtie au bord de la mer, sur le flanc méridional du mont *Gouraya*. Cette position sur le flanc de la montagne, ses maisons écartées, et les masses d'orangers, de grenadiers et de figuiers de Barbarie qui les entourent, rendent son site éminemment pittoresque.

Les ruines nombreuses qui existent encore dans cette localité attestent son importance passée et sa haute antiquité; elle formait peut-être la limite orientale de la Mauritanie Césarienne. Au Ve siècle, elle tomba au pouvoir de Genséric, et fut, à ce qu'on prétend, la capitale du royaume des Vandales jusqu'à la prise de Carthage; en 708, lors de l'invasion des Sarrasins, elle passa sous la domination des Musulmans. En 1541, après sa malheureuse expédition contre Alger, Charles-Quint ayant relâché à Bougie, en augmenta les moyens de défense.

La ville moderne occupe à peu près le terrain enfermé dans l'enceinte romaine : mais Bougie n'a pas de port; la plage sans fond qui touche la ville n'a pas d'abri pour les gros temps d'hiver, et elle n'est praticable que dans la belle saison; le seul mouillage qui présente quelque sécurité est celui de l'anse *Sidi-Yahia*. Cependant Bougie fait un commerce maritime qui ne manque pas d'importance. Son port reçoit des navires marchands des différents ports d'Europe.

NAVIGATION A VAPEUR.

Le *steamer* de l'État, venant d'Alger, s'arrête les 1er, 11 et 21 de chaque mois, à 2 heures du matin, et repart à 3 heures; en revenant, il mouille les 6, 16, 26, à 2 heures du matin, et quitte ce port à 3 heures.

Bougie possède une petite *église catholique* très-décente, un bel *hôpital*, l'un des plus anciens de l'Algérie et très-bien tenu. Sa population civile peut monter à 5 ou 600 habitants, et la garnison est de 1,000 à 1,200 hommes. Son commerce s'étend de jour en jour.

APPENDICE

AU GUIDE EN ALGÉRIE.

DE LA SOCIÉTÉ ET DE LA NOBLESSE CHEZ LES ARABES.

Il est bien rare qu'une société puisse subsister longtemps sans faire naître dans son sein des classes distinctes jouissant de priviléges soit matériels, soit moraux. Au premier abord, on pourrait être tenté de supposer que chez un peuple d'un caractère très-indépendant ces divisions seraient moins tranchées; mais les faits prouvent que, rapportée aux Arabes, cette supposition serait très-inexacte. Chez eux, en effet, cette distinction des classes est profondément gravée dans les esprits, bien que nous ne nous en rendions pas toujours exactement compte. Accoutumés comme nous le sommes à discerner le plus souvent à des signes extérieurs les classes de notre société les unes des autres, nous sommes portés à regarder comme égaux entre eux des hommes dont le costume est assez uniforme, et dont les relations réciproques nous offrent le spectacle d'une familiarité étrangère à nos mœurs. Les habitudes de la vie de famille et les circonstances où se trouve le pays expliquent cette apparence d'égalité. Quant au fond, ici comme ailleurs, le serviteur n'est point l'égal du maître, l'homme du peuple ne pèse pas dans la balance autant que l'homme que sa position ou sa famille appellent à jouer un rôle principal.

Le peuple arabe a non-seulement ses chefs militaires, mais il a encore ses chefs religieux. Chacun peut juger à sa manière le degré de fidélité et de soumission que les Arabes ont montré pour les hommes influents de l'ordre spirituel ou temporel, mais nul ne saurait révoquer en doute que ce sont ces chefs qui tiennent le fil de la politique dans les tribus. C'est donc de l'aristocratie militaire et religieuse que nous croyons devoir nous occuper en premier lieu.

Il existe chez eux trois sortes de noblesse :

1° La noblesse d'origine ;
2° La noblesse temporelle ou militaire ;
3° La noblesse religieuse.

Examinons en quelques lignes ces différents ordres.

1° On appelle noble d'origine (chérif) tout musulman qui peut, au moyen de titres en règle, prouver qu'il descend de Fathma-Zohra, fille du prophète, et de Sidi-Ali-ben-Ebi-Thaleb, oncle de ce dernier. On peut dire que c'est Mahomet lui-même qui a fondé cette sorte de noblesse, très-considérée chez les Arabes. Il prescrit, en effet, dans plusieurs passages du Koran, aux peuples qui ont embrassé sa foi, de témoigner les plus grands égards aux hommes issus de son sang, en annonçant qu'ils seront les plus fermes soutiens et les purificateurs futurs de la loi musulmane. Les Arabes montrent, en général, une grande déférence pour les cheurfa (pluriel de chérif), et leur donnent le titre de sidi (monseigneur). Toutefois, comme leur nombre est très-considérable, au point de former des *farka* particuliers dans certaines tribus, les marques extérieures de respect qu'on leur témoigne varient avec les lieux. Le chérif est sujet aux lois, mais il a, dans les pays musulmans, le droit d'invoquer un jugement rendu par ses pairs. C'est ainsi qu'Abd-el-Kader s'était réservé le droit de les juger lui-même.

Les *cheurfa* jouissent de prérogatives plutôt morales que matérielles, et leur influence ne doit pas se mesurer sur les honneurs qu'on leur rend. Un grand nombre de cheurfa ont été marabouts, terme que nous définirons plus tard; mais cette réunion de deux caractères distincts n'est qu'accidentelle.

2° Les membres de la noblesse militaire, chez les Arabes, portent le nom de *djouad*. Ce sont les descendants des familles anciennes et illustres dans le pays, ou bien encore les rejetons d'une tribu célèbre, les *Koraïche*, dont Mahomet et sa famille faisaient partie. Dans ce dernier cas, ils se désignent sous le nom de *dhouaouda*, et représentent une noblesse supérieure aux djouad ordinaires.

La plus grande partie des djouad tire son origine des Mehhal, conquérants venus de l'Est et à la suite des compagnons du prophète.

Quoi qu'il en soit, les djouad constituent l'élément militaire dans la société arabe. Ce sont eux qui, accompagnés de leur clientèle, mènent les Arabes au combat. Par le fait, ces derniers sont presque leurs sujets.

L'homme du peuple a beaucoup à souffrir des injustices et des spoliations des djouad : ceux-ci cherchent à faire oublier ces mauvais traitements et à maintenir leur influence en accordant généreusement l'hospitalité et leur protection à ceux qui la réclament. Du reste, l'habitude qui fait endurer les plus grands maux a fortement rivé la chaîne qui unit aux djouad l'homme du peuple. Ces cheiks, car c'est le nom que les Arabes leur donnent, quel que soit leur âge ou leur pesition, réunissent deux traits saillants du caractère national ; l'avidité du gain et un certain amour du faste, quoiqu'au premier abord ces deux penchants semblent opposés.

3º *La noblesse religieuse* mérite encore plus que la noblesse militaire d'être étudiée avec soin, car son influence sur les peuples est encore plus puissante, quoiqu'elle ne soit pas basée sur les mêmes fondements. Le *marabout*, en effet, est l'homme spécialement voué à l'observation des préceptes du Koran ; c'est lui qui, aux yeux des Arabes, conserve intacte la foi musulmane ; il est l'homme que les prières ont le plus rapproché de la Divinité : aussi ses paroles deviennent des oracles auxquels la superstition ordonne d'obéir, et qui règlent à la fois les discussions privées et les questions d'un intérêt général. C'est ainsi que les marabouts ont souvent empêché l'effusion du sang en réconciliant des tribus ennemies. C'est ainsi que leur protection (*adnnaya*) a souvent suffi pour garantir de toute atteinte les voyageurs ou les caravanes. Bien des fois encore ils ont, le Koran en main, prêché la guerre contre les infidèles. Ces exemples suffisent pour démontrer que leur influence s'étend sur les questions religieuses et politiques ; elle est d'ailleurs d'autant mieux assurée que l'exercice du culte, l'explication des livres saints, la consécration de toutes choses, mettent les marabouts en relation continuelle et intime avec les musulmans. Il faut remonter très-haut dans notre histoire pour retrouver le temps où nos évêques jouaient le rôle de marabouts ; et où leur influence spirituelle et temporelle était assez grande pour allumer aussi une guerre sainte en entraînant les croisés vers la Palestine.

Un des caractères principaux de la noblesse religieuse est qu'elle est héréditaire comme les précédentes. Les premiers marabouts étaient en général des hommes rigoureux observateurs du Koran, qui passaient pour avoir donné des preuves de leur nature supérieure en produisant des miracles : tels sont *Mouley-Thayeb*, Mohammed-Ben-Aâïssa-Hhasnaouy, Abd-el-Kader, mort à Bagdad, etc., etc., en l'honneur desquels on retrouve en Algérie une foule de chapelles. C'est ordinairement autour de ces *zaouya* (chapelles) que les marabouts réunissent une sorte de douar qui prend le nom de zaouya, précédé du mot *sidi*. Une partie des terres voisines, provenant en général de donations pieuses, est cultivée par les hommes de la zaouya et sert à les nourrir. De larges offrandes, des provisions de toutes espèces, sont offertes au marabout et à ceux qui, vivant près de lui, étudient la loi ; quelquefois même, par suite d'anciennes obligations que la religion prescrit d'observer, les voisins de la zaouya lui payent l'*achour* ou la dîme ; toutefois ce tribut n'a jamais eu de caractère obligatoire devant la justice.

Les zaouya sont commandées par l'homme le plus influent de la famille des marabouts ; l'exercice de l'hospitalité envers tous les voyageurs et les étrangers musulmans est un des premiers devoirs de sa position ; les criminels mêmes doivent trouver un abri chez lui : c'est ainsi que quelques chapelles (que nous appelons simplement marabouts) sont un asile inviolable aux yeux des Arabes.

Du reste ces congrégations religieuses sont tellement nombreuses dans quelques tribus, telles que les Hachem par exemple, qu'elles y forment des divisions ou *farka* particuliers.

Les marabouts ne se livrent à aucun travail manuel ; ils se vouent dans l'intérieur des zaouya à l'instruction d'un certain nombre d'hommes ou d'enfants qui leur ont été confiés par les tribus. Ces disciples, desservants de marabouts, prennent le nom de tolba (taleb, lettré). Ces tolba étudient la religion dans le Koran, et les diverses branches de connaissances exigées pour leur état. Ils ont le droit de consacrer les mariages, de prononcer les divorces, etc., etc., et à cet égard ils jouissent d'une certaine considération. Toutefois il arrive rarement de nos jours qu'à l'extinction d'une famille de marabouts, un de ces tolba monte d'un degré et devienne marabout à sa place dans la zaouya; le plus souvent ils aspirent à devenir, soit maîtres d'école dans les villes, soit assesseurs du kady, soit même kady; d'autres fois encore ils ne suivent aucune de ces carrières, et vivent du produit des terres affectées à l'entretien du marabout de leur ordre.

On commettrait une grande erreur en tirant de ce qui précède la conséquence que tous les cheurfa, djouad ou marabouts, occupent une position élevée dans la société arabe; on en voit, au contraire, journellement occupés à tous les métiers. Mais, si tous les membres de ces classes ne jouissent pas d'une part égale de considération et d'influence, on peut affirmer que la puissance et l'autorité ne se trouvent que chez elles.

Les classes inférieures, celles qui constituent la masse du peuple, n'offrent pas à beaucoup près, chez les Arabes, la même variété que chez nous.

On ne trouve en effet au-dessous de l'aristocratie que les propriétaires fonciers, les fermiers et domestiques ou manœuvres. Chez les tribus des Arabes pasteurs, où, à de très-rares exceptions près, la propriété ne consiste qu'en troupeaux, cette uniformité est plus grande encore. (Nous devons dire ici que nous faisons abstraction entière des habitants musulmans des villes.)

Peut-être serait-il convenable de dire quel est l'état de l'esclavage chez les Arabes; mais il serait trop long de donner à cet égard des renseignements suffisants. Nous nous bornerons à dire que l'esprit du Koran autorise l'esclavage, mais en établissant des dispositions qui paraissent avoir rendu très-tolérable la position des esclaves.

Les lois relatives aux relations entre le maître et l'esclave sont conçues dans un but tout paternel, et elles ont pour résultat de faire de l'esclave une partie intégrante de la famille.

La lacune qui frappe le plus dans la société arabe tient à l'absence complète des marchands et des ouvriers proprement dits. On peut dire que l'industrie est presque nulle dans les tribus chez les hommes, et celle des femmes ne s'étend guère au delà de la confection des objets nécessaires à l'habillement. Autant les Arabes aiment à se livrer au petit commerce, autant ils éprouvent de répugnance à s'attacher aux grands travaux de l'industrie, et ce n'est que grâce à bien des efforts et à une grande ténacité qu'Abd-el-Kader était parvenu à fonder quelques usines qui depuis longtemps sont tombées en notre pouvoir. Les habitants des villes suppléent à cette insuffisance de l'industrie chez les tribus, ce qui donne naissance au principal commerce qui a lieu aujourd'hui : l'échange des produits manufacturés contre ceux du sol et des troupeaux.

(*France Algérienne*, 2 septembre 1845.)

TABLEAU STATISTIQUE

DE L'EFFECTIF DES TROUPES, DE LA POPULATION EURO-
PÉENNE ET DES RECETTES EFFECTIVES EN ALGÉRIE,
DE 1830 A 1845.

	Chiffre de l'effectif des troupes.		Chiffre de la population européenne.		Chiffre des recettes effectives.	
1830.	—	»	—	»	—	» »
1831.	—	17,190	—	3,228	—	1,048,479 12
1832.	—	21,511	—	4,858	—	1,569,108 46
1833.	—	26,681	—	7,812	—	2,237,154 33
1834.	—	29,858	—	9,750	—	2,542,660 64
1835.	—	29,485	—	11,221	—	2,518,521 47
1836.	—	29,497	—	14,561	—	2,870,029 22
1837.	—	40,147	—	16,770	—	3,705,852 64
1838.	—	48,167	—	20,078	—	4,178,861 67
1839.	—	50,357	—	25,000	—	4,469,870 95
1840.	—	61,231	—	28,736	—	5,610,710 37
1841.	—	72,000	—	25,727	—	8,859,130 40
1842.	—	77,226	—	46,098	—	11,730,049 88
1843.	—	80,410	—	58,985	—	15,964,425 68
1844.	—	81,057	—	75,354	—	17,695,996 59

Six premiers mois de 1845, époque à laquelle l'impôt arabe n'est réalisé que dans sa plus faible partie, 86,987 — 85,000 — 9,242,129 14.

A la fin de 1845, l'effectif de l'armée dépasse 100,000 hommes!!..

COMMERCE ET NAVIGATION.

Les renseignements ci-après permettront d'apprécier l'importance du commerce et de la navigation de l'Algérie pendant l'année 1844.

Les importations se sont élevées, au commerce général, à 82,804,650 fr.; c'est 3,957,337 fr. de plus qu'en 1843.

Au commerce spécial, le mouvement s'est réparti comme suit :

Marchandises venant de France :

De la consommation,	46,129,710 fr.
Des entrepôts,	9,579,830
	55,709,540
Marchandises étrangères,	24,334,943
Total...	80,044,483

Les exportations ont été de 8,109,747 fr.; l'augmentation sur 1843 est de 328,090 fr.

Les produits du cru de la colonie sont entrés dans l'exportation pour   3,272,056 fr.

Les objets sortant de la consommation pour   1,334,833

Les réexportations pour   3,492,858

La valeur des marchandises mises dans les entrepôts de l'Algérie présente, à l'entrée,   6,333,704

A la sortie, pour la consommation locale,   4,750,660 ⎫
                                            ⎬ 6,529,813
Id., pour la réexportation,   1,779,153 ⎭

La navigation maritime a employé en 1844 (entrée et sortie réunies), 12,192 navires, jaugeant ensemble 833,692 tonneaux, soit 370 navires et 46,527 tonneaux de plus qu'en 1843.

Le mouvement général s'est réparti entre les trois marines dans les proportions suivantes, quant au tonnage :

   Navires français, 51 — 11 0/0
   — algériens,   5 — 53 —
   — étrangers, 43 — 36 —

MÉMOIRE SUR LES MINES DE L'ALGÉRIE, PAR M. *A. Burat.*

M. Amédée Burat, professeur de géologie à l'école centrale, et déjà bien connu du monde savant par ses belles recherches sur les terrains de la France centrale, vient de soumettre au jugement de l'Académie un mémoire relatif aux gîtes métalliques de l'Algérie.

De nombreuses mines de fer, de cuivre et de plomb, ont été déjà signalées, depuis plusieurs années, sur différents points de nos possessions africaines, où tout devait d'ailleurs faire prévoir leur existence. Il serait en effet bien contraire à toutes les analogies qu'une contrée aussi étendue que l'Algérie, aussi profondément accidentée, voisine de certaines provinces de l'Espagne et de l'Italie qui sont déjà célèbres par leurs exploitations métallifères, ne présentât pas des ressources analogues.

De nombreuses explorations ont été déjà dirigées dans le but de constater cette richesse du sol, et ces efforts ont été, jusqu'à présent, couronnés de succès, en ce sens que la position des gîtes métallifères a été reconnue, et que déjà, sur plusieurs de ces gîtes, on a ouvert des travaux qui ont justifié les premières espérances. Mais bien des difficultés s'opposent encore à l'exploitation régulière, et surtout au traitement métallurgique du minerai.

Ainsi, les mines de cuivre de Mouzaïa, malgré l'abondance et la richesse des filons, présentent un problème métallurgique dont on n'a pas jusqu'ici donné de solution satisfaisante ; le pays est tellement pauvre en combustible, que l'on ne peut songer à adopter sur les lieux aucune des méthodes employées avec succès sur le continent européen pour des minerais trois fois moins riches ; les moyens de transport sont à créer, et, d'ici à bien des années, il est à craindre que les frais nécessaires pour mener le minerai jusqu'à Marseille n'absorbent les bénéfices que semble promettre la disposition si heureuse des filons.

Telle est en ce moment l'opinion de M. Amédée Burat.

Ce savant géologue pense que les mines de l'Algérie présentent, sous le rapport industriel, de nombreuses déceptions ; et c'est précisément parce que ces déceptions lui semblent certaines, qu'il lui paraît important de combattre dès à présent l'impression fâcheuse qui pourrait en résulter, en définissant aussi complétement que possible ces gîtes si intéressants sous le rapport scientifique.

Le sol métallifère des environs de Tenès appartient aux terrains secondaires ; la montagne du Cap, haute de 640 mètres, en forme le point culminant. Les calcaires qui la composent présentent une analogie remarquable avec les montagnes de la Provence. Les gîtes métallifères consistent en filons de fer spathique qui donnent des teintes de rouille à toutes les roches qui les entourent. L'allure de ces filons est remarquable ; les principaux sillonnent verticalement le terrain, en suivant une direction nord-sud ; mais, dans beaucoup de cas, ils jettent à droite et à gauche des ramifications qui suivent même une direction perpendiculaire, en s'engageant dans les plans de stratifications du terrain. Ils ressemblent alors à de petites couches intercalées, mais ces petites couches sont réunies par des veines qui coupent la stratification. Il résulte de ces croisements une disposition réticulée qui donne à ces localités une apparence tout à fait nouvelle dans l'histoire des gîtes métallifères.

Les travaux purement superficiels auxquels ont donné lieu les filons du Tenès n'ont pas permis de reconnaître aucune de ces lois d'allure et de distribution du minerai qui intéressent l'industrie. M. Burat a cependant été frappé d'une condition générale : tous les affleurements élevés qui se montrent sur les plateaux sont stériles en pyrite cuivreuse, et ce minerai ne se montre que dans les parties inférieures dénudées par les eaux courantes. Il est donc probable que le minerai de cuivre se trouvera en plus grande proportion dans les zones des filons inférieurs au niveau des plus basses vallées.

Les gîtes métallifères du district de Tenès ne se bornent pas à ceux dont nous venons d'indiquer les principales conditions de gisement. On connaît dans la montagne du Djebel-Robaim un filon qui contient du cuivre gris au lieu de pyrite cuivreuse. Les Arabes prétendent que l'on a extrait de ce minerai en quantité notable, quoique l'on n'y ait plus trouvé que des échantillons insignifiants ; mais la présence même de ces échantillons n'est pas sans importance, parce qu'elle semble indiquer une dépendance entre les filons de Tenès et ceux du pays de Mouzaïa. De cette assimilation des gîtes du minerai de fer et de cuivre de Tenès et de Mouzaïa, M. Burat tire une conséquence qui paraît assez vraisemblable. Si ces gîtes, intercalés à une même époque dans des terrains analogues et distants de plus de quarante lieues, appartiennent réellement à une même formation métallifère, il est presque certain que cette liaison se trouvera confirmée par la découverte de gîtes intermédiaires. L'étude de ces surfaces intermédiaires, entre les deux districts, reste à faire entièrement, et cette première donnée pourra conduire à concentrer les recherches dans une zone assez étroite.

En s'avançant vers le sud, on rencontre sur la pente méridionale de l'Atlas une formation étendue d'argiles grises et délitables, qui contiennent les filons métalliques de Mouzaïa. Ces filons, formés de fer carbonaté spathique et de baryte sulfatée, ont résisté aux actions érosives qui ravinent incessamment les argiles, et ont ainsi formé des murailles saillantes de minerai qui présentent peut-être le plus bel exemple connu de ce phénomène géologique. Le fer spathique est fortement imprégné de cuivre gris qui lui donne une apparence caractéristique ; aussi, lorsque l'armée française, après avoir traversé le col de Mouzaïa, descendit pour la première fois les pentes de l'Atlas, officiers et soldats s'écrièrent : « Voici une mine de cuivre! »

Depuis quelques années, on a mis en évidence toutes les ressources de ces mines par l'ouverture de nombreuses galeries étagées sur les versants métallifères, et l'on a reconnu l'existence de trois groupes distincts, qui sont, à partir de l'ouest : 1° le groupe des filons d'Aumale et de Montpensier ; 2° le groupe d'Isly ; 3° celui des Oliviers. La direction du groupe d'Aumale est N.-O. S.-O., celle du groupe des Oliviers est E.-O.

Ces filons sont principalement composés de baryte sulfatée cristalline mélangée de fer spathique. Les affleurements commencent à la base du versant et s'élancent sans interruption sur une pente de 45° jusqu'à plus de 200^m de hauteur. Leur développement n'est pas moins complet en direction, et on peut les suivre pendant plus d'un kilomètre. Le minerai est toujours du cuivre gris, qui se trouve en veines souvent puissantes, intercalées dans le fer spathique.

On peut dire, sans crainte d'exagération, que ce gisement est plus puissant et plus développé qu'aucun de ceux qui sont connus en Allemagne. Mais, malgré leur richesse et leur puissance, M. Burat se demande si ces gîtes ont réellement pour la France une valeur industrielle. Cette question importante ne paraît pas résolue ; elle est liée à la création des routes et au développement de la population ouvrière, enfin à la possibilité de traiter économiquement les minerais et d'en extraire une très-grande quantité.

L'amélioration des routes est certaine, mais l'existence des routes ne détermine pas seule le bon marché des transports, et la grande distance qui sépare les mines du littoral forcera, pendant bien longtemps, à regarder comme sans valeur les minerais qui ne seront pas très-riches, ou ceux dont les métaux seraient, comme le fer, à un prix peu élevé.

Les conditions de la main-d'œuvre ne sont pas moins difficiles ; un mineur français ou allemand coûte de 5 à 6 fr. par jour en Algérie, et on ne peut de longtemps former les indigènes à une profession qui exige autant de pratique. Peut-être les mineurs espagnols se contenteraient-ils d'un salaire moins élevé. Ils auraient, en outre, l'avantage d'être acclimatés.

L'absence du combustible rend presque impossible le traitement de ces minerais sur place ; et pourtant nous venons de dire que le transport serait trop coûteux, au moins pour ceux dont la richesse est faible, et qui forment la masse principale. Le seul moyen serait d'utiliser la petite quantité de bois que fournit la contrée pour transformer le minerai pauvre en masse plus riche ; mais M. Amédée Burat, qui indique ce moyen, est loin de le regarder comme exempt de chances défavorables, car il ajoute, quelques lignes plus bas :

« On voit que la question de production du cuivre par les minerais de l'Algérie est encore bien incertaine ; plus d'une entreprise est probablement destinée à succomber avant d'avoir surmonté les difficultés que nous venons de signaler; c'est la loi de l'industrie des mines, comme de tant d'autres, les premières générations ne pouvant, dans un pays nouveau, que préparer l'avenir pour celles qui les suivent. »

La fabrication du fer paraît présenter des bases plus réelles. On sait en effet que le midi de la France manque de bons minerais, et c'est l'obstacle à un développement de fabrication que seconderaient puissamment des communications faciles avec des houillères assez rapprochées. Cette, Arles, Bouc près Marseille, sont des points favorables à la production par leur position dans un pays très-consommateur, déjà doté de canaux et de chemins de fer, et par le bas prix des charbons qui descendent de la Grand'Combe et même de Rive-de-Gier. Enfin, notre usine la plus méridionale, celle de Bastia, est obligée d'aller chercher à l'île d'Elbe des minerais d'excellente qualité, il est vrai, mais qu'elle achète à des prix très-élevés. Les minerais de fer découverts en Afrique occupent tous une position littorale, et le fret est à très-bas prix pour les retours de la côte d'Algérie en France.

MUSÉE D'ALGER.

Parmi les objets donnés depuis quelque temps au *Musée d'Alger*, on remarque le haut d'une massue d'Hercule en marbre, recouvert de la tête du lion de Némée. Ce fragment antique fort curieux a été trouvé à Cherchell, et M. *Lousteau-Cazenave*, lieutenant de douane, en a fait hommage à notre musée d'Alger. M. *Buquet*, architecte, inspecteur des travaux civils, a fait don au même établissement d'une énorme espingole en fer dont le canon porte l'empreinte profonde d'un biscaïen. Cette arme, qui remonte à près de trois siècles, est sans doute une des dépouilles recueillies par les indigènes lors de l'expédition de Charles-Quint.

FIN.

TABLE GÉNÉRALE

DES MATIÈRES.

Introduction.	1
Agriculture.	65
Aperçu géographique, historique et statistique de l'Algérie.	55
Armée (effectif de l').	84
Avis aux colons.	94
Botanique.	63
Climat.	56
Cochenille (culture de la).	76
Colonisation.	87
Coton (culture du).	66
Cultures militaires.	69
Division politique.	79
Eaux thermales.	62
Fécondité.	134
Fleuves, rivières, cours d'eau.	60
Foins (récolte des).	76
Géologie.	58
Gouvernement de l'Algérie.	81
Histoire.	98
Hygiène (conseils).	11
Instruction publique.	129
Langage.	129
Maladies régnantes.	133
Météorologie.	56
Minéralogie.	58
Monnaies.	15
Navigation à vapeur.	2 à 11
Peuples de l'Algérie (des).	112
Places de l'Algérie.	81
Poids et mesures.	15
Préparatifs de voyage.	1
Prix moyen des denrées et objets de consommation.	97

Quarantaine. 18
Routes. 77
Statistique commerciale et industrielle. 84
Statistique ecclésiastique. 89
Statistique judiciaire. 89
Tabac (récolte du). 76
Température. 57
Vers à soie. 77
Vie moyenne. 134
Vocabulaire français-arabe. 20

TABLE

DES ROUTES DU GUIDE EN ALGÉRIE.

Itinéraire de Paris a Alger. 136
D'Alger à Bougie, par Dellys et le littoral, 200 kil. 327
D'Alger au cap Matifoux, 30 kil. 222
D'Alger à Cherchell et à Tenès, par Coléah, 150 kil. 229
D'Alger à Médéah. 171
D'Alger à Médéah, par Douéra, Bouffarick et Blidah, 92 kil.—14 heures. 214
D'Alger à Oran, par Milianah et Orléansville, 320 kil. 236
D'Alger à Philippeville, par Hamza, les Portes-de-Fer, Méjana, Sétif, Milah et Constantine, 320 kil. 282
D'Alger à Sidi-el-Ferruch, par le littoral, 23 kil.; par la nouvelle route, 22 kil. 225
Excursion au Sahel ou banlieue d'Alger. 178
Pérégrination dans les provinces d'Alger et de Titteri. 183
De Bône à Constantine, 168 kil. 318
De Constantine à Biscara, par Batna et El-Kantara, 280 kil. 309
De Constantine à Bougie, par Milah, 120 kil. 308
De Constantine à Collo, 90 kil. 305
De Constantine à Djigelli, par Milah, 100 kil. 307
De Marseille à Alger. 142
De Mascara à Alger, par Takadempt, Sinaub, le pont d'El-Kantara et Médéah. 271

TABLE DES MATIÈRES. 349

De Mascara à Oran, 92 kil. 270
De Milianah à Cherchell, 48 kil. 239
D'Oran à l'embouchure de la Tafna, du Rio-Salado,
  et à l'île d'Harchgoun, 120 kil. 256
D'Oran à Mostaganem, par Arzew et Mazagran,
  80 kil. 258
D'Oran à Tlemcen, 1re route, 12 myr. 263
D'Oran à Tlemcen, 2e route, 14 myr. 267
De Philippeville à la Calle, par Bône, 165 kil. 313
De Tlemcen à Mascara, par Sidi-Abddalla, 160 kil. 268

TABLE

DES VILLES, VILLAGES ET LIEUX DÉCRITS DANS LE GUIDE EN ALGÉRIE.

Achour (El-). 180
Alger (description). 143
— Comestibles. 166
— Commerce d'Alger. 159
— Faillites. 160
— Instruction publique. 164
— Marchés. 165
— Petit annuaire d'Alger. 159
— Petite promenade pittoresque dans Alger. 150
— Police. 161
— Prospérité croissante d'Alger. 167
— Service des postes. 162
— Télégraphe. 170
— Théâtre. 164
— Tribunaux. 160
— Voitures publiques. 167
Aquæ-Calidæ (eaux thermales). 238
Arzew. 259
— (Salines d'). 260
Atlas (l'). 175
Baba-Hassem. 182
Batna. 311
Beni-Mered. 216
Bir-El-Hassi. 270

Biscara. 312
Blidah. 216
Bogar. 211
Bonanasse. 289
Bône. 314
Bouffarik. 215
Bougie. 329
Boussada. 285
Chadara. 240
Châlon-sur-Saône. 138
Chéraga. 180
Cherchell. 232
Cid-Mohammed-Ben-Ali (montagne). 195
Collo. 306
Constantine. 290
Cressia. 181
Dahmoss. 234
Dely-Ibrahim. 172
Dellys. 328
Djémilah. 287
Djennet. 327
Djibel-el-Maïdah (montagne). 210
Djigelli. 307
Douéra. 180
Dra-el-Ahmaz. 284
El-Bordj. 271
El-Kantara. 311
Ergarch. 302
Férouka. 216
Fetzara (lac de). 313
— (ruines de). 313
Fimmel. 239
Fort de l'Eau. 223
Ghelma. 319
Guneass. 239
Habbed. 266
Hammam-Righa (eaux thermales). 200-238
Hamza. 283
Harbene. 273
Harchgoun (île de). 256-257
Hussein-Dey. 180
Ihiami-Ismaïl. 232
Kléka. 214
Koléah ou Coléah. 230
Kouba. 180
La Calle. 317

Loha.	272
Lyon.	138
Maison-Carrée (la).	223
Maley-Aba.	268
Mansourah.	266
Marseille.	139
Mascara.	268
Matifoux (cap).	224
Mazagran.	261
Médéah.	219
Medjez-el-Hammar.	322
Méjana.	284
Méjeddah.	272
Mers-el-Kébir.	252
Messerguin.	254
Mitidja (plaine).	173
Milah.	290
Milianah.	236
Mostaganem.	261
Moulmais-d'Arb.	303
Nadour.	272
Nédroma.	266
Ouen-el-Beida.	263
Oran.	249
Orléansville.	240
Ouled-Fayet.	181
Philippeville.	303
Portes-de-Fer.	283
Rassauta (la).	223
Raz-el-Ackba (mont).	322
Ruines du palais Ahhaouch-Ben-Omar.	182
Rusgunia (ruines de).	224
Sainte-Amélie.	183
Saint-Ferdinand.	181
Saoula.	181
Sétif.	284
Sidi-Abddalla.	268
Sidi-Chamy.	254
Sidi-el-Ferruch.	227
Souama.	272
Staouéli.	226
Staouéli (trappe de).	181
Tafaroni.	267
Tafna (rivière).	256
Takadempt.	272
Teffessad.	231

Teknifd.	271
Tenès.	234
Tlemcen.	265
Tmoulga.	240
Tombeau de la Chrétienne (le).	231
Torre-Chica.	228
Vacour.	234
Zimala.	232
APPENDICE.	331
Commerce et navigation.	339
De la société et de la noblesse chez les Arabes.	331
Mémoire sur les mines de l'Algérie, par A. Burat.	340
Musée d'Alger.	345
Tableau statistique de l'effectif des troupes, de la population européenne et des recettes effectives en Algérie, de 1830 à 1845.	338

ERRATA.

Page 137, avant-dernière ligne de la note : selon sa raison, *lisez* : selon la saison.

Page 200, lignes 10 et 12 : Hamman Rirha, *lisez :* Hamman Righa.

Poitiers. — Imp. de F.-A. SAURIN.

www.ingramcontent.com/pod-product-compliance
Lightning Source LLC
Chambersburg PA
CBHW070907170426
43202CB00012B/2225